Education in the Digital Age
HEALTHY AND HAPPY CHILDREN

教育のデジタルエイジ
子どもの健康とウェルビーイングのために

トレーシー・バーンズ／フランチェスカ・ゴットシャルク［編著］

経済協力開発機構（OECD）［編］

西村美由起［訳］

明石書店

経済協力開発機構（OECD）

　経済協力開発機構（Organisation for Economic Co-operation and Development, OECD）は、民主主義を原則とする38か国の先進諸国が集まる唯一の国際機関であり、グローバル化の時代にあって経済、社会、環境の諸問題に取り組んでいる。OECDはまた、コーポレート・ガバナンスや情報経済、高齢化等の新しい課題に先頭になって取り組み、各国政府のこれらの新たな状況への対応を支援している。OECDは各国政府がこれまでの政策を相互に比較し、共通の課題に対する解決策を模索し、優れた実績を明らかにし、国内および国際政策の調和を実現する場を提供している。

　OECD加盟国は、オーストラリア、オーストリア、ベルギー、カナダ、コロンビア、コスタリカ、チリ、チェコ、デンマーク、エストニア、フィンランド、フランス、ドイツ、ギリシャ、ハンガリー、アイスランド、アイルランド、イスラエル、イタリア、日本、韓国、ラトビア、リトアニア、ルクセンブルク、メキシコ、オランダ、ニュージーランド、ノルウェー、ポーランド、ポルトガル、スロバキア、スロベニア、スペイン、スウェーデン、スイス、トルコ、英国、米国である。欧州委員会もOECDの活動に参加している。

　OECDが収集した統計、経済、社会、環境の諸問題に関する研究成果は、加盟各国の合意にもとづく協定、指針、標準と同様にOECD出版物として広く公開されている。

　本書はOECDの事務総長の責任のもとで発行されている。本書で表明されている意見や主張は必ずしもOECDまたはその加盟国政府の公式見解を反映するものではない。

　本書で述べる意見や議論は筆者の判断によるものであり、必ずしもOECDあるいはOECD加盟各国政府の公式見解を示すものではない。

　本書に掲載する文書および地図は、あらゆる領土の地位や主権を、国際的な境界設定や国境を、また、あらゆる領土や都市、地域の名称を害するものではない。

はじめに

　新型コロナウイルス感染症のパンデミックにより私たちは痛感した。学校は勉強の場であるだけではない。学校は私たちが暮らす社会構造の一角をなし、人々のウェルビーイングとコミュニティの確立に重要な役割を果たす。また、学校閉鎖は物理的環境が持つ力も思い出させた。先を争って始められたリモート学習は、デジタル世界に含まれる豊かな機会を示す反面、私たちが持つ身体の重要性を再認識させた。人間は社会的動物であり、直接の接触を通して社会を築いてきた。ハグの絵文字はハグと同じものではない。

　学校閉鎖によって、無料の給食などのきわめて重要なプログラムも停止され、政府は子どもの食事を給食に依存していた家庭に対して、食物やチケットの配付を急いだ。また、全国レベルのロックダウンは多くの社会的サービスの停止も招いた。教職員は各家庭とこれまで通りの接触を維持する一方で、最も恵まれない家庭に介入しなければならなくなった。

　学校閉鎖期間の状況は極端なものではあるが、教育分野のスキル、能力、リソースの不足など、各国政府が対処しなければならない問題を浮き彫りにした。教師もまた、従来の「先生」から、総合的なウェルビーイングの支援者へと進化することを求められた。

　本書は、OECD教育研究革新センター（Centre for Educational Research and Innovation, CERI）による「21世紀の子どもたち（21st Century Children）」プロジェクトから生まれた。デジタル時代における子どもの特徴に注目して、教師や学校は親やコミュニティとどのように協働するべきだろうか、子どもを保護し、導く一方で、失敗やリスクも含めて子どもらしいあり方を守るにはどのようにするべきだろうかなどを検証する。

　本書は、2019年に発表された『Educating 21st Century Children: Emotional Well-Being in the Digital Age（21世紀の子どもたちの教育：デジタルエイジの感情的ウェルビーイング）』の姉妹書である。本書は身体的ウェルビーイングとデジタルテクノロジーの交点に注目して、遊びとリスクが子どもの学習と成長

に果たす役割を検証する。また、現代社会が与えるプレッシャーと、それが生んだ身体面、認知面、学業面の「完璧さの追求」にも目を向ける。子どもは、自分の健康とウェルビーイングについて、適切な情報に基づいて自分で決定する力を与えられるべきである。教育制度はこれをいかにして実現するのか。また有害なものからいかにして守るのか。そしてそのために、教職員や親や地域社会の協力体制が担う役割はどのようなものだろうか。

　社会はめまぐるしく変化し、このような報告もたちまち時代遅れのものとなるだろう。本書は、今この瞬間の重要な側面をとらえるものである。世界の教育制度は常に時代を先取りし、あるいは少なくとも変化を把握していなければならない。事実と事実でないものを切り分け、子どもたちが人生で最良のスタートを切る手助けをすることが私たちの使命である。

　本書の編集は、OECD教育研究革新センターのトレーシー・バーンズ（Tracey Burns）とフランチェスカ・ゴットシャルク（Francesca Gottschalk）による。本書は21世紀の子どもたちプロジェクトを率いるトレーシー・バーンズによって構想され、外部専門家との調整をフランチェスカ・ゴットシャルクが担当した。シモナ・ペトルッツェラ（Simona Petruzzella）は第3章の草稿と各章のコラムを担当し、ソフィー・リモージュ（Sophie Limoges）とレオノーラ・リンチ＝ステイン（Leonora Lynch-Stein）は出版の最終段階の準備を行った。

教育のデジタルエイジ

子どもの健康とウェルビーイングのために

目　次

コラム一覧

図表一覧

要　旨

　新型コロナウイルス感染症のパンデミックによって私たちは痛感した。学校は勉強のためだけにあるのではない。学校は、私たちが暮らす社会構造の一角を担う。学校に対する人々の期待は高まる一方であり、すべての子ども（特に最も恵まれない子ども）の学業面、社会面、身体面、精神面の発達の助けとなることが求められている。この多様な要素のバランスをとるだけでも十分に難しいことである。しかし、その難しさに拍車をかけるようにデジタル化が進んでいる。

　教育が目標を達成するには、何よりもまず、今日の子ども時代の性質を理解しなければならない。本書は、身体的ウェルビーイングとデジタルテクノロジーの交点に注目して、遊びとリスクが学習に果たす重要な役割を検証する。現代社会が与えるプレッシャーと、それが生んだ身体面、認知面、学業面の「完璧さの追求」にも目を向ける。子どもは、自分の健康とウェルビーイングについて、適切な情報に基づいて自分で決定する力を与えられるべきである。教育制度はこれをいかにして実現するのか。また有害なものからいかにして守るのか。そして、これらの目標の達成において教職員や親や地域社会の協力体制はどのような役割を担うのだろうか。本書は、2019年に発表された『*Educating 21st Century Children: Emotional Well-Being in the Digital Age*（21世紀の子どもたちの教育：デジタルエイジの感情的ウェルビーイング）』の姉妹書である。

パート1：トレンドを把握する
——*21世紀の子どもはどのような存在であり、デジタル時代はその形成にどのようにかかわっているのか？*

　パート1では、身体的健康とデジタルテクノロジーの推移を検証する。第1章は本書の概要を伝え、21世紀の子どもたちの生活において変化した要素とともに、同じく重要な変化しなかった要素を示す。第2章は、子どもたちの身

体的な健康成果と行動の変化を検証する。過去半世紀、子どもたちの生活においていくつもの向上がみられたが（ヘルスケア、治安、心身のウェルビーイングへの支援）、その反面、肥満率が上昇し、睡眠不足や不健康な食習慣も増加している。第2章の最後では、OECD加盟国とパートナー国の教育担当省によって見出された優先順位の高い問題を取り上げる。過体重や肥満は単独の問題であるだけでなく、互いに関連していることを指摘する。

第3章は、子どもによるデジタルテクノロジーの利用に目を向ける。今やデジタル機器は子どもの手の届く場所にあり、小さな頃から利用することができる。デジタルテクノロジーは、自己表現、情報検索、社会的交流の手段を子どもに与える。必要であれば、携帯電話でWhatsAppにメッセージを送信するだけで助けが得られる。この章の最後では、OECD加盟国とパートナー国の教育担当省によって見出された、最優先すべき政策上の課題（デジタルシチズンシップやネットでのいじめ）を明らかにする。

パート2：遊ぼう！

パート2では、遊びとリスクが健全な学習と成長に果たす役割について検証する。第4章は、リスクを伴う身体活動が恐怖の克服に果たす役割に注目する。ケガに対するゼロリスクアプローチは、身体活動を行う機会も、リスク管理を学ぶ機会も奪う。このような現状に対して、有意味で持続的な変化を起こすために必要な政策と実践を提案する。第5章は視点を変えて、デジタル環境における遊びに目を向ける。ビデオゲームが認知に与えうる利点と、ゲーム産業が遊びの性質に及ぼした影響を検証する。政策と実践が最良のタイミングと方法で介入するには、デジタル活動の多面性を認識し、「スクリーンタイム」「メディア利用」などの用語を正確に定義して用いることが重要である。

第6章は、遊びと学びの商品化の歴史を追う。学習を発達させる道具として、遊びを学びの下位に置くべきではない。また、学びを公的教育制度の成果と混同するべきではない。政策、家庭、子ども、学校に、今一度考えるべき問題を提示する。

パート3：完璧さを追求する

　この30年近く、完璧さを求める風潮はますます強まっている。それを煽るのがソーシャルメディアと「成功重視の文化（success culture）」である。パート3では、この問題を3つの側面から検証する。すなわち、身体的側面（ボディイメージ）、認知的側面（スマートドラッグの使用）、デジタルの側面（デジタルネイティブの神話が与えるプレッシャー）である。

　第7章では、およそ実現不可能な容姿を理想像として提示するソーシャルメディアの台頭と、ボディイメージにまつわる不安との関係を探る。第8章は、学業面で子どもが感じるプレッシャーと、それによって誘発される認知増強薬（PCE）の利用への懸念を説明する。広く普及しているとまではいえないものの、無視できない数の子どもたちが副作用の恐れに直面している。また、そのような薬物の摂取を迫られているように感じる者もいる。第9章では、現代の子どもたちは生まれつきデジタル機器を駆使する能力を有していると考える「デジタルネイティブ」の神話に目を向ける。裏付けとなる実証的エビデンスはほとんど存在しないにもかかわらず、この言葉は今も使われ続けており、一部の子ども、特にすでに社会的に不平等な環境にある子どもには不利に働く可能性があることを指摘する。

パート4：教育政策とその実践

　パート4は教育制度そのものに視点を移す。第10章は、子どもたちに、情報に基づいて自身の健康とウェルビーイングについて意思決定する力を与えるために、各国が行ってきた努力に目を向ける。各国の具体例をもとに、食物と栄養、身体活動の機会、健康サービスの提供と支援の場としての学校の重要性について論じる。第11章では、デジタル環境と物理的環境において子どもの安全を脅かす要素を検証し、子どもの安全確保に教育が担う役割を論じる。安全な遊び場や学校周辺の空気の質、デジタルセーフティやいじめ対策イニシアチブに至るまで、幅広い政策を取り上げる。さらに、生徒のウェルビーイングに対して教師の負う責任が、各国でどのように定められているかを検証する。第12章は政策と実践を有効に遂行するために不可欠な2つの要素、すなわち教員教育と協力体制に目を向ける。デジタルスキルと身体的ウェルビーイングを焦

点として、教員のスキルの向上とイノベーティブな協力体制の構築をめざす各国の政策の具体例を挙げる。

　最終章である第13章では、研究と政策に残された課題を指摘する。教育だけでなく社会そのものに根を張り、解決の難しい問題を取り上げる。たとえば、子どもに力を与えたいという願いと、子どもをリスクから守りたいという願いは相容れない場合がある。これは、子どもや学校に対する完璧さの要求の増大につながる。私たちの知識には空白領域があり、改善を要する領域がある。政策、研究、実践によってその空白を埋めなければならない。

　未来の教育は、部門間の垣根を取り払い、政策部門や研究領域を超えて機能することが求められる。学業、社会、身体、精神面の優れた成長を助けるには、民間部門も含めてさまざまな人々が関与する必要がある。従来の教育領域の枠外の問題にも取り組み、コミュニティや子どもとともにつねに一歩先をみて適応し、変化していかねばならない。事実と事実でないものの切り分けを行い、大きな、しかし達成可能な目標をめざしてリスクを引き受け、彼らが人生で最良のスタートを切る手助けをすることが私たちの使命である。

パート1
トレンドを把握する

—— 21 世紀の子どもはどのような存在であり、
デジタル時代はその形成にどのようにかかわっているのか？

第1章

デジタル時代の
健康とウェルビーイング

OECD 事務局

　新型コロナウイルス感染症のパンデミックによって、私たちは痛感した。学校は勉強の場であるだけでなく、子どもの心身のウェルビーイングの確立と維持に重要な役割を担っている。本書は、現代の子ども時代の各種の特徴を明らかにし、子どもの身体的健康、感情的ウェルビーイング、家族と友人、デジタルテクノロジーの変化の観点から、教育をとらえる。第1章では身体的健康とデジタルテクノロジーの交点に目を向け、第2章以降の議論の礎とする。章末には、世界共通の問題に対する各国の取り組みを助けた文献や政策アンケートを挙げる。

第1節 ┃ 序論：現代の子ども時代はどのようなものか

　2020年の新型コロナウイルス感染症のパンデミックは、医療にも、経済にも、社会にも消えることのない刻印を残した。教育面では、全世界で12億人の子どもが学校閉鎖による影響を受けたとユネスコが報告している。本書執筆時点（2020年10月）では、北半球の子どもたちは用心しながら学校へ戻りつつある。しかしその背後では、2020年、2021年、ひょっとしたらそれ以後も繰り返し発生する可能性のある学校閉鎖に対する備えも進められている。

　備えを整えるには、学校の閉鎖と再開に伴って起きたことを知らねばならない。その知識をもとに弱い部分を修正し、信頼を構築し、時代遅れのやり方を再考しなければならない。生徒や教職員の安全の確保は当然として、教育制度としてはさらに次の2点、すなわち失われた学習機会の評価と緩和、及び生徒の心身のウェルビーイングの支援をめざさなければならない。

　学校は勉強の場であるだけではない。学校は私たちが暮らす社会構造の一角として、人々のウェルビーイングの確立とコミュニティの維持に重要な役割を果たしている。それだけでなく、学校閉鎖は物理的な環境が持つ力も思い出させた。先を争って始められたリモート学習は、私たちが持つ身体の重要性を痛感させた[1]。子どもは体を動かし、遊び、活動を通して学ぶ必要がある。人間は社会的動物であり、直接の接触を通して社会を築いてきた。ハグの絵文字はハグと同じではない。

　では、「古い」知識と、デジタル化がもたらす新たな機会はどのようにバランスをとればよいのだろう。子ども、特に最も恵まれない子どもに対して、学業面、身体面、精神面で優れた成長を遂げさせる教育制度とはどのようなものだろう。これらの疑問に答えるには、現代の子ども時代の各種の特徴を知る必要がある。

現代の子ども時代を理解する

　数十年前と比べると、根本的な変化がいくつも発生している。まず、親の高齢化が進み、以前よりも教育水準の高い親が子どもの教育に積極的にかかわる

ことが増えている。さらにOECD加盟国では、安全な環境と優れた規制（遊び場に関する規制や、自転車用ヘルメットやチャイルドシートの利用など）によって、不慮の事故による子どもの死亡率が低下している。デジタルテクノロジーは子どもに自己表現と社会的交流の手段を与え、必要であれば、携帯電話からWhatsAppにメッセージを送信するだけで救いの手が差し伸べられる。現代の子どもの生活は、ヘルスケア、治安、心身のウェルビーイングの支援など、多くの側面において明らかに向上している（OECD, 2019e）。

　その反面、ストレスや不安を訴える子どもが増加している。かつてないほど競争の激しい教育環境において、子どもたちは他人に抜きん出ることが要求されている。身体面では睡眠不足も増えている。肥満は加盟国中で増加しており、将来的に身体的、社会的、心理的問題を生む可能性がある。また、外を走り回るなどの従来の活動に費やす時間が、スクリーンタイムによって減少していることを懸念する声もある。デジタル世界の遍在は、帰宅後も、ネットを介したいじめから逃れられないことも意味している。

　教育はコミュニティや子どもとともに進化し、成長しなければならない。問題が発生してから反応するのでなく、変化に先んじなければならない。そのためには、学校と親やコミュニティを統合するイノベーティブで協働的なモデルが必要である。協力体制を生かして子どものレジリエンスを強化し、ストレスを減らし、ウェルビーイングを高め、学習を向上させなければならない。その第一歩として、以下の問題を検討する必要がある。

- 現代の子ども時代はどのような性質のものだろうか。
- 教師と学校は親やコミュニティとどのように協働するべきだろうか。子どもに手を貸し保護する一方で、失敗も学習の機会として、子どもらしいあり方を守るにはどうするべきだろうか。
- 保育園や幼稚園から高等学校にいたるまで、教育にどのような影響が生じているだろうか。これは各段階の教育と学習にどのような意味を持つのだろうか。

　21世紀の最初の数十年は、千年紀の変わり目と急速なテクノロジーの変化の交点である。しかし、新たな世紀に入ったからといって、一からやり直しと

いうわけではない。子どもの生活のなかで実際に生じた変化を理解することは
重要であるが、変化していないものを理解することも同じぐらい重要である。

　人は誇張したがる生き物である。しかし、世紀の変わり目やテクノロジーの
劇的変化に関しては慎重に臨み、研究とエビデンスに基づいて子どもの生活の
現実を理解し、発見された問題の解決に向けて適切な政策を考え出すことが必
要である。本書は姉妹書である『*Educating 21st Century Children: Emotional
Well-Being in the Digital Age*（21世紀の子どもたちの教育：デジタルエイジ
の感情的ウェルビーイング）』（Burns and Gottschalk, 2019）と並んで、そのプ
ロセスを支援することをめざす。どちらもOECD教育研究革新センター
（CERI）のプロジェクト「21世紀の子どもたち」から生まれたものである。

コラム 1.1 　「21世紀の子どもたち」プロジェクト

　OECD教育研究革新センター（CERI）による「21世紀の子どもたち（21st
Century Children）」[1]プロジェクトは、21世紀の子ども時代がどのような性質のも
のであり、それが教育にとってどのような意味を持つかを探る。部門間の垣根を取
り払い、さまざまな方面の政策や研究を統合する学際的試みである。各国の教育制
度構造の違いはさておき、人の生涯の一時期として子ども時代（0〜18歳）をとら
える。プロジェクトのねらいは以下のとおりである。

- 関連性のある学際的研究を明らかにし、研究と政策を結びつける分析的枠組み
  を開発する。
- 各国が共通して直面する問題を特定し、優れた実践例を共有する。
- 研究の空白領域を見つけ出し、今後の調査を要する問題を洗い出す。

　研究成果の第一段階として『*Educating 21st Century Children: Emotional
Well-Being in the Digital Age*（21世紀の子どもたちの教育：デジタルエイジの
感情的ウェルビーイング）』（Burns and Gottschalk, 2019）[2]が発表されている。
研究レビューや調査結果報告書、分析画像、政策概要などはウェブサイトを参照さ
れたい。

1. https://www.oecd.org/education/ceri/21st-century-children.htm
2. https://www.oecd.org/education/educating-21st-century-children-b7f33425-en.htm

第2節　「21世紀の子どもたち」プロジェクト：4つのテーマ

　現代の子ども時代に関する調査結果を実践に役立てることを考えて、次の4つのテーマに焦点を合わせる（図1.1）[2]。

　1）身体的健康
　2）感情的ウェルビーイング
　3）デジタルテクノロジー
　4）家族と友人

　これは「恣意的」な分割である。なぜなら、これら4つのテーマは相互に関連しており、機能レベルも同じではないからである。またこれらは、より大きな社会的変化、たとえば不平等などとも相互作用する。所得の不平等が大きければ、生活満足度が低くなり、ストレス、怒り、苦痛、心配、悲しみの報告が増える（Burkhauser, Neve and Powdthavee, 2016）。社会経済的に恵まれない人は、リスクの高い生活習慣行動をとりがちであり、運動を安全に行う施設や緑地などのサービスも利用しやすい環境にない（OECD, 2015）。さらに、恵まれない子どもは学歴も低く、学校の成績が悪く、留年率が高い傾向にある（OECD, 2018）。

　本書は、4つのテーマのうちの2つ、すなわち身体的健康とデジタルテクノロジー、及びその交点を焦点としている。デジタルエイジの感情的ウェルビーイングの交点に関しては前掲の姉妹書で論じている（Burns and Gottschalk, 2019）。また、家族と友人は議論全体を通して織り込まれている（各テーマの形成に果たす役割と、各テーマから受ける影響）。本書で注目する2つのテーマに目を向けるに先立って、4つのテーマの概要を記す。

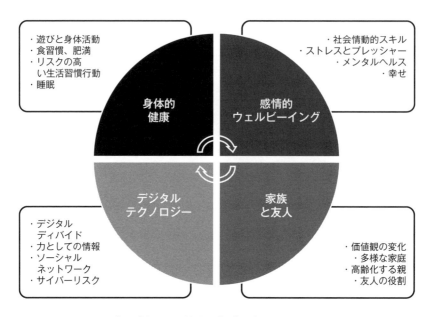

図1.1　「21世紀の子どもたち」プロジェクト：4つのテーマ

身体的健康

　ガンジーがかつて述べたように「真の富は健康であり、金銀財宝ではない」。残念ながらOECD加盟国平均によると、2000年以来、子どもの身体の不健康と関連する多くの行動が増加している（Aston, 2018と本書第2章）。具体例を以下に挙げる。

- 適切な身体活動を行う割合の低下、すなわち、中～高強度の運動を行う時間が1日当たり60分を下回る（Inchley et al., 2020）。
- 過体重と肥満の増加、及び、ソフトドリンク、甘い菓子、塩気の強いスナック、ファストフードの過食など不健康な食習慣の増加（OECD, 2017）。
- 睡眠の量と質の低下（Reiter and Rosen, 2014）。

　喜ばしいことに、一部の加盟国では子どもの過体重と肥満率の増加が止まっている（OECD, 2017）。また、果物と野菜の消費が増加し、飲酒と喫煙が減少

している（OECD/EU, 2016）。

その反面、2型糖尿病や心臓血管系疾患など、予防可能な疾病の発生率が上昇し続けている（Institute for Health Metrics and Evaluation, 2017）。従来、これらの疾患は成人病とされてきたが、今や2歳児にまでみられる（Van Buren and Tibbs, 2014）。

身体的健康を維持、向上させるには、学校、家庭、コミュニティにおいて健康的な生活習慣行動を支援し、モデル化する必要がある（OECD, 2019a）。教育関係者、親（保護者）、医療関係者をプログラムの設計と実施に関与させることによって、子どもたちの行動を効率よく変化させることが可能になる（詳細は第2章）。

感情的ウェルビーイング

感情的ウェルビーイングは、日常生活からみても総合的なウェルビーイングからみてもきわめて重要である。幼少期と青年期は神経学的発達の非常に重要な時期であり、成人のメンタルヘルス問題の半数近くが14歳以前に発生している。OECD加盟国平均では、感情的ウェルビーイングをめぐって以下のような変化が観察されている（Burns and Gottschalk, 2019の第3章とChoi, 2018を参照）。

- 2016年の世界保健機関（WHO）の最新データによると、1990年から2015年にかけて、15〜19歳の自殺率は低下したが、韓国、メキシコ、ニュージーランドなど、注目すべき例外がある。
- いじめと身体的愁訴（頭痛、腹痛、めまい）には変化がみられない。
- 抑うつと不安が増加し、生活満足度が低下した。

特に子どものメンタルヘルス問題には注意を払い、早期に手段を講じることが重要である。メンタルヘルス問題は再発しやすく、生活満足度、教育成果、労働市場成果に長く負の影響をもたらす。

子どものウェルビーイングと社会情動的スキルを向上させるには、親や教師との安定したポジティブな関係が不可欠である。親や教師が子どもを尊重し信

頼し、困難に際しては手を差し伸べ、ウェルビーイングに配慮することによって、子どもはレジリエンスを高め、逆境に対処する力をつけることができる（Ulferts, 2020）。逆に、貧困、家庭の機能不全、虐待、メンタルヘルス障害歴は、子どものウェルビーイングの大きなリスクとなる（Choi, 2018）。

家族と友人

　社会的交流と人間関係は人々の生活やウェルビーイングに重大な影響を及ぼす。特に家庭は、幼少期の子どもの認知、発達、教育、労働、健康成果に大きな役割を果たす（Ulferts, 2020）。

> **コラム 1.2**　21世紀の子育て：「完璧」な育児か「温かい育児」か
>
> 　友達づくりも含めて、学校の中でも外でも子どもの成功に手を貸さなければならないと感じる親は多く、その圧力をデジタルテクノロジーが増幅してきた可能性がある。インターネットでは、同じ考えを持つ人を見つけて、支援やアドバイスを得ることができるだろう。しかし、情報は困惑するほどあふれている。ソーシャルネットワークサイトでは「完璧」な育児を行うための数々の機会が説明されている。思いつく限りの育児法が勧められ、前向き育児もあれば、全人的育児もある。放任主義の育児もあれば、「タイガーペアレンティング」と呼ばれるスパルタ教育もある。ところが多くの場合、これらの育児方法を裏付けるエビデンスが挙げられていない（Burns and Gottschalk, 2019）。
>
> 　最近行われたメタ分析（Ulferts, 2020）によると、子どもに年齢相応の自律と環境を与える「温かい育児（warm parenting）」が、子どもの健康と優れた成長のカギであると考えられる。温かい育児が好ましい影響を及ぼすことは、認知的発達、感情的発達、社会的発達、身体的発達、及び仕事における成功、ウェルビーイング、人間関係、さらに健康においても観察されている。
>
> 　育児は個人の問題である。しかし公共政策の点からいうと、健康的で優れた成長を促す育児スキルを親に獲得させるサービスや、実践させる機会を提供するとよい。公共政策を成功させるには、背景や文化、歴史だけでなく、個人とコミュニティの相互作用も考慮した多層的なものとすることが望ましい（Ulferts, 2020）。

　特に子ども時代の半ばからは、友人も、社会情動的発達に重要な役割を担う。多様化する世界は、子どもたちが、さまざまな文化的背景、民族性、性的指向を持つ友人や教師と出会い、交流する機会が増えることを意味する。また、オンラインの友人関係とオフラインの友人関係の線引きも明瞭なものではなくなっている（Burns and Gottschalk, 2019）。

デジタルテクノロジー

　新しいスキルを獲得するため、あるいは友人や家族と連絡を取るため、目的はさまざまであるにせよ、今やインターネットは子どもの生活の中心を占めている。デジタルインフォメーションやデジタルサービスへのアクセスはきわめて重要であり、複数の政府（コスタリカ、エストニア、フィンランド、フランス、ギリシャ、スペインなど）は、インターネットへのアクセス権を人権として認めている。その重要性はコロナ禍によってさらに高まり、インターネットへのアクセスは単なるツールではなく、市民が積極的に民主主義社会に参加するための基盤とみなされるようになった。

　デジタルテクノロジーに関する文献をレビューした結果、以下のような変化が明らかになった（Burns and Gottschalk, 2019と本書第3章を参照）。

- **子どものインターネット接続は増加し、低年齢化している**：2009年から2018年にかけて、家庭でインターネットアクセスが可能な15歳児の割合は、OECD加盟国において85％から95％に上昇した。また、利用時間が1週間当たり27時間に増加した（OECD, 2019c）。子どもがデジタルテクノロジーに初めて触れる年齢は2歳よりも前、歩いたり話したりするよりも早いケースが増えている（Chaudron, Di Gioia and Gemo, 2018）。
- **インターネットのスキルと利用には今も昔も不平等が存在する**：恵まれない子どもは平均的にみてデジタルスキルのレベルが低く、ニュースを知るためや、実用的な情報を得るためにインターネットを利用することも少ない（OECD, 2019c）。この問題は世代を超えて引き継がれ、子どものデジタルスキル、機会、リスクへの曝露は、親のデジタルスキルに左右される（Burns and Gottschalk, 2019）。

●**教育には、子どもたちの活動の場を平等にすることが期待されているが、その達成はシステム的に難しい**：ことに恵まれない環境において、子どもに健全なデジタルスキルを習得させる力が学校や教職員にあるだろうか。OECD国際教員指導環境調査（TALIS）では、職能開発が必要な項目として、「特別な支援を要する児童への指導」についで「指導用のICTスキル」が引き続き挙げられている（OECD, 2019d）。

コラム 1.3　「21世紀の子どもたち」プロジェクトの政策アンケート

21世紀の子どもたち政策アンケート（21st Century Children Policy Questionnaire）は、2018年9月～2019年2月を回答期限として、OECD教育研究革新センターの運営理事会の理事に配付された。デジタルテクノロジー、感情的ウェルビーイング、家族と友人、及び身体的健康の4つのテーマに沿って、省庁や政府の見解を問うものであった。

回答は26か国から寄せられた。オーストラリア、ベルギー（フラマン語共同体とフランス語共同体）、カナダ、チェコ、デンマーク、フィンランド、フランス、ギリシャ、アイルランド、日本、韓国、ラトビア、ルクセンブルク、メキシコ、オランダ、ニュージーランド、ノルウェー、ポルトガル、ロシア、スコットランド（イギリス）、スペイン、スウェーデン、スイス、トルコ、アメリカ。

回答者は教育担当省または関係機関である。多くの場合、他の省庁（外務省、厚生省、司法省、社会問題省、環境保護省、地域開発省、文化省、スポーツ省など）からの情報も含まれている。

アンケートへの回答から、デジタル時代における生徒のウェルビーイングの促進をめぐって教育担当省が直面する問題の詳細を知り、それらの問題の革新的解決方法に関する情報が得られた。姉妹書である『*Educating 21st Century Children: Emotional Well-Being in the Digital Age*（21世紀の子どもたちの教育：デジタルエイジの感情的ウェルビーイング）』（Burns and Gottschalk, 2019）[1]は感情的ウェルビーイングを焦点とし、本書は身体的健康とウェルビーイングを焦点としている。

1. https://www.oecd.org/education/educating-21st-century-children-b7f33425-en.htm

第3節 ▌身体的健康とデジタルテクノロジー：
　　　　本書の重点的テーマ

　近年のデジタルテクノロジーやデバイスの利用の増加が子どもの健康と成長に及ぼす影響はどのようなものだろうか（OECD, 2019b）。身体的ウェルビーイングとデジタルテクノロジーの関係に対する理解を急ぐ必要がある。文献レビューにより、以下の点が明らかになった（Gottschalk, 2019参照）。

● **身体活動**：スクリーンタイムを減らしても、身体活動に向かわせることにならないと考えられる（Kardefelt-Winther, 2017）。ポケモンGOなどのアクティブビデオゲームは、一定レベルの運動を要求するため、子どもとデジタルツールのかかわり方を変化させた。しかし、このようなゲームへのアクセスを提供するだけでは、自発的な運動の促進は望めず、公衆衛生上の利益があるとも考えにくい（Baranowski et al., 2012）。
● **睡眠**：過度のスクリーンタイムは睡眠の質に影響する可能性がある。すなわち、就寝時間や入眠時間を遅らせ、睡眠時間を短縮し、メラトニン（睡眠促進ホルモン）の分泌開始を遅らせる。しかし近年の研究によると、デジタル機器の使用に伴う睡眠時間の減少は実際にはさほど多くはないとみられる（Przybylski, 2019、Orben and Przybylski, 2020）。
● **肥満**：長時間のスクリーンタイムと引き換えに身体活動が減少し、テレビ視聴中に無意識に食べ続けることは、子どもの肥満と関連づけられている（Bellissimo et al., 2007）。しかし、スクリーンタイムと引き換えに身体活動が減少するという説には異論があり、因果関係は明らかではない。不健康な食物や砂糖入り炭酸飲料の宣伝広告や販売戦略などの因子が関与している可能性もある（Inchley et al., 2020）。

何事もほどほどに

　デジタルテクノロジーの浸透は比較的最近の現象であり、ソーシャルメディアの利用も含めて、子どもの健康への影響に関するエビデンスは限られている

（Gottschalk, 2019）。「人はほどほどの選択肢を選ぶ」とするゴルディロックスの原理に従うと、テクノロジーの適度な利用は子どものメンタルウェルビーイングにプラスの影響を及ぼす可能性がある（Przybylski and Weinstein, 2017）。また、ソーシャルネットワークを介した友人との交流やインターネットでの情報検索などの機会を利用することを可能にする。最も頑健性の高い研究によると、デジタルテクノロジーの利用とウェルビーイングの関係は逆U字型の曲線を描き、利用しないことや過度に利用することは、ウェルビーイングに小さな負の影響を及ぼすが、適度な利用は小さな正の影響を及ぼしうる（Kardefelt-Winther, 2017）。

この分野は急速に変化しているため、質の高い研究に基づいて政策を考案し実施することが重要である。したがって、正確な測定値を利用した研究や長期的調査などを行う必要がある。さらに、健康情報、仲間からの支援、専門家が提供するサービスの利用可能性の向上など、デジタルツールの潜在的な利点を探ることも重要である（Swist, Collin and McCormack, 2015）。

第4節　本書の概要

本書は『*Educating 21st Century Children: Emotional Well-Being in the Digital Age*（21世紀の子どもたちの教育：デジタルエイジの感情的ウェルビーイング）』（Burns and Gottschalk, 2019）の姉妹書であり、特に2つのテーマ、すなわち身体的健康とデジタルテクノロジーの交点に注目する。本書は4部構成である。

パート1：トレンドを把握する
――*21世紀の子どもはどのような存在であり、デジタル時代はその形成にどのようにかかわっているのか？*

パート1は第1章を導入の章とし、第2章と第3章では、広範な研究のレビュー結果と、各国の政策アンケートで報告された問題を説明する。

第2章は、**子どもの身体的ウェルビーイングのトレンド**に目を向け、子ども

の身体的健康のトレンド、その修正因子、教育における質の高い効果的な介入方法を検証する。知識の空白領域を明らかにし、OECD加盟国とパートナー国によって見出された優先順位の高い問題と、それらの問題の関連性について説明する。

　第3章は、**子どもとデジタルテクノロジーの関係のトレンドと成果**に焦点を当て、インターネットの利用とデジタル環境で費やす時間、それらの変化が及ぼす影響を検証する。また、この分野でOECD加盟国とパートナー国によって見出された優先順位の高い問題も明らかにする。

パート2：遊ぼう！

　パート2は遊びが持つ真面目な側面に目を向ける。

　第4章の**リスクを伴う外遊び**は、危険な遊びが恐怖の克服に果たす重要な役割を明らかにする。リスクを伴う外遊びを支える3つの重要な要素（時間、空間、自由）を示し、有意味で持続的な変化を起こすために必要な政策と実践を提案する。

　第5章は、**デジタルメディアと認知的発達**を取り上げて、特にアクションビデオゲームに注目する。アクションビデオゲームが、注意のコントロールやその他の認知的側面の向上に果たす役割を示し、この分野の研究の複雑さについて説明する。メディアの影響をとらえるには、定義を標準化し、指針を確立して概念を細分化し、調査の精度と一貫性を高める必要があることを示す。

　第6章も遊びに注目するが、特に、**デジタル時代の遊びと学び**に目を向ける。今や学びは学校で行われるだけでなく、家庭で購入され、利用される商品となった。一方、本来開かれた性質を持つ遊びも、ビデオゲームや公共文化の遊戯性への転向から重大な影響を受けている。学習機能を発達させる道具として遊びを下位に置かないこと、学びをフォーマルな教育制度の成果と混同しないことが重要である。

パート3：完璧さを追求する

　パート3では、身体的ウェルビーイングとテクノロジーの複雑な相互作用と、成功と完璧さを要求する社会的圧力の増大に目を向ける。

第7章は、**スクリーンとソーシャルメディア、及びそれらがボディイメージに及ぼす影響**について、理論的枠組みと実証研究を取り上げる。メディアでは実現不可能な容姿が理想像として提示され、個人が性的対象化（sexualisation）され、客体化（objectification）されている。子どものメディア利用は、ボディイメージの低下と関連している可能性がある。

第8章では、**認知パフォーマンスの向上を目的とする薬物使用**を取り上げる。普及しているとまではいえないものの、無視できない数の子どもたちが副作用の恐れに直面している。また、そのような薬物の摂取を迫られているように感じる者もいる。親と子どもの双方の認識に目を向け、薬物使用の決定に影響を及ぼす因子を探り、リスクのある使用を防ぐ方策を提案する。

第9章は、別の角度から「完璧さの追求」を検討する。現代の子どもたちは、デジタル機器を駆使する能力を生来的に備えており、テクノロジーの理解や使用法においてそれ以前の世代とは一線を画すと考える**「デジタルネイティブ」の神話**に目を向ける。この用語は、裏付けとなる実証的エビデンスがほぼ存在しないにもかかわらず使われ続けており、一部の子ども、特にすでに社会的に不平等な環境にある子どもに不利に働く可能性があることを指摘する。

パート4：教育政策とその実践

パート4では、政策設計と実践、そのために必要な協力体制と教職員への支援に視点を移す。また、この分野の研究と政策において未解決の課題を示す。政策アンケートから得られた各国の実践例を取り上げる。

第10章は、**子どものエンパワメント、ウェルビーイング、不平等**に目を向け、子どもたちに自身の健康とウェルビーイングについて、情報に基づく意思決定を行う力を与える各国の努力を取り上げる。必要な知識とスキルの獲得は、変化の主体となって環境に対して積極的に働きかける力につながる。しかし、子どもの健康もエンパワメントも、社会的不平等によってむしばまれる可能性がある。コロナ禍によって経済が不確実性を増し、各国がその対処に追われている今はなおさらである。すべての子どもに平等な成果をもたらすには、これらの政策領域に照準を合わせる必要がある。

第11章は、**教育と子どもの安全**に関する政策、及び、物理的世界とデジタ

ル世界の危険を焦点とする。現在、子どもの安全を守るさまざまな努力が行われているにもかかわらず、世界で約10億人もの子どもたちが何らかのかたちで暴力を経験し、多くの子どもは、ネットでのいじめやプライバシーの侵害など、デジタルセーフティのリスクにも直面している。これらの問題に取り組むため、政策アンケートから得られた各国のサイバーリスク対策やいじめ対策、及び、学校内外の安全な遊び場やきれいな空気の確保に関するプログラムに注目する。多くの国では、子どもの安全とウェルビーイングのリスクが疑われる場合、教師に行動を起こすことが求められている。

　第12章は、**教員教育と協力体制**に目を向ける。子どもたちのニーズが変化するにつれて、そのニーズに応える政策の優先順位も変化する。社会、経済、デジタルの新たなニーズに応えようとする教員を支援するには、多様な人材を学校に送り込むことも必要である。たとえば、目標やねらいは異なれども、民間部門からの参加も考えられる。デジタルスキルと生徒の身体的ウェルビーイングを焦点として、教員の職能構築をめざす各国の政策やイノベーティブな協力体制の具体例を数多く取り上げる。

　最後の第13章は、**研究と政策の未来と残された課題**に注目する。教育だけでなく社会そのものに根を張り、解決の難しい問題を取り上げる。たとえば、子どもに力を与えたいという願いと、子どもを守るためにリスクを取り除こうとする姿勢は相容れない場合がある。また、完璧さの追求が高じることによる、子ども、親、教師、学校への影響を検証する。知識の空白領域と改善が必要な領域を特定し、政策、研究、実践への指針を示す。教育は、研究、政策、実践において、急速に変化する時代を先取りし、あるいは少なくともその変化を把握していなければならない。

第5節　｜　結び

　本書は、子どもの身体的健康とウェルビーイング、及びデジタルテクノロジーを包括的にとらえ、それらの交点について検証する。ねらいは、教育に関する従来の議論には含まれない重要な変化を見極めて、それが教育に課す問題を

知ることである。21世紀の子どもを教育する各国への支援として、研究や政策の選択肢を示し、考えられる解決方法を提案する。また、現代社会において子どもに与えられる機会と、子どもが直面する困難を指摘する。

　他の公的部門と同様に、教育も部門間の垣根を取り払い、省庁や研究領域を超えた総合的な視点から取り組む必要がある。民間部門も含めて多様な人材を関与させ、社会や市民とともに進化し、成長していかねばならない。問題が発生してから反応するのでなく、変化に先んじて予防的解決策を見出す必要がある。本書は、幅広い分野の研究やデータを分析し、その結果を教育政策と実践に結びつけることによって、子どもたちやコミュニティとともに教育制度もまた変化し、未来に適応する可能性を探る。

注

1. Is physical health linked to better learning? - OECD Education and Skills Today, https://oecdedutoday.com/is-physical-health-linked-to-better-learning/
2. テーマの選択は、OECD教育研究革新センターの運営理事会とともに行った。

参考文献・資料

Aston, R. (2018), "Physical health and well-being in children and youth: Review of the literature", *OECD Education Working Papers*, No. 170, OECD Publishing, Paris, https://dx.doi.org/10.1787/102456c7-en.

Baranowski, T. et al. (2012), "Impact of an active video game on healthy children's physical activity", *Pediatrics*, Vol. 129/3, pp. e636-42, http://dx.doi.org/10.1542/peds.2011-2050.

Bellissimo, N. et al. (2007), "Effect of television viewing at mealtime on food intake after a glucose preload in boys", *Pediatric Research*, http://dx.doi.org/10.1203/pdr.0b013e3180536591.

Burkhauser, R., J. Neve and N. Powdthavee (2016), "Top incomes and human well-being around the world", *CEP Discussion Papers*, https://ideas.repec.org/p/cep/cepdps/dp1400.html.

Burns, T. and F. Gottschalk (eds.) (2019), *Educating 21st Century Children: Emotional Wellbeing in the Digital Age*, Educational Research and Innovation, OECD Publishing, Paris, https://dx.doi.org/10.1787/b7f33425-en.

Chaudron, S., R. Di Gioia and M. Gemo（2018）, *Young Children（0-8）and Digital Technology, a Qualitative Study Across Europe*, European Union, http://dx.doi.org/10.2760/294383.

Choi, A.（2018）, "Emotional well-being of children and adolescents: Recent trends and relevant factors", *OECD Education Working Papers*, No. 169, OECD Publishing, Paris, https://dx.doi.org/10.1787/41576fb2-en.

Gottschalk, F.（2019）, "Impacts of technology use on children: Exploring literature on the brain, cognition and well-being", *OECD Education Working Papers*, No. 195, OECD Publishing, Paris, https://dx.doi.org/10.1787/8296464e-en.

Inchley, J. et al.（eds.）（2020）, *Spotlight on Adolescent Health and Well-being. Findings from the 2017/2018 Health Behaviour in School-aged Children（HBSC）Survey in Europe and Canada. International Report. Volume 1. Key Findings*, WHO Regional Office for Europe, Copenhagen.

Institute for Health Metrics and Evaluation（2017）, *GBD Compare | IHME Viz Hub*, https://vizhub.healthdata.org/gbd-compare/.

Kardefelt-Winther, D.（2017）, "How does the time children spend using digital technology impact their mental well-being, social relationships and physical activity? An evidence-focused literature review", *INNOCENTI Discussion Paper*, No. 02, UNICEF Office of Research - Innocenti, Florence.

OECD（2019a）, "A healthy mind in a healthy body", *Trends Shaping Education Spotlights*, No. 17, OECD Publishing, Paris, https://dx.doi.org/10.1787/eb25b810-en.

OECD（2019b）, Changing the Odds for Vulnerable Children: Building Opportunities and Resilience, OECD Publishing, Paris, https://dx.doi.org/10.1787/a2e8796c-en.

OECD（2019c）, *PISA 2018 Results（Volume I）: What Students Know and Can Do*, PISA, OECD Publishing, Paris, https://dx.doi.org/10.1787/5f07c754-en.

OECD（2019d）, *TALIS 2018 Results（Volume I）: Teachers and School Leaders as Lifelong Learners*, TALIS, OECD Publishing, Paris, https://doi.org/10.1787/1d0bc92a-en.

OECD（2019e）, *Trends Shaping Education 2019*, OECD Publishing, Paris, https://dx.doi.org/10.1787/trends_edu-2019-en.

OECD（2018）, *Equity in Education: Breaking Down Barriers to Social Mobility*, PISA, OECD Publishing, Paris, https://dx.doi.org/10.1787/9789264073234-en.

OECD（2017）, *Obesity Update 2017*, OECD Publishing, http://www.oecd.org/health/

obesityupdate.htm.

OECD（2015）, *How's Life? 2015: Measuring Well-being*, OECD Publishing, Paris, https://dx.doi.org/10.1787/how_life-2015-en.（『OECD幸福度白書3：より良い暮らし指標：生活向上と社会進歩の国際比較』OECD編著、西村美由起訳、明石書店、2016年）

OECD/EU（2016）, *Health at a Glance: Europe 2016: State of Health in the EU Cycle*, OECD Publishing, Paris, https://dx.doi.org/10.1787/9789264265592-en.

Orben, A. and A. Przybylski（2020）, "Teenage sleep and technology engagement across the week", *PeerJ*, Vol. 8, p. e8427, http://dx.doi.org/10.7717/peerj.8427.

Przybylski, A.（2019）, "Digital screen time and pediatric sleep: Evidence from a preregistered cohort study", *Journal of Pediatrics*, Vol. 205, pp. 218-223.e1, http://dx.doi.org/10.1016/j.jpeds.2018.09.054.

Przybylski, A. and N. Weinstein（2017）, "A large-scale test of the Goldilocks Hypothesis", *Psychological Science*, Vol. 28/2, pp. 204-215, http://dx.doi.org/10.1177/0956797616678438.

Reiter, J. and D. Rosen（2014）, "The diagnosis and management of common sleep disorders in adolescents", *Current Opinion in Pediatrics*, Vol. 26/4, pp. 407-412, http://dx.doi.org/10.1097/MOP.0000000000000113.

Swist, T., P. Collin and J. McCormack（2015）, *Social Media and the Wellbeing of Children and Young People: A Literature Review*, Australia: Commissioner for Children and Young People, Subiaco, WA.

Ulferts, H.（2020）, "Why parenting matters for children in the 21st century: An evidence-based framework for understanding parenting and its impact on child development", *OECD Education Working Papers*, No. 222, OECD Publishing, Paris, https://dx.doi.org/10.1787/129a1a59-en.

Van Buren, D. and T. Tibbs（2014）, "Lifestyle interventions to reduce diabetes and cardiovascular disease risk among children", *Current Diabetes Reports*, Vol. 14/12, http://dx.doi.org/10.1007/s11892-014-0557-2.

第2章

子どもの身体的健康

OECD事務局

　幼少期や青年期に優れた健康と健康行動を確立することは、のちのウェルビーイングや教育成果、健康成果にとって不可欠である。過去半世紀、OECD加盟国の子どもたちの健康には多くの改善がみられた。たとえば、不慮の事故による死や負傷の発生率は低下し、飲酒率や喫煙率、十代の妊娠率も低下した。しかし、身体活動は減少し、肥満は増加する一方である。個人、コミュニティ、社会レベルの因子とともに、教育もまたこれらの変化に影響を及ぼしている。本章では、子どもの身体的健康の変化とその修正因子、教育における質の高い効果的な介入方法を検証する。知識の空白領域と現在の研究の限界を明らかにし、OECD加盟国とパートナー国が直面する喫緊の課題を説明する。

第1節 ┃ 序論

　世界保健機関（WHO）によると「健康とは、病気でないとか、弱っていないということではなく、肉体的にも、精神的にも、そして社会的にもすべてが満たされた状態にあること」（WHO, 1946）である。良い健康状態にあることは、学校でよく学び、社会によく参加することを助ける。学校、家庭、コミュニティへの介入を介して子どもと親を教育し、健康的な生活習慣行動が身につくように支援するべきである。これによって、低下しつつある子どもたちの健康状態を徐々に向上させることが可能になる。教育は、学校環境において、子どもと家族の健康に良い影響を及ぼすことのできる特別な立場にある。健康的な生活習慣行動を確立させ、習慣化させることによって、長期的な健康とウェルビーイングの実現を助けることができる（Aston, 2018）。

　不慮の事故による子どもの死亡率や飲酒率や喫煙率などは幸い低下した。しかし、見通しの暗い要素もある。たとえば、肥満率は上昇し、身体活動は減少し続けている。従来、心臓血管系疾患や2型糖尿病などは成人病とみなされていたが、いまや2歳の子どもにまでみられる（Van Buren and Tibbs, 2014）。

　健康促進（または健康被害）行動の多くは大人になっても続くため、幼少期や青年期に健康習慣を育むことが重要である。たとえば、定期的に身体活動を行うことは作業記憶の向上と関連しており、子どもの場合は学業成果の向上とも関連している（Felez-Nobrega et al., 2017）。身体的健康に恵まれない人は、学校や職場から離れて過ごすことが多く、総合的にみると健康な人よりも生産性が低い（Felez-Nobrega et al., 2017）。

　本章では、子どもの身体的健康の変化を概観する（詳細はAston, 2018）。変化の媒介因子を検証し、健康とウェルビーイングを向上させる方法について簡潔に論じる。最後に、OECD加盟国とパートナー国の教育制度が直面する課題について説明する。

第2節 ┃ 子どもの身体的健康とウェルビーイングのトレンド

体を動かすことが減り、体重が増えた

　身体活動の利点を示す研究は数多い。子ども時代の身体活動、特に、中〜高強度で実施する運動は、運動能力の発達、体力の向上、骨の健康と関連づけられている（Carson et al., 2017）。大まかな目安として、どの年齢の子どもにおいても、身体活動が多ければ多いほど健康成果への効果も大きいとみられる（Carson et al., 2017、Janssen and LeBlanc, 2010）。

　WHOは、子どもは、早歩き、バスケットボール、アメリカンフットボール、サイクリングなどの身体活動を1日当たり60分間、中〜高強度で実施することを推奨している。しかし、この目標を達成する青少年は19％にとどまる。「学齢期の子どもの健康行動調査（Health Behaviours in School-aged Children）」[1]によると、身体活動のレベルは2014年以来低下しているが（Inchley et al., 2020）、男子に関しては2001年以来わずかに回復している（Guthold et al., 2020）。週に4回以上、激しい身体活動（ランニング、アメリカンフットボールやホッケーの試合など）に参加する男子は49％、女子は35％にすぎない（Inchley et al., 2020）。能動的な移動、すなわち徒歩や自転車による通学や通勤は2000年代初期から一貫して減少し、付随的運動の機会が減少している（Bassett et al., 2015、Booth, Rowlands and Dollman, 2015、Roblin, 2007）。

　2000年から2016年にかけて、過体重または肥満の子ども（5〜19歳）の割合が、10人に1人から10人に2人へと倍増した（UNICEF, 2019）。ただし高所得国では、2000年前後から肥満率の上昇が停滞している（Abarca-Gómez et al., 2017）。肥満は青少年の抑うつ症状と相関しており、そのリスクは男子よりも女子のほうが高い（Quek et al., 2017）。子ども時代の過体重と肥満は、成人後の過体重のリスクが高く（Singh et al., 2008）、併存疾患が生じる可能性も高い。長期的にみると、医療システムの負担を増大させる。

子どもの食習慣が変化した

　ユニセフによると、「数百万人の子どもが必要とする分量を食べられず、数百万人の子どもが必要もないのに食べ過ぎている」（UNICEF, 2019）。不適切な食習慣と栄養摂取は、過体重や肥満、あるいは低栄養などの健康成果と結びつけられており、教育成果とも関連している（Behrman, 1996）。健康的な食事は、生活の質と優れたメンタルヘルスの予測因子となる可能性がある（Jacka et al., 2011）。一部のOECD加盟国では果物や野菜の摂取量が増加しているが（OECD/European Union, 2016）、学齢期の子どもの健康行動調査によると、果物と野菜を毎日摂取する子どもはほぼ半数に留まり、朝食の欠食率は増加し続けている（Inchley et al., 2020）。

　超加工食品は、味付けが濃く、カロリー密度が高くなりがちである。超加工食品の普及と消費は、肥満率上昇の推進因子のひとつと考えられている。エンプティカロリー食品（カロリー当たりに含まれる栄養素がきわめて少ない食品）の摂取に関するアメリカの研究によると、子どもの食事に含まれるエンプティカロリー食品の半数を、炭酸飲料、果汁飲料、乳製品デザート、穀物デザート、ピザ、全乳の6つが占めていた（Reedy and Krebs-Smith, 2010）。エンプティカロリー食品の消費は、年長の子どもほど多い傾向にある（Banfield et al., 2016）。ただし、エンプティカロリー食品の消費が減少しているケースもある。たとえばデンマークでは、2002年から2018年の間に砂糖入り炭酸飲料の1日当たりの摂取量が10％から6％に減少した（Holstein et al., 2020）。しかし平均すると、青少年の16％が砂糖入り炭酸飲料を今も毎日飲んでいる（Inchley et al., 2020）。

飲酒と喫煙は減少したが、違法ドラッグの使用には変化がみられない

　1994年から2014年にかけて、アルコール飲料の消費（週当たりのアルコール消費量と反復的飲酒）は減少した（Aston, 2018）。ただしそれ以降、アルコール摂取水準は変化していない（Inchley et al., 2020）。男子は女子よりもアルコール飲料の生涯消費量が多く、15歳の5人に1人が過去2回以上の飲酒経験を持ち、7人に1人が過去1か月以内に飲酒している。思春期のアルコール摂取は、特にそれが繰り返されると、注意、記憶、脳の発達が損なわれる可能性

がある（Spear, 2018）。

　同様に喫煙も減少しており、2025年までの予測では大多数のOECD加盟国で減少し続けると考えられる（Aston, 2018）。2014年以来、生涯喫煙率は13歳では4パーセントポイント、15歳では7パーセントポイント低下した。生涯喫煙率は男女ほぼ同じで、男子15％、女子13％に喫煙経験があり、7％が過去1か月以内に喫煙したと回答している（Inchley et al., 2020）。

　喫煙と飲酒が減少した反面、大麻（青少年が最も多く使用する薬物）の使用率はほとんど変化していない。エストニア、フランス、ポーランドなど一部の加盟国では子どもの使用が減少した。大麻の使用経験者は7人に1人に上り（Inchley et al., 2020）、EU加盟国の15〜16歳を平均すると、2015年には6％が他の違法ドラッグも使用経験があると回答した（ESPAD Group, 2016）。大麻を使用したことのある子どもの大多数は飲酒と喫煙の経験もある（OECD/European Union, 2018）。青少年による合成オピオイド（フェンタニル及び関連薬物）の使用の増加も懸念され、特に北アメリカで顕著に増加している。

コラム 2.1　深刻化する問題：フェンタニルと合成オピオイドの過剰摂取

　フェンタニルはモルヒネの100倍の効力を持ち、最も強力な医療用オピオイドである（Chodoff and Domino, 1965）。合法薬物であり、麻酔や鎮痛に利用される。合成オピオイドには、モルヒネの約1万倍の効力を持つとされるカルフェンタニルもある。カルフェンタニルは大型動物に用いられ（Janssen, 1982）、人体への使用は承認されていない。

　フェンタニルや類似体を含む製品が違法ドラッグ市場に登場したのは、1970年代から80年代にかけてのことである。近年、製造に必要な物質は、インターネットを介して低コストで容易に入手できるため、フェンタニルや、カルフェンタニルなどの類似体の違法製造は隆盛を極め（UNODC, 2017）、製品は世界各地の市場へ運ばれている。

　純粋なフェンタニルはごく微量（ひとつまみ）で致死性を持つ。ここ数年で、過剰摂取による死亡件数が、特にカナダ、アメリカ、一部欧州諸国で急増している（OECD, 2019a）。事態はコロナ禍によって悪化しており、ソーシャルディスタンスをとる必要によって人々の孤立は深まり、諸々のサービスも容易に利用できない。

　青少年による薬物使用の実態はまだ十分に把握できていない。アメリカでは1999年から2017年の間に、薬物の過剰摂取による15～24歳の死亡件数が10万人当たり3.2件から12.6件へと増加した（NCHS, 2019）。また、オピオイド使用障害に苦しむ成人の3人に2人は、25歳以下でオピオイドの使用を開始している。この事実と先の恐るべき数字を考え合わせると、青少年と若齢成人に照準を合わせた戦略を早急に展開しなければならない（Uchitel et al., 2019）。問題への意識を高め、青少年に特有のニーズを明らかにし、さまざまなキャンペーンや支援活動を実施する必要がある。バンクーバーで提供されている、青少年や親を対象とする健康アドバイスやツールが参考になるだろう（Vancouver Coastal Health, 2020）。

子どもの睡眠時間は不足しており、質も低い

　多くの国で、子どもたちの睡眠は量や質が不足している。学齢期の子どもの健康行動調査のデータによると、学校がある日の平均睡眠時間は7時間47分～9時間7分であり、学校がない日は9時間31分～10時間22分である。学年が上がるほど睡眠時間が減って就寝時間が遅くなる傾向にある（Gariepy et al., 2020）。週末は平日よりも睡眠時間は長いものの、就寝時間が2時間以上遅い（Gradisar, Gardner and Dohnt, 2011）。フィンランドのデータによると、睡眠の質に関しては、1990年代半ばから2010年にかけて不眠（入眠障害と睡眠持続障害）を訴える子どもが増え、疲労感も強まった（Kronholm et al., 2014）。また、学齢期の子どもの健康行動調査に回答した子どもの24％が寝付きにくいと回答した。これは、健康愁訴としては、「ちょっとしたことで不安になる（nervousness）」や「ちょっとしたことで腹が立つ（irritability）」と並んで多かった（Inchley et al., 2020）。

暴力、喧嘩、いじめは子どもの生活の大きなリスクである

　暴力といじめは多くの国で優先順位の高い政策課題とされているが、子どもの場合は身体的喧嘩よりもいじめのほうが多い（Elgar et al., 2015）。いじめの発生率は近年わずかに低下しているものの、いじめの被害を訴える子どもの割合は変化していない（Inchley et al., 2020）。子どもへの暴力は、死や負傷以外にも数多くの負の健康成果をもたらす。薬物やアルコールなどのリスク行動と

関連しており、成長にも負の影響を及ぼすことが知られている。子どもへの暴力は多面的性質を持ち、多くの因子が関連している（第11章参照）。たとえば、社会的結束の低さ、学歴の低さ、社会経済的に恵まれない立場にあること、LGBTQ+（レズビアン、ゲイ、バイセクシュアル、トランスジェンダー、クエスチョニングなど）であること、障害を有することなどがある（WHO, 2020）。

第3節 ▎ 子どもの健康と健康行動に影響を及ぼす要因は何か

性別と年齢

　多くの身体的健康のトレンドとパターンには性差がみられる。男子は女子よりも身体活動を行うことが多いが、過体重や肥満も多い。また、ネットも含めていじめを行うことも多い。ただし、従来のようないじめの被害者となる割合は男子も女子もほぼ同じであり、ネットでのいじめの被害者となる割合は女子のほうが高い（Inchley et al., 2020）。大麻を使用する割合は男子のほうがやや高いが（国によって異なり、ポルトガルやスロバキアではほとんど差がない）、さまざまな違法ドラッグの使用については性差がやや縮小してきている（OECD/European Union, 2016）。

　年齢も、トレンドとパターンの重要な修正因子である。思春期を通じて、年齢を重ねるにつれて飲酒率と喫煙率が高まっていく。また、睡眠時間が減少し、身体活動を行うことが減る。身体活動の減少は、7歳頃には始まるとみられる（Farooq et al., 2017）。身体的喧嘩も年齢とともに減少する（OECD, 2019b）。

社会経済的地位

　貧困と剥奪は子どもの健康に影響する。一般に、豊かな家庭の子どもは健康的な食生活を送っており、毎朝、朝食をとる子どもも多い。家族とともに食卓を囲み、毎日、野菜と果物を摂取している。これに対して貧しい家庭の子どもは、毎日、野菜、果物、タンパク質を摂取することが少なく（OECD, 2018）、朝食の欠食率も高い（OECD, 2017）。社会経済的地位は身体活動の水準にも影響し、恵まれない家庭の子どもは身体活動を行うことが少ない（Inchley et al.,

2020）。OECD加盟国では、ほぼ7人に1人の子どもが所得貧困層である。

　それだけでなく、所得水準と学歴の低さは肥満とも関連づけられる（Ahrens et al., 2014）。社会経済的に恵まれない立場にある人々は、リスクの高い生活習慣行動に陥りがちであり、運動を安全に行える施設や緑地などのサービスも、金銭面、距離面、移動手段面で利用が難しい（OECD, 2014、OECD, 2015、OECD, 2010、Sassi et al., 2009）。

コラム 2.2　運動のための緑地

　子どもが運動する機会は生活環境によって形成される（Wolch et al., 2011）。近所を歩き回れること、したいことが近くでできること、緑地を利用できること、及び、徒歩や自転車で利用できるインフラが整っていること、これらはいずれも大人のように遠距離の移動手段を持たない子どもにとっては特に重要である（Arup, 2017）。緑地が子どもの健康に対して大きな意味を持つことは国際的に認識されており、パルマ宣言では、子どもに健康的で安全な環境を提供することが謳われている。

　緑地には、喘息やアレルギー症状を悪化させるなどのリスクもあるが、身体活動の促進と肥満率の低下に有効であると考えられる（Dadvand et al., 2014）。そこで政策立案者や都市計画者は、比較可能性を持つ客観的な指標を利用して、緑地が健康に及ぼす影響を理解し、照準を合わせた介入を開発する必要がある。その際、以下の3つの側面に配慮しなければならない（WHO, 2010）。

- **可用性**：個人的なアクセスのしやすさや一般的なアクセスのしやすさ、近さまでは考慮しない、地域単位の緑地の建設。
- **近接性**：住宅地やコミュニティとの近さ、一般的なアクセスのしやすさやアクセスポイントを考慮した緑地の建設。
- **利用性**：人々による実際の利用を考慮した緑地の建設。

　子どもが置かれている環境の人工的側面と自然側面を十分に生かすには、子ども、親、コミュニティの意見を広く聴取し、彼らが暮らす空間の設計と評価に参加させることが不可欠である（Arup, 2017）。

人間関係と家庭

　人間関係は良好であることが望ましい。社会的支援と帰属感は、主観的健康と正の相関関係にあり、体調不良を示す身体的徴候とは負の相関関係にある（Hale, Hannum and Espelage, 2005）。これに対して孤独は、若年死亡率の高さや、メンタルヘルスの有害転帰と関連している（Finkenauer et al., 2019）。

　子どもの健康と成長において、親と家庭環境は大きな役割を担っている。たとえば、仕事や通勤などによって家庭外で多くの時間を費やす親の子どもは、調理済み食品を食べることが多く、これは一般に肥満の蔓延と関連づけられている（Robin, 2007）。小さいころの食経験は、のちの人生における栄養状態と摂食行動の予測因子である。不健康な食習慣を持つ子どもは、生涯を通してその習慣を続けるリスクが高い（OECD, 2017、Roblin, 2007）。また、親は、運動の阻害因子としても促進因子としても働く。役割モデルとして、ともに身体活動に参加したりする時間やリソースを欠く親、また、活動の機会を提供できない親は運動の阻害因子になる（Hesketh, Lakshman and van Sluijs, 2017）。

デジタルテクノロジー

　テクノロジーの利用の増加と社会や家庭の環境変化も健康のトレンドに影響する（第3章参照）。研究によると、デジタルテクノロジーの利用は、睡眠、身体活動、食習慣に何らかの影響を及ぼす可能性がある（Gottschalk, 2019）。たとえばソーシャルメディアにおいて、同年齢の若者によるアルコール関連の投稿を目にする機会の多さは、十代のアルコール摂取の多さと相関している（Pegg et al., 2018）。ただし、これらの研究において因果関係を確立することは容易ではない。なぜなら、これらの研究の多くはクロスセクションデータを利用しており、また、バイアスの可能性がある自己報告に依拠しているからである。デジタルスクリーンに費やす時間のせいで健康促進活動が減少しているかどうかは、研究者の間で大きな議論を招いている（Kardefelt-Winther, 2017）。

教　育

　教育は健康の重要な修正因子であり、他の決定因子（社会経済的不利など）を緩衝する機能を持つ（Aston, 2018）。教育は公衆衛生を向上させ、健康の平等を促進する。判断能力、問題解決能力、社会情動的スキルなどの重要なスキルの獲得を促し、主体意識と自己制御力を与えて健康的な習慣を選択させる（Hahn and Truman, 2015、Mirowsky and Ross, 2005）。これは良い循環を生み出す。学校を辞めずに学業を修めることは、多くの好ましい成果をもたらす。上級学校へ進学し、高給職に就き、社会経済的階層を上れば、それに伴う健康利益を享受することが可能になる。ただしそのためには、健康的な生活習慣行動を維持し続けることが必要である（Solar and Irwin, 2010）。

コラム 2.3　新型コロナウイルス感染症による学校閉鎖と子どもの健康

　2020年、WHOは、新型コロナウイルス感染症がパンデミックの段階に達したと発表し、それをきっかけに各地で学校が閉鎖された。2020年4月初旬、学校閉鎖の影響を受ける生徒は56か国で16億人に上った（UNESCO, 2020）。

　学校閉鎖は学習を途絶えさせただけでなく、生徒の健康にも影響を及ぼした。多くの子どもが学校で提供される無料や補助金付きの給食に依存していたが、その食事がなくなった。また、これまで日中の身体活動の多くを占めていた通学、体育の授業、休み時間、部活動、校庭での遊びの機会も失われた（Guan et al., 2020）。学校閉鎖は社会とのつながりにも影響を及ぼし、孤独や家庭内暴力の増加ももたらした（OECD, 2020）。学校再開時には、健康ケアに配慮して体育の授業を実施し、給食を提供し、友人との関係を結びなおす機会を設けて、生徒の健康習慣を強化することが重要である。

　ユニセフ、WHO、国際赤十字赤新月社連盟（IFRC）は、コロナ禍の学校で生徒の健康を守るガイドラインを発表した。たとえば、体調不良の子どもや職員は学校を休ませること、正しい手洗いを定期的に実施すること、ソーシャルディスタンスを確保することなどが挙げられている。ソーシャルディスタンスを確保する方法としては、分散登下校、1メートル以上の机間、密な状況を生み出す可能性のあるスポーツの試合や集会などのイベントの中止が挙げられている（UNICEF, 2020）。

第4節　健康に効果的な介入

　健康に対する姿勢を向上させる介入として、健康行動のモデル化に親や保護者を関与させることが考えられる。このような介入は健康的な学校環境を構築し、健康促進のメッセージを伝えてプラスの効果を生む。効果を直接的に向上させる介入は以下の特徴を持つ（Aston, 2018）。

- **介入の設計と実施にコミュニティが関与する**：ターゲット集団に対する介入の関連性と適切性を高め、既存のインフラやリソースの利用を可能にする。
- **複数の行動と変化戦略を対象とする**：食習慣と運動など、相互にプラスに働く行動に同時に対処することが可能になり、過体重や肥満などの総合的な指標を迅速に改善することができる。
- **部門を超えて協働的な取り組みを行う**：医療従事者と教育関係者など、専門家間の協力を伴う介入は行動変化の持続に有効である。
- **デジタルテクノロジーを利用する**：デジタルリソースは柔軟な提供が可能であり、行動変化をめざす個人の準備状況に合わせることができる。

健康増進学校

　健康と教育の間には重要なつながりが存在する。その認識に基づくWHOの「健康増進学校（Health Promoting Schools）」の枠組みは、全校を挙げて健康増進に取り組むことを促す。健康的な生活環境、労働環境、学習環境の推進を強化するために、生徒の健康ニーズに応え、食事、飲酒、喫煙、運動など、非伝染性の健康リスク因子に目を向ける（WHO, 2017）。この枠組みは以下のような特徴を持つ。

- 教職員、教員組合、生徒、親、医療従事者、コミュニティなど多様な人々を関与させ、学校を健康的な場所にすることと、コミュニティ全体の健康促進をめざす。

- 運動の機会、栄養プログラム、社会的支援、健康サービスなどを利用できる健康的な環境を提供する。
- レベルに応じた効果的な健康教育を提供する。

　WHOの健康増進学校プロジェクトは子どもの健康の向上をめざして、非伝染性の健康リスク因子の指標の改善を試みており（WHO, 2017）、その有効性を示すエビデンスも存在する（Langford et al., 2016）。

第5節　知識の空白領域と研究の限界

　研究が進んでいるとはいえ、教育、身体的健康、ウェルビーイングの間には（そのなかにも）、まだ明らかにされていない相互作用が存在する。今後の研究を必要とする領域は以下のとおりである。

- 身体的健康とウェルビーイングには家庭環境や学校環境などの外部変数が影響するが、これらの変数が健康成果に及ぼす程度を示すデータが不足している。
- 介入の実施方法が介入効果を左右するにもかかわらず、設計と実施計画を扱った事例研究がほとんど存在しない。また、長期的研究も不足している。
- デジタルテクノロジーが睡眠や過体重などの健康成果に及ぼす影響について、さらに質の高いデータが必要である。また、アクティブビデオゲーム（身体を動かすことを必要とする拡張現実ゲーム）のようなデジタルテクノロジーが健康成果の向上に利用できるかどうかも調査する必要がある。
- 介入の設計や実施方法を問わず、テクノロジーの利用と、学校、家庭、コミュニティ、政府などの関与が介入の効果をどの程度最大化できるかが不明である。
- 大規模な各国データや国際的なデータは、子どもや親の自己報告に依拠することが多い。これは、スクリーンタイムなどの健康行動の指標にとって問題となる可能性がある。なぜなら、このような行動に費やしている時間を本人や親が正確に報告することは難しいからである（Boase and Ling, 2013、Orben and Przybylski, 2020）。

第6節 ▌ 子どもの身体的健康について各国が直面する課題

　21世紀の子どもたちプロジェクトによる政策アンケートは、OECD加盟国とパートナー国の教育制度が子どもの身体的健康をめぐって直面する問題と、それぞれの問題が政策との関連性においてどの程度の優先性を持つかを尋ねた（図2.1）。その結果、重要な課題として、運動不足、栄養不良、過体重や肥満が挙げられたが、それらは同時に挙げられることが多かった（図2.2）。その他の喫緊の課題としてはいじめと喧嘩、及び喫煙も挙げられた。

　一方、低体重や低栄養を懸念事項に挙げた国は少ない。これはむしろ非加盟国において、解決を急がねばならない問題である。ユニセフの報告によると、5歳以下の3人に1人以上が低栄養による発育不良である（UNICEF, 2019）。

第7節 ▌ 結び

　子どもの身体的健康と健康行動を示す多くの指標は向上している。懸念されるのは肥満の増加と身体活動の減少であり、有効な政策行動が必要である。子どもの身体的健康を支えるには、教育関係者、親（保護者）、政策立案者、医療関係者など、さまざまな立場からの関与を必要とする。優れた健康をもたらす健全な環境を確立するには、社会全体が協力して効果的な政策活動を実施しなければならない。研修を通して教員の職能を育成するとともに戦略的な協力体制を構築し、すべての子どもが必要なリソースと情報にアクセスできるように計らうべきである。そのようにすることで、子どもたちは健康的な人生のスタートを切ることが可能になる。

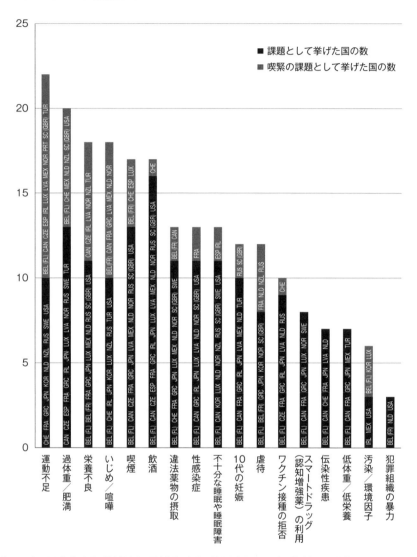

注：アンケート回答者は各国の教育担当省や関連当局であり、26か国中23か国から回答があった。縦軸は、これを課題また
は喫緊の課題として挙げた国の数を示す。課題として挙げる数は制限されていないが、喫緊の課題は3つまでに制限され
ている。

国名コード：BEL（FL）ベルギー（フラマン語共同体）；BEL（FR）ベルギー（フランス語共同体）；CAN カナダ；CHE ス
　　　　　イス；CZE チェコ；ESP スペイン；FRA フランス；GRC ギリシャ；IRL アイルランド；JPN 日本；KOR 韓
　　　　　国；LUX ルクセンブルク；LVA ラトビア；MEX メキシコ；NLD オランダ；NOR ノルウェー；NZL ニュージ
　　　　　ーランド；PRT ポルトガル；RUS ロシア；SC（GBR）スコットランド（イギリス）；SWE スウェーデン；
　　　　　TUR トルコ；USA アメリカ

資料：21世紀の子どもたちプロジェクトによる政策アンケート

図2.1　子どもの身体的健康について各国が直面する課題

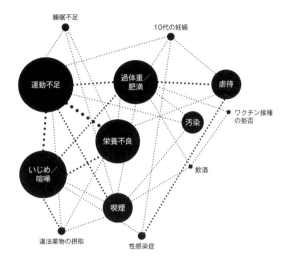

注：教育担当省や関連当局からのアンケート回答に基づいて作成。各課題を結ぶ線の太さは、それぞれの課題を同時に選択した国の数を反映する。円の大きさは、それぞれの課題を喫緊の課題として選択した国の数を反映する。
資料：21世紀の子どもたちプロジェクトによる政策アンケート

図2.2　子どもの身体的健康に関する喫緊の課題の関連性

注

1. 2018年の学齢期の子どもの健康行動調査は、欧州とカナダの45の国と地域において、22万7,441名の子どもに対して実施された。

参考文献・資料

Abarca-Gómez, L. et al.（2017）, "Worldwide trends in body-mass index, underweight, overweight, and obesity from 1975 to 2016: A pooled analysis of 2416 population-based measurement studies in 128·9 million children, adolescents, and adults", *The Lancet*, Vol. 390/10113, pp. 2627-2642, http://dx.doi.org/10.1016/s0140-6736 (17)32129-3.

Ahrens, W. et al.（2014）, "Prevalence of overweight and obesity in European children below the age of 10", *International Journal of Obesity*, Vol. 38/S2, pp. S99-S107, http://dx.doi.org/10.1038/ijo.2014.140.

Arup（2017）, *Cities Alive: Designing for urban childhoods*, https://www.arup.com/ perspectives/publications/research/section/cities-alive-designing-forurban-childhoods.

Aston, R. (2018), "Physical health and well-being in children and youth: Review of the literature", *OECD Education Working Papers*, No. 170, OECD Publishing, Paris, https://dx.doi.org/10.1787/102456c7-en.

Banfield, E. et al. (2016), "Poor adherence to US dietary guidelines for children and adolescents in the national health and nutrition examination survey population", *Journal of the Academy of Nutrition and Dietetics*, Vol. 116/1, pp. 21-27, http://dx.doi.org/10.1016/j.jand.2015.08.010.

Bassett, D. et al. (2015), "Trends in physical activity and sedentary behaviors of united states youth", *Journal of Physical Activity and Health*, Vol. 12/8, pp. 1102-1111, http://dx.doi.org/10.1123/jpah.2014-0050.

Behrman, J. (1996), "The impact of health and nutrition on education", *The World Bank Research Observer*, Vol. 11/1, pp. 23-37, http://dx.doi.org/10.1093/wbro/11.1.23.

Boase, J. and R. Ling (2013), "Measuring mobile phone use: Self-report versus log data", *Journal of Computer-Mediated Communication*, Vol. 18/4, pp. 508-519, http://dx.doi.org/10.1111/jcc4.12021.

Booth, V., A. Rowlands and J. Dollman (2015), "Physical activity temporal trends among children and adolescents", *Journal of Science and Medicine in Sport*, Vol. 18/4, pp. 418-425, http://dx.doi.org/10.1016/j.jsams.2014.06.002.

Carson, V. et al. (2017), "Systematic review of the relationships between physical activity and health indicators in the early years (0-4 years)", *BMC Public Health*, Vol. 17, http://dx.doi.org/10.1186/s12889-017-4860-0.

Chodoff, P. and E. Domino (1965), "Comparative pharmacology of drugs used in neuroleptanalgesia", *Anesthesia and Analgesia*, Vol. 44/5, pp. 558-563.

Dadvand, P. et al. (2014), "Risks and benefits of green spaces for children: A cross-sectional study of associations with sedentary behavior, obesity, asthma, and allergy", *Environmental Health Perspectives*, Vol. 122/12, pp. 1329-1335, http://dx.doi.org/10.1289/ehp.1308038.

Elgar, F. et al. (2015), "Structural determinants of youth bullying and fighting in 79 countries", *Journal of Adolescent Health*, Vol. 57/6, pp. 643-650, http://dx.doi.org/10.1016/J.JADOHEALTH.2015.08.007.

ESPAD Group (2016), *ESPAD Report 2015: Results from the European School Survey Project on Alcohol and Other Drugs*, Publications Office of the European

Union, Luxembourg, http://www.espad.org/sites/espad.org/files/TD0116475ENN.pdf.

Farooq, M. et al. (2017), "Timing of the decline in physical activity in childhood and adolescence: Gateshead Millennium Cohort Study", *British Journal of Sports Medicine*, Vol. 52/15, pp. 1002-1006, http://dx.doi.org/10.1136/bjsports-2016-096933.

Felez-Nobrega, M. et al. (2017), "The association of context-specific sitting time and physical activity intensity to working memory capacity and academic achievement in young adults", *European Journal of Public Health*, Vol. 27/4, pp. 741-746, http://dx.doi.org/10.1093/eurpub/ckx021.

Finkenauer, C. et al. (2019), "The social context of adolescent relationships", in *Educating 21ˢᵗ Century Children: Emotional Well-being in the Digital Age*, OECD Publishing, Paris, https://dx.doi.org/10.1787/f71c8860-en.

Gariepy, G. et al. (2020), "How are adolescents sleeping? Adolescent sleep patterns and sociodemographic differences in 24 European and North American countries", *Journal of Adolescent Health*, Vol. 66/6, pp. S81-S88, http://dx.doi.org/10.1016/j.jadohealth.2020.03.013.

Gottschalk, F. (2019), "Impacts of technology use on children: Exploring literature on the brain, cognition and well-being", *OECD Education Working Papers*, No. 195, OECD Publishing, Paris, https://dx.doi.org/10.1787/8296464e-en.

Gradisar, M., G. Gardner and H. Dohnt (2011), "Recent worldwide sleep patterns and problems during adolescence: A review and meta-analysis of age, region, and sleep", *Sleep Medicine*, Vol. 12/2, pp. 110-118, http://dx.doi.org/10.1016/j.sleep.2010.11.008.

Guan, H. et al. (2020), "Promoting healthy movement behaviours among children during the COVID-19 pandemic", *The Lancet Child & Adolescent Health*, Vol. 4/6, pp. 416-418, http://dx.doi.org/10.1016/s2352-4642(20)30131-0.

Guthold, R. et al. (2020), "Global trends in insufficient physical activity among adolescents: A pooled analysis of 298 population-based surveys with 1·6 million participants", *The Lancet Child & Adolescent Health*, Vol. 4/1, pp. 23-35, http://dx.doi.org/10.1016/s2352-4642(19)30323-2.

Hahn, R. and B. Truman (2015), "Education improves public health and promotes health equity", *International Journal of Health Services*, Vol. 45/4, pp. 657-678, http://dx.doi.org/10.1177/0020731415585986.

Hale, C., J. Hannum and D. Espelage (2005), "Social Support and Physical Health: The Importance of Belonging", *Journal of American College Health*, Vol. 53/6, pp. 276-284, http://dx.doi.org/10.3200/JACH.53.6.276-284.

Hesketh, K., R. Lakshman and E. van Sluijs (2017), "Barriers and facilitators to young children's physical activity and sedentary behaviour: A systematic review and synthesis of qualitative literature", *Obesity Reviews*, Vol. 18/9, pp. 987-1017, http://dx.doi.org/10.1111/obr.12562.

Holstein, B. et al. (2020), "Intake of sugar sweetened soft drinks among adolescents: Trends and social inequality in Denmark 2002-2018", *Nutrition and Health*, Vol. 26/1, pp. 3-8, http://dx.doi.org/10.1177/0260106019900742.

Inchley, J. et al. (eds.) (2020), *Spotlight on Adolescent Health and Well-being. Findings from the2017/2018 Health Behaviour in School-aged Children (HBSC) Survey in Europe and Canada. International Report. Volume 1. Key Findings*, WHO Regional Office for Europe, Copenhagen.

Jacka, F. et al. (2011), "A prospective study of diet quality and mental health in adolescents", *PLoS ONE*, Vol. 6/9, p. e24805, http://dx.doi.org/10.1371/journal.pone.0024805.

Janssen, I. and A. LeBlanc (2010), "Systematic review of the health benefits of physical activity and fitness in school-aged children and youth", *International Journal of Behavioral Nutrition and Physical Activity*, pp. 1-16, http://dx.doi.org/10.1186/1479-5868-7-40.

Janssen, P. (1982), "Potent, new analgesics, tailor-made for different purposes", *Acta Anaesthesiologica Scandinavica*, Vol. 26/3, pp. 262-268, http://dx.doi.org/10.1111/j.1399-6576.1982.tb01765.x.

Kardefelt-Winther, D. (2017), "How does the time children spend using digital technology impact their mental well-being, social relationships and physical activity? An evidence-focused literature review", *INNOCENTI Discussion Paper*, No. 02, UNICEF Office of Research - Innocenti, Florence.

Kronholm, E. et al. (2014), "Trends in self-reported sleep problems, tiredness and related school performance among Finnish adolescents from 1984 to 2011", *Journal of Sleep Research*, Vol. 24/1, pp. 3-10, http://dx.doi.org/10.1111/jsr.12258.

Langford, R. et al. (2016), "The health promoting schools framework: Known unknowns and an agenda for future research", *Health Education & Behavior*, Vol. 44/3, pp. 463-475, http://dx.doi.org/10.1177/1090198116673800.

Mirowsky, J. and C. Ross（2005）, "Education, learned effectiveness and health", *London Review of Education*, http://dx.doi.org/10.1080/14748460500372366.

NCHS（2019）, *NCHS Data Brief Number 329*, https://www.cdc.gov/nchs/data/databriefs/db329_tables-508.pdf.

OECD（2020）, "Coronavirus special edition: Back to school", *Trends Shaping Education Spotlights*, No. 21, OECD Publishing, Paris, https://dx.doi.org/10.1787/339780fd-en.

OECD（2019a）, *Addressing Problematic Opioid Use in OECD Countries*, OECD Health Policy Studies, OECD Publishing, Paris, https://dx.doi.org/10.1787/a18286f0-en.

OECD（2019b）, *PISA 2018 Results（Volume III）: What School Life Means for Students' Lives*, PISA, OECD Publishing, Paris, https://dx.doi.org/10.1787/acd78851-en.

OECD（2018）, "Poor children in rich countries: Why we need policy action", *Policy brief on child well-being*, http://www.oecd.org/els/family/Poor-children-in-rich-countries-Policy-brief-2018.pdf.

OECD（2017）, *PISA 2015 Results（Volume III）: Students' Well-Being*, PISA, OECD Publishing, Paris, https://dx.doi.org/10.1787/9789264273856-en.

OECD（2015）, *How's Life? 2015: Measuring Well-being*, OECD Publishing, Paris, https://dx.doi.org/10.1787/how_life-2015-en.（『OECD幸福度白書3：より良い暮らし指標:生活向上と社会進歩の国際比較』OECD編著、西村美由起訳、明石書店、2016年）

OECD（2014）, *OECD Factbook 2014: Economic, Environmental and Social Statistics*, OECD Publishing, Paris, https://dx.doi.org/10.1787/factbook-2014-en.（『図表でみる世界の主要統計OECDファクトブック（2014年版）：経済、環境、社会に関する統計資料』経済協力開発機構（OECD）編著、明石書店、2015年）

OECD（2010）, *Obesity and the Economics of Prevention: Fit not Fat*, OECD Publishing, Paris, https://dx.doi.org/10.1787/9789264084865-en.

OECD/European Union（2018）, *Health at a Glance: Europe 2018: State of Health in the EU Cycle*, OECD Publishing, Paris/European Union, Brussels, https://dx.doi.org/10.1787/health_glance_eur-2018-en.

OECD/European Union（2016）, *Health at a Glance: Europe 2016: State of Health in the EU Cycle*, OECD Publishing, Paris, https://dx.doi.org/10.1787/9789264265592-en.

Orben, A. and A. Przybylski (2020), "Teenage sleep and technology engagement across the week", *PeerJ*, Vol. 8, p. e8427, http://dx.doi.org/10.7717/peerj.8427.

Pegg, K. et al. (2018), "The role of online social identity in the relationship between alcoholrelated content on social networking sites and adolescent alcohol use", *Cyberpsychology, Behavior, and Social Networking*, Vol. 21/1, pp. 50-55, http://dx.doi.org/10.1089/cyber.2016.0665.

Quek, Y. et al. (2017), "Exploring the association between childhood and adolescent obesity and depression: A meta-analysis", *Obesity Reviews*, Vol. 18/7, pp. 742-754, http://dx.doi.org/10.1111/obr.12535.

Reedy, J. and S. Krebs-Smith (2010), "Dietary sources of energy, solid fats, and added sugars among children and adolescents in the united states", *Journal of the American Dietetic Association*, Vol. 110/10, pp. 1477-1484, http://dx.doi.org/10.1016/j.jada.2010.07.010.

Roblin, L. (2007), "Childhood obesity: Food, nutrient, and eating-habit trends and influences", *Applied Physiology, Nutrition, and Metabolism*, Vol. 32/4, pp. 635-645, http://dx.doi.org/10.1139/h07-046.

Sassi, F. et al. (2009), "The obesity epidemic: analysis of past and projected future trends in selected OECD countries", *OECD Health Working Papers*, No. 45, OECD Publishing, Paris, https://dx.doi.org/10.1787/225215402672.

Singh, A. et al. (2008), "Tracking of childhood overweight into adulthood: a systematic review of the literature", *Obesity Reviews*, Vol. 9/5, pp. 474-488, http://dx.doi.org/10.1111/j.1467-789x.2008.00475.x.

Solar, O. and A. Irwin (2010), *A conceptual framework for action on the social determinants of health. Social Determinants of Health Discussion Paper 2 (Policy and Practice)*, World Health Organization, Geneva, https://www.who.int/sdhconference/resources/ConceptualframeworkforactiononSDH_eng.pdf.

Spear, L. (2018), "Effects of adolescent alcohol consumption on the brain and behaviour", *Nature Reviews Neuroscience*, Vol. 19/4, pp. 197-214, http://dx.doi.org/10.1038/nrn.2018.10.

Uchitel, J. et al. (2019), *The Opioid Epidemic: A Needed Focus On Adolescents And Young Adults*, http://dx.doi.org/10.1377/hblog20191115.977344.

UNESCO (2020), *COVID-19 Educational Disruption and Response*, https://en.unesco.org/themes/education-emergencies/coronavirus-school-closures.

UNICEF (2020), *Key Messages and Actions for COVID-19 Prevention and Control in Schools*, https://www.unicef.org/media/65716/file/Key%20Messages%20 and%20Actions%20for%20COVID-19%20Prevention%20and%20Control%20in%20 Schools_March%202020.pdf.

UNICEF（2019）, *The State of the World's Children 2019. Children, Food and Nutrition: Growing Well in a Changing World*, UNICEF, New York.

UNODC（2017）, "Fentanyl and its analogues- 50 years on", *Global Smart Update*, Vol. 17, https://www.unodc.org/documents/scientific/Global_SMART_Update_ 17_web.pdf.

Van Buren, D. and T. Tibbs（2014）, "Lifestyle interventions to reduce diabetes and cardiovascular disease risk among children", *Current Diabetes Reports*, Vol. 14/12, http://dx.doi.org/10.1007/s11892-014-0557-2.

Vancouver Coastal Health（2020）, http://www.vch.ca/public-health/harm-reduction/ overdoseprevention-response.

WHO（2020）, *Violence against children fact sheet*, https://www.who.int/news-room/ factsheets/detail/violence-against-children.

WHO（2017）, *Health promoting schools: An effective approach to early action on noncommunicable disease risk factors*, https://apps.who.int/iris/bitstream/ handle/10665/255625/WHO-NMH-PND-17.3-eng.pdf?sequence=1.

WHO（2010）, *Urban Green Spaces: A Brief For Action*, WHO Regional Office for Europe.

WHO（1946）, *Preamble to the Constitution of WHO*, https://www.who.int/about/ who-weare/frequently-asked-questions.

Wolch, J. et al.（2011）, "Childhood obesity and proximity to urban parks and recreational resources: A longitudinal cohort study", *Health & Place*, Vol. 17/1, pp. 207-214, http://dx.doi.org/10.1016/j.healthplace.2010.10.001.

第 3 章

子どもと
デジタルテクノロジー

OECD 事務局

　デジタルテクノロジーは、21世紀の子どもたちの生活とはもはや不可分のものである。子どもがデジタル環境で過ごす時間が増えただけでなく、低年齢化も進んでいる。しかし、アクセスと利用は増加していても、デジタル不平等はいまだに解消されていない。最も恵まれない子どもたちは、21世紀の教育や生活に必要なデジタルスキルを構築できずにいる。政策介入を成功させるには、デジタル世界に参加して自由に行動する知識とスキルをすべての子どもに与えるとともに、機会とリスクのバランスをとる必要がある。本章では、子どものデジタルテクノロジーのアクセスと利用における最新のトレンドを概括し、教育制度が直面する政策上の難問に光を当てる。

第1節 ▌ 序論

　2017年末、OECD加盟国におけるハイスピード携帯電話の契約数はひとつの節目に達した。契約数が人口を上回ったのである（OECD, 2017）。インターネットは今や私たちの生活だけでなく、子どもたちの生活にも浸透している。子どもたちのテクノロジーの利用はどのように変化しているのだろう。彼らの健康とウェルビーイングにどのような影響を及ぼすのだろう。そして、それは教育にとってどのような意味を持つのだろう。

　子どもたちの経験はデジタルテクノロジーに彩られ、物理的世界と仮想世界の境界線が失われつつある。デジタル環境は子どもたちに多くの機会を与えるだけでなく、リスクももたらす。そのため、デジタル環境への参加はリスクに対する備えとともに行われる必要がある。つまり、デジタルリスクを発見し管理する知識とスキルとレジリエンスを、子どもたちに獲得させなければならない。

　子どもたちのインターネットへのアクセス、知識、スキルを説明するには、デジタル不平等も考慮する必要がある。コロナ禍による学校閉鎖とそれに続くリモート教育と学習は、これらの問題を政策課題の最上位に押し上げた。子どもの学習機会を守るために多くの家庭、特に恵まれない家庭は、適切な機器やブロードバンド接続環境など、いくつもの問題に直面した。

　本章では、21世紀における子どものデジタルテクノロジーへのアクセスと利用のトレンドを検証する。デジタル世界とのかかわり方と、そこから生じるリスクと機会について考察する。さらに、各種文献から得られたデジタルテクノロジーと身体的健康とウェルビーイングの関係に関する知見を提供する。

第2節 ▌ 子どものデジタルテクノロジー利用のトレンド

子どもとデジタルテクノロジーの接触は増加している

　デジタルテクノロジーの利用は低年齢化が進んでいる。最初の接触は2歳以

前、歩いたり話したりするよりも前であることもめずらしくない（Chaudron, Di Gioia and Gemo, 2018）。イングランド、エストニア、アメリカでは、5歳児の平均83％が少なくとも週に1回デジタル機器を利用しており、42％は毎日利用している（OECD, 2020c）。OECD加盟国の家庭のインターネット環境も21世紀に入って大きく向上し、2009年から2018年の間に、家庭にインターネット接続環境がある15歳児は85％から95％超まで増加した（OECD, 2019b）。同時期にインターネット品質が向上し、モバイルインターネットサービスも拡大した。

　このようなインターネット接続の向上にともなって、子どもたちがデジタル環境で過ごす時間も増加している。OECD加盟国の15歳児を平均すると、2015年の週に23時間から、2018年には週に27時間に増加した（OECD, 2019b）。欧州では、子どもがインターネットに費やすと推定される時間は、最少はスイスの1日134分、最多はノルウェーの1日219分であった。また、男子と女子の間にはほとんど差がなかった（Smahel et al., 2020）。

　若者がデジタル世界に参加する手段として、かつてはコンピュータが最有力候補であった。しかし最近はタブレットやスマートフォンなどの人気が高まりつつあり、その勢いは今やコンピュータを凌ぐ（Ofcom, 2020、UNICEF, 2019）。モバイル接続への移行と、時間を問わずメッセージや通知を確認できることによって、子どもたちがデジタル空間で過ごす時間を正確に算定することはますます難しくなっている。さらに厄介なことに、インターネットを介して映像を視聴することが増えているにもかかわらず、子どもたちはそれをインターネットの利用時間とみなしていない可能性がある（Smahel et al., 2020）。したがって、利用時間などの推移を調査する際、自己報告に依拠することは好ましくない。

コラム 3.1　デジタルテクノロジーが子どもにもたらす機会とリスク

　子どもはデジタルテクノロジーの熱心な消費者である。イギリスとオランダの研究によると、大多数の子どもは5〜7歳までに（場合によってはそれよりも早く）、一人でタッチスクリーンテクノロジーを利用する基本的なスキル（画面のスワイプ、

タップ、利用したいアプリの操作など）を身につけている（Blum-Ross et al., 2018）。小さい子どもは自分を表現するためにデジタル機器を積極的に利用する。タッチスクリーンを遊びに組み込むことは、多感覚の経験に自ら参加し（Neumann, 2014）、想像力と創造性を刺激する方法（Chaudron, Di Gioia and Gemo, 2018）になる。また子どもたちは、教育的ゲームと非教育的ゲームを区別せずどちらも同じように遊んでいる（Griffith and Arnold, 2018）。

　子どもによるデジタルテクノロジーの利用は、このような機会だけでなくリスクも伴う。135本のアプリを調査した結果、12か月から5歳の子どもを対象とする39本のアプリに、誤解を招くあるいは年齢に適さない広告が1種類以上含まれていた（Meyer, 2019）。特に懸念されるのは年少児である。年少児は年長児よりもデジタルリスクに対して脆弱であり、プライバシーの保護に関する知識が乏しく、オンラインでの行動がどのような結果を招くかを理解していない（Livingstone and Stoilova, 2018）。基本的なデジタルスキルがすでに身についているとしても、小さな子どもが責任をもってデジタル活動を行うには、大人によるサポートとガイドが必要である。

子どものデジタル活動は一様ではない

　子どもはさまざまなデジタル活動を行う。OECD加盟国の15歳児の93％は、最も頻繁に行う活動としてオンラインでのチャットを挙げている（OECD, 2019b）。多くの国ではソーシャルメディアの利用も多く、子どもたちは、つながりと支援が感じられると回答している。たとえばアメリカでは、13〜17歳の97％が1つ以上のプラットフォームを利用している（Pew Research Center, 2018）。特に男子はデジタル環境で個人的な問題について語り合うことを好む傾向にある。ただし、大多数の子どもは自分の気持ちや不安はやはり対面で話すことを好む（Inchley et al., 2020）。懸念されるのは、小さな子どものなかにもソーシャルメディアのアカウントの所有者がわずかながら存在することである。これは、多くのプラットフォームの利用規約に違反しており、Facebook、Instagram、Snapchat、Tumblr、Twitterは、いずれも13歳未満の利用を禁止している。

　子どもたちは、娯楽を求めてデジタルツールを利用することもある。動画共有プラットフォームとしてはTikTokの人気が高まっており、一部の国の子ど

もは、1日に1時間以上利用すると回答している（Qustodio, 2020）。コロナ禍によるロックダウン中、イギリスでサンプルとして選ばれた14名の子どものほとんどが、「暇つぶし」のため、あるいは動画投稿（オリジナルコンテンツの投稿や他者のコンテンツの再投稿）をするために1日に数時間をTikTokに費やしていた（Ofcom, 2020）。子どもに人気の動画サイトとしてはYouTubeとNetflixもある（Ofcom, 2020）。

　デジタル活動としてはビデオゲームも多い。スペイン、イギリス、アメリカでは、4〜15歳児は1日に平均約1時間をモバイルゲームに費やしている（Qustodio, 2020）。ただし、その他の国にはかなりの開きがみられる（Smahel et al., 2020）。イギリスでは、5〜15歳児の59％がデジタルゲームを行っていた。ゲームをプレイする子どもは大半が男児であるが、2018年から2019年の間にビデオゲームをする女児の割合が38％から49％に増加した（Ofcom, 2020）。コロナ禍によるロックダウン中、ビデオゲームの人気はさらに高まった。世界保健機関（WHO）は、マルチプレイヤーゲームには、ソーシャルディスタンスを尊重しつつ、子どもたちが求める社会的交流を提供する力があるとして「#PlayApartTogether（離れていっしょに遊ぼう）」キャンペーンを実施している。

　デジタル環境は社会的交流や娯楽の機会を提供する。それだけでなく、市民としてのアイデンティティを発達させ、政治的問題について議論し、ネットを通じてキャンペーンや抗議活動に参加することを可能にする（Cho, Byrne and Pelter, 2020）。デジタル世界での市民参加は投票などの現実世界の政治参加と相関しているため、推進することが重要である（Cho, Byrne and Pelter, 2020）。

デジタルの遊びの進化：インターネット接続玩具

　デジタルテクノロジーはスクリーンから飛び出しつつある。IoT（モノのインターネット）とは、タグ付けされたモノが、同じくタグ付けされた他のモノと通信できることを指す（Pascual-Espada et al., 2011）。拡大しつつあるIoTの世界において、インターネットと玩具を融合するIoToysは、玩具がソフトウェアを利用して他の玩具やデータベースと無線接続されることを指す。これら

は一体化した存在としてマンツーマンで子どもに対峙し、それぞれの子どもに合わせた遊びや学習、及びプログラミングや3D設計などの機能を利用する機会を提供する（Holloway and Green, 2016、Mascheroni and Holloway, 2017）。

　インターネット接続する玩具が増加すると予測される今（Mascheroni and Holloway, 2017）、消費者や親は玩具の機能方法とそれが子どもに対して持つ意味を理解することが重要である。特に、プライバシー保護の点では注意が必要であり、子どものプライバシー保護規則の認定玩具かどうかを確認しなければならない（McReynolds et al., 2017）。プライバシーやセキュリティだけでなく、社会倫理的な懸念もある。たとえば、子どもはIoToysをどの程度人間として認識しているのか、それが彼らの発達にどのような影響を及ぼすのかを検証する必要がある（Blum-Ross et al., 2018）。

コラム 3.2　ソーシャルロボットと子どもの健康行動

　子どもの成長を支え、ニーズに応えるために、ソーシャルロボットの活用が進んでいる。たとえば、健康行動の実施を助けるために、子どもに情報を与え、実行してみせ、フィードバックとサポートを提供する（Dawe et al., 2019）。最近の研究によると、ソーシャルロボットとの絆は、慢性疾患の子どもに治療方針を理解させて順守させる助けになる（Sinoo et al., 2018）。ソーシャルロボットは子どもに健康的なスナックを食べさせたり（Belpaeme et al., 2018）、肥満を予防したりする可能性を指摘する研究もある（Triantafyllidis et al., 2019）。

　新型コロナウイルス感染症が猛威を振るうなかでは、子どもの手洗い行動を強化する必要がある。研究者らはその必要性を考えてソーシャルロボットを製作した。たとえば南デンマーク大学は、インテリジェントカメラを備えつけた象のロボットを作成した。このロボットは、子どもらが近づくと、石鹸や消毒剤を提供して手洗いの必要性を思い出させる（SDU, 2020）。これは、日常活動の一環として、子どもたちにこのような行動を頻繁に行わせることで感染拡大防止に役立つ可能性がある。

　ただし、データのセキュリティに関してはもちろんのこと、ロボットと子どもの関係についても複数の疑問が存在する。子どもたちはロボットをどのように認識し、どのようにかかわるのか。また、それが子どもたちの成長と学習にどのような影響を及ぼすのか。多くの研究において、子どもはロボットと一種の友情関係を結び、

彼らへの思いを育むことが示されている（Sinoo et al., 2018）。その一方で、子どもたちがロボットに対して攻撃的な行動を募らせることを示す研究もある（Brščić et al., 2015）。したがって、子どもとロボットの交流形式をさらに調査して、ロボットの教育的支援的役割を理解するとともに、その限界と問題に目を向けることが必要である。

デジタル不平等はOECD加盟国中に存在する

　性別、社会経済的背景、年齢などの因子は、デジタル世界へのアクセスやそれによって得られる機会と相関しており、子どもがデジタル活動に参加する際の自主性と頻度、参加する活動のタイプに影響する（Mascheroni and Ólafsson, 2016）。デジタル不平等は既存の社会的不平等を強化し、悪化させる可能性があるため、政策立案者が対処すべき重要な課題である（DiMaggio and Garip, 2012）。

　インターネットへのアクセスと利用における性差は、大多数の加盟国でさほど大きくなく、15歳の男子が女子をわずかに超える程度である。恵まれない生徒は機器の所有やインターネットへのアクセスが難しく、平均的にみてデジタルスキルのレベルが低い。また、インターネットを利用してニュースを読むことや、実用的な情報を得ることも少ない（OECD, 2019b）。一般的な傾向として、恵まれない環境にある人はスマートフォンを利用することは多いが、ニュースや情報の閲覧を行うことが少ない。これは、デジタル不平等を拡大させる可能性がある（Tsetsi and Rains, 2017）。

コラム 3.3 　不平等、新型コロナウイルス感染症、学習の格差

　新型コロナウイルス感染症の大流行による学校閉鎖は、私たちに厳しい現実を突きつけた。多くの生徒、特に社会経済的に恵まれない家庭の生徒は、デジタル環境で学習を効果的に継続するアクセスもスキルも援助も有していなかった。加盟国平均によると、10人中9人の生徒は家庭にデジタル機器とインターネット環境がある。しかし、恵まれない環境にある生徒は、そうではない生徒よりもコンピュータを学

習に利用できる割合が15％低かった。さらに、多くの家庭では親や兄弟と機器を共有するため、学校閉鎖中、学習の継続が妨げられた（OECD, 2020b）。

たとえばアメリカでは、学齢期の子どものいる家庭の約15％は、高速インターネット接続環境がない。そのような家庭の子どもは、「デジタルホームワークギャップ（自宅で学校の課題を行うために必要なアクセスの欠如）」に直面している（Auxier and Anderson, 2020）。欧州では、5％の世帯には宿題を行う適切な場所がなく、6.9％の世帯にはインターネット接続環境がなかった（Van Lancker and Parolin, 2020）。すべての子ども、特に最も恵まれない子どもに手を差し伸べて、彼らが必要とする支援を提供することが、彼らの学習の支援には不可欠である。

デジタルディバイドは、接続環境を持つ者と持たない者を分かつだけではない。子どもたちによるデジタルツールの使用方法とデジタル経験の質も左右する（UNICEF, 2017）。研究によって、デジタルディバイド、すなわちデジタル不平等には以下の3つの段階が指摘されている。

- **第一段階のデジタルディバイド**：インターネットとデジタル機器の利用環境の有無。この格差は縮小しているものの、今もなおインターネットへのアクセスだけでなく、機器の利用さえままならない子どもたちがいる（van Deursen and van Dijk, 2018）。一部の国ではインターネット品質も問題である。リモート学習に十分な質のブロードバンド接続環境を持たない生徒が大勢おり、コロナ禍の学校閉鎖で大きな問題となっている。
- **第二段階のデジタルディバイド**：デジタルテクノロジーのスキルと使用パターンにおける不平等（Hargittai, 2020）。デジタルテクノロジーが利用できるからといって、機会が平等であるとはかぎらず、その機会を十分に利用して、リスクから身を守るには適切なスキルが必要である。
- **第三段階のデジタルディバイド**：物質的利益や社会的利益など、オフラインで得られる成果の不平等。デジタル環境が与える機会を利用できないことは、すでに存在するオフラインの不平等を拡大させる可能性がある（Hooft Graafland, 2018）。

デジタル環境がもたらす機会とリスクのバランスをとる

　デジタル環境がもたらす機会とリスクは手を携えてやってくる。機会を最大化しようとする努力は、リスクの増大にもつながる。かといって、リスクやデジタル環境への曝露を抑制しようとすると、機会も抑制することになる（Livingstone et al., 2011）。最近、プライバシーの侵害リスクの増大と子どもの「データ化（detafication）」を懸念する声が高まっており、行政と司法の両面で適切に対処することが求められている（OECD, 2020d、Siibak, 2019）。

　オンラインで嫌なことがあると、子どもの41％は親に話し、49％は友人に打ち明ける（Smahel et al., 2020）。したがって、デジタル世界の機会とリスクについて親を啓発することが不可欠である。親に橋渡しをさせるとともに、家族、友人、教師の支援を得ることが（Helsper, 2017）、子どもたちを責任ある市民に育て、デジタルレジリエンスを育むカギとなる。しかし、知識を持たない親はテクノロジーの利用を強く制限する傾向があり（Chaudron, Di Gioia and Gemo, 2018）、子どもたちのデジタルスキルの発達を妨げる可能性がある（Global Kids Online, 2019）。

　子どものデジタルリテラシーとレジリエンスの育成には学校も大きく関与する。そのようなテーマを扱うプログラムをカリキュラムに組み込むと、テクノロジーの利用に伴うリスクに対する意識が高まることが示されている（Chaudron, Di Gioia and Gemo, 2018）。デジタル世界のリスクとその影響について教員教育を行い、ネットでのいじめなどの行動は一切容認しない姿勢を確立することも、レジリエンスを育成する効果的な方法である（Burns and Gottschalk, 2019）。

コラム 3.4　嘘を見抜け！

　コロナ禍では物理的距離を確保することが求められる。そのため人々はソーシャルメディアやインターネットを介して、社会的交流を行い、ウイルス情報を共有した（Limaye et al., 2020）。しかし、ウイルスに関する情報は、WHOが「インフォデミック（infodemic）」と呼ぶほど氾濫し、人々は信頼に足る情報源を見出すことができず、公衆衛生が大きく脅されることとなった（The Lancet, 2020）。さ

らに、情報のほとんどは大人を対象としており、子どもたちはウイルスへの恐怖と不安のなかに取り残された（Livingstone, 2020）。

　子どもたちにもスキルと知識を獲得させて、信頼に足るネット情報を見出して共有する力を与えることが重要である。しかし、正しい情報とそうでない情報を区別することは子どもにとって難しく、信頼に足る情報源がどのようなものであるかを正しく理解していない可能性もある（OECD, 2020a）。したがって、ネットでの情報の見つけ方と正誤の確認方法を教える必要がある。たとえば、2019年にカナダのデジタルメディアリテラシーセンターは「嘘を見抜け！（Break the Fake）」プロジェクト[1]を開始した。情報の正しさを確認し、信頼できる情報源を見出す手順として、次の4段階が示されている。1）まず、情報の出所を確認し、2）情報源が信頼に足る場合は、3）衛生当局や政府の発言内容を確かめ、情報が確認できたら、4）ネットワーク内で共有する。

1. Break the Fake – MediaSmarts, https://mediasmarts.ca/break-fake

第3節　│　子どものデジタルテクノロジー利用と身体的健康

　デジタルテクノロジーや機器の利用の増加が、健康や成長に及ぼす影響が懸念されている（OECD, 2019a）。なかでも、スクリーンタイムが子どもの身体的健康を害する可能性が疑われており、睡眠時間、身体活動、肥満への影響が指摘されている。しかし、諸研究を検証した結果、テクノロジーの利用と子どもの健康成果との関係については、さらに詳細な調査が必要であることが判明した。そのためには、長期的研究を実施するとともに、子どもによるテクノロジーの利用方法と利用する理由を検証しなければならない（Gottschalk, 2019）。一方で、見過ごされがちなプラスの効果もいくつかの研究によって示唆されている。たとえば、気軽にアクセスでき、同年齢者が集う匿名のインターネットサイトでは健康やウェルビーイングに関する情報が入手しやすい。助けを求める行動を起こせば、同輩からのサポートを得て、専門的なサービスを利用することもできる（Swist, Collin and McCormack, 2015）。

　いくつかの研究によって指摘された留意点は以下のとおりである（詳細は

Gottshalk, 2019）。

- **身体活動**：スクリーンタイムを減らしても、子どもに身体活動を行わせること
  につながらない可能性がある（Kardefelt-Winther, 2017）。アクティブビデ
  オゲームや世界的現象となったポケモンGOなどは、一定レベルの運動を要求
  することで、子どもとデジタルツールとのかかわり方を変化させた。しかし、
  アクティブビデオゲームを子どもに与えるだけでは、それ以上の運動に自発的
  に参加させるには至らず、公衆衛生面で利点はないと考えられる
  （Baranowski et al., 2012）。
- **睡眠**：過度のスクリーンタイムは睡眠の質に影響を及ぼしうる（Aston,
  2018）。就寝時間や入眠時間を遅らせ（Cheung et al., 2017）、睡眠時間を
  短縮し、睡眠促進ホルモンであるメラトニンの分泌開始を遅らせる（Higuchi
  et al., 2005）。ビデオゲームなどの双方向のスクリーンタイムは、テレビの視
  聴などの受動的なスクリーンタイムと比べて、睡眠の質に害のあることが報告
  されている（Hale and Guan, 2015）。しかし近年の研究によると、デジタル
  活動に伴う睡眠時間の真の減少はわずか数分でしかなく、スクリーンタイムと
  子どもの睡眠をめぐる背景因子を調査する必要がある（Przybylski, 2019、
  Orben and Przybylski, 2020）。
- **肥満**：ここ数十年のスクリーンタイムの増加は子どもの肥満とも関連づけられ
  ている（Subrahmanyam et al., 2000）。ひとつには、テレビ視聴中の無意
  識の摂食によって肥満が増加している可能性がある（Bellissimo et al.,
  2007）。しかし、関係は依然として不明である。たとえば、不健康な食物や砂
  糖入り炭酸飲料の宣伝広告や販売戦略などの因子が重要な働きをしている可能
  性がある（Inchley et al., 2020）。

第4節 ┃ 今後の研究を要する領域

　近年、このテーマに関する研究が盛んに行われているが、まだ多くの不明点
がある。研究が不十分な分野として以下の領域が挙げられる（詳細はBurns

and Gottschalk, 2019）。

- 幼児を対象とする研究が少ない。
- 多くの研究が高所得の英語圏の国や欧州に集中しているため、国や状況が十分に網羅されていない。
- 研究テーマがデジタルテクノロジーの利用に伴うリスクに偏っており、機会については解明されていない。
- リスクの中でも関心が高いもの（ネットでのいじめなど）と、サイバー傍観者（ネットでのいじめの傍観者など）のように関心が低いものがある。
- テクノロジーの発展に比して研究が大幅に後れている（特に子どもが利用するデジタルプラットフォームに関して）。
- 自己報告のデータに大きく依拠しているため、特にスクリーンタイムのデータは信頼性が低い可能性がある。
- ウェルビーイングに関する研究が少ない。不適切あるいは不十分な方法で相関関係に関する結論を引き出そうとしている。また、長期的研究も乏しい。

第5節　解決に役立つ政策を開発する

　子どもの経験や、社会的、文化的、経済的背景は実に多様である。そのため、デジタル世界への責任ある参加に必要なアクセス方法、スキル、知識を習得させる政策を画一的に開発することは不可能である。多くの政策は、デジタルスキルの育成だけでなく、テクノロジーのインフラとインターネットへの物理的アクセスを改善することを焦点としている。インターネットの利用価格の低下と品質の向上は、特にコロナ禍にあっては優先順位の高い政策課題である。

　子ども自身にデジタルリスクを意識させ、管理させながら、デジタル世界が与える機会を十分に利用させる。そのためには、子どものデジタルスキルとレジリエンスの構築に照準を合わせた政策が必要である。デジタルスキルを育成するには、学校へのハードウェアの提供、教員の職能開発の機会の提供、カリ

キュラムへのデジタルツールの統合や利用の支援など、協働的な努力も必要である（Hooft Graafland, 2018）。特に、最も恵まれない子どもたちに注意を払わねばならない。そのような子どもの多くは、社会的文化的障壁、アクセスと参加の不平等、高水準のスキルとリテラシーの不足、及び情報やサービスの不十分不適切な提供のために、今もデジタル世界から除外されている。議論の場では、子どもたちの声に耳を傾けることも不可欠である（Livingstone and Third, 2017、Hooft Graafland, 2018）。

「21世紀の子どもたち」プロジェクトによる政策アンケートでは、各国、各地域が直面する喫緊の課題を挙げるように求めた。図3.1に、デジタルテクノロジーに関する回答の概要と項目間の関係を再掲した（Burns and Gottschalk, 2019）。最優先の政策課題として最も多く挙げられた問題はネットでのいじめであり、デジタルの成果と感情的ウェルビーイングをめぐる懸念がはっきりと表れている。

ネットでのいじめなどの行動を照準とするプログラムは、デジタルシチズンシップを核としていることが多い。たとえば、NPO団体であるコモンセンスメディアが、2012年にデジタルシチズンシップ教育のために開発したメディア教育プログラムでは、ネットでのいじめ、著作権、プライバシーの問題が取り上げられている（Common Sense Media, 2012）。デジタルシチズンシップ教育は、このような問題に対する事前措置にも事後措置にもなりうる。

不平等とデジタルディバイドも、国土が広く、多くの農村地域を含む国々からは重大な懸念として挙げられた。このアンケートは2018年に実施されたことに注意してほしい。コロナ禍は、ブロードバンド接続環境の量と質に、OECD加盟国内にも加盟国間にも大きな格差が存在することを示したが、それはこのアンケート結果には反映されていない。

現代の子どもは生まれてすぐにデジタルテクノロジーに曝される。しかし、責任を持って安全に利用するには大人の手助けを必要とする（第9章）。子どもをうまく指導し支援するには、まず大人が適切なスキルと知識を獲得しなければならない。もちろん、政策や指針の開発は、確固とした質の高いエビデンスに基づく必要がある（Burns and Gottschalk, 2019）。

第6節 ｜ 結び

　デジタルテクノロジーは21世紀の子どもの生活には欠かせないものであり、学習、コミュニケーション、遊び、参加の方法に影響を及ぼす。オンラインでの活動は頻度を増し、長時間にわたり、低年齢化している。機器も利用目的も多様化している。インターネットは子どもに機会を与えるが、リスクも伴う。また、すべての子どもがオンラインの機会から等しく利益を得られるわけではない。この分野の研究は急増しているが、方法論的問題や質的問題はまだ解決されておらず、デジタルテクノロジーの利用に真に起因する成果を見極めることは今なお困難である。知識の空白を満たすために今後の研究を必要とするテーマは無数に存在する。あらゆる機会の利用を可能にする一方で、発生するリスクから子どもを効果的に保護する方法を検討することが必要である。また、テクノロジーの利用と身体的健康とウェルビーイングの関係を探ることも必要である。

　政策立案者はすでにこれらの課題に気づいている。多くの国は、デジタル世界へのアクセス、それがもたらすさまざまなリスク、倫理的なデジタルユーザーの育成などの課題の克服に努めている。

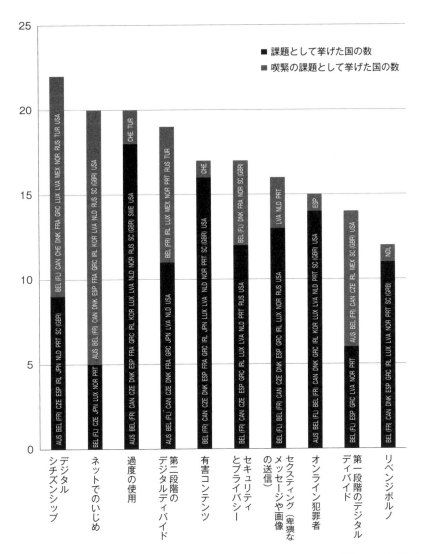

凡例：
■ 課題として挙げた国の数
■ 喫緊の課題として挙げた国の数

注：アンケート回答者は各国の教育担当省や関連当局であり、26か国中24か国から回答があった。縦軸は、これを課題また
は喫緊の課題として挙げた国の数を示す。課題として挙げる数は制限されていないが、喫緊の課題は3つまでに制限され
ている。
国名コード：AUS オーストラリア；BEL（FL）ベルギー（フラマン語共同体）；BEL（FR）ベルギー（フランス語共同体）；
CAN カナダ；CHE スイス；CZE チェコ；DNK デンマーク；ESP スペイン；FRA フランス；GRC ギリシ
ャ；IRL アイルランド；JPN 日本；KOR 韓国；LUX ルクセンブルク；LVA ラトビア；MEX メキシコ；NLD
オランダ；NOR ノルウェー；PRT ポルトガル；RUS ロシア；SC（GBR）スコットランド（イギリス）；SWE
スウェーデン；TUR トルコ；USA アメリカ
資料：21世紀の子どもたちプロジェクトによる政策アンケート

図3.1　子どもとデジタルテクノロジーについて各国が直面する課題

参考文献・資料

Aston, R. (2018), "Physical health and well-being in children and youth: Review of the literature", *OECD Education Working Papers*, No. 170, OECD Publishing, Paris, http://dx.doi.org/10.1787/102456c7-en.

Auxier and Anderson (2020), *As schools close due to the coronavirus, some U.S. students face a digital 'homework gap'*, https://www.pewresearch.org/fact-tank/2020/03/16/as-schoolsclose-due-to-the-coronavirus-some-u-s-students-face-a-digital-homework-gap/.

Baranowski, T. et al. (2012), "Impact of an active video game on healthy children's physical activity", *Pediatrics*, Vol. 129/3, pp. e636-42, http://dx.doi.org/10.1542/peds.2011-2050.

Bellissimo, N. et al. (2007), "Effect of television viewing at mealtime on food intake after a glucose preload in boys", *Pediatric Research*, http://dx.doi.org/10.1203/pdr.0b013e3180536591.

Belpaeme, T. et al. (2018), "Social robots for education: A review", *Science Robotics*, Vol. 3/21, http://dx.doi.org/10.1126/scirobotics.aat5954.

Blum-Ross, A. et al. (2018), *Looking Forward: Technological and Social Change in the Lives of European Children and Young People*, ICT Coalition for Children Online.

Brščić, D. et al. (2015), *Escaping from Children's Abuse of Social Robots*, ACM, http://dx.doi.org/10.1145/2696454.2696468.

Burns, T. and F. Gottschalk (eds.) (2019), *Educating 21st Century Children: Emotional Wellbeing in the Digital Age*, Educational Research and Innovation, OECD Publishing, Paris, https://dx.doi.org/10.1787/b7f33425-en.

Chaudron, S., R. Di Gioia and M. Gemo (2018), *Young Children (0-8) and Digital Technology, a Qualitative Study Across Europe*, European Union, http://dx.doi.org/10.2760/294383.

Cheung, C. et al. (2017), "Daily touchscreen use in infants and toddlers is associated with reduced sleep and delayed sleep onset", *Scientific Reports*, Vol. 7/1, http://dx.doi.org/10.1038/srep46104.

Cho, A., J. Byrne and Z. Pelter (2020), *Digital Civic Engagement By Young People*, UNICEF Office of Global Insight and Policy.

Common Sense Media (2012), *K-12 Digital Literacy and Citizenship Curriculum: Scope and Sequence Tool*, http://commonsensemedia.org/educators/scope-andsequence.

Dawe, J. et al. (2019), "Can social robots help children in healthcare contexts? A scoping review", *BMJ Paediatrics Open*, Vol. 3/1, p. e000371, http://dx.doi.org/10.1136/bmjpo-2018-000371.

DiMaggio, P. and F. Garip (2012), "Network effects and social inequality", *Annual Review of Sociology*, Vol. 38/1, pp. 93-118, http://dx.doi.org/10.1146/annurev.soc.012809.102545.

Global Kids Online (2019), *Global Kids Online: Comparative report*, UNICEF Office of Research - Innocenti, http://www.unicef-irc.org.

Gottschalk, F. (2019), "Impacts of technology use on children: Exploring literature on the brain, cognition and well-being", *OECD Education Working Papers*, No. 195, OECD Publishing, Paris, https://dx.doi.org/10.1787/8296464e-en.

Griffith, S. and D. Arnold (2018), "Home learning in the new mobile age: Parent – child interactions during joint play with educational apps in the US", *Journal of Children and Media*, Vol. 13/1, pp. 1-19, http://dx.doi.org/10.1080/17482798.2018.1489866.

Hale, L. and S. Guan (2015), "Screen time and sleep among school-aged children and adolescents: A systematic literature review", *Sleep Medicine Reviews*, Vol. 21, pp. 50-58, http://dx.doi.org/10.1016/J.SMRV.2014.07.007.

Hargittai, E. (2002), "Second-level digital divide: Differences in people's online skills", *First Monday*, Vol. 7/4, http://dx.doi.org/10.5210/fm.v7i4.942.

Helsper, E. (2017), "A socio-digital ecology approach to understanding digital inequalities among young people", *Journal of Children and Media*, Vol. 11/2, pp. 256-260, http://dx.doi.org/10.1080/17482798.2017.1306370.

Higuchi, S. et al. (2005), "Effects of playing a computer game using a bright display on presleep physiological variables, sleep latency, slow wave sleep and REM sleep", *Journal of Sleep Research*, Vol. 14/3, pp. 267-273, http://dx.doi.org/10.1111/j.1365-2869.2005.00463.x.

Holloway, D. and L. Green (2016), "The Internet of toys", *Communication Research and Practice*, Vol. 2/4, pp. 506-519, http://dx.doi.org/10.1080/22041451.2016.1266124.

Hooft Graafland, J. (2018), "New technologies and 21st century children: Recent trends and outcomes", *OECD Education Working Papers*, No. 179, OECD Publishing, Paris, https://dx.doi.org/10.1787/e071a505-en.

Inchley, J. et al. (2020), *Spotlight on Adolescent Health and Well-being. Findings from the 2017/2018 Health Behaviour in School-aged Children (HBSC) Survey in Europe and Canada*, WHO Regional Office for Europe, Copenhagen.

Kardefelt-Winther, D. (2017), "How does the time children spend using digital technology impact their mental well-being, social relationships and physical activity? An evidence-focused literature review", *INNOCENTI Discussion Paper*, No. 02, UNICEF.

Limaye, R. et al. (2020), "Building trust while influencing online COVID-19 content in the social media world", *The Lancet Digital Health*, Vol. 2/6, pp. e277-e278, http://dx.doi.org/10.1016/s2589-7500 (20) 30084-4.

Livingstone, S. (2020), "Coronavirus and #fakenews: what should families do?", https://blogs.lse.ac.uk/medialse/2020/03/26/coronavirus-and-fakenews-what-should-familiesdo/.

Livingstone, S. et al. (2011), *EU Kids Online: final report 2011*, EU Kids Online, London, http://eprints.lse.ac.uk/id/eprint/45490.

Livingstone, S. and M. Stoilova (2018), *Children's data and privacy online: Exploring the evidence*, LSE Media and Communications, https://www.lse.ac.uk/media-andcommunications/assets/documents/research/projects/childrens-privacy-online/Children'sdata-and-privacy-online-exploring-the-evidence.pdf.

Livingstone, S. and A. Third (2017), "Children and young people's rights in the digital age: An emerging agenda", *New Media & Society*, Vol. 19/5, pp. 657-670, http://dx.doi.org/10.1177/1461444816686318.

Mascheroni, G. and D. Holloway (2017), *The Internet of Toys: A Report on Media and Social Discourses Around Young Dhildren and IoToys*, DigiLitEY, https://publicatt.unicatt.it/handle/10807/103759#.XOVrr8gzZpg.

Mascheroni, G. and K. Ólafsson (2016), "The mobile Internet: Access, use, opportunities and divides among European children", *New Media & Society*, Vol. 18/8, pp. 1657-1679, http://dx.doi.org/10.1177/1461444814567986.

McReynolds, E. et al. (2017), "Toys that listen", Proceedings of the 2017 CHI conference on human factors in computing systems, http://dx.doi.org/10.1145/3025453.3025735.

Meyer, M. et al. (2019), "Advertising in young children's apps", *Journal of Developmental & Behavioral Pediatrics*, Vol. 40/1, pp. 32-39, http://dx.doi.org/10.1097/dbp.0000000000000622.

Neumann, M.（2014）, "An examination of touch screen tablets and emergent literacy in Australian pre-school children", *Australian Journal of Education*, Vol. 58/2, pp. 109-122, http://dx.doi.org/10.1177/0004944114523368.

OECD（2020a）, *Combatting COVID-19's effect on children*, http://www.oecd.org/coronavirus/policy-responses/combatting-covid-19-s-effect-on-children-2e1f3b2f/.

OECD（2020b）, "Coronavirus special edition: Back to school", *Trends Shaping Education Spotlights*, No. 21, OECD Publishing, Paris, https://dx.doi.org/10.1787/339780fd-en.

OECD（2020c）, *Early Learning and Child Well-being: A Study of Five-year-Olds in England, Estonia, and the United States*, OECD Publishing, Paris, https://dx.doi.org/10.1787/3990407fen.

OECD（2020d）, *Growing Up Online Addressing the Needs of Children in the Digital Environment*, OECD Publishing, Paris, https://www.oecd.org/going-digital/growing-up-online.pdf.

OECD（2019a）, *Changing the Odds for Vulnerable Children: Building Opportunities and Resilience*, OECD Publishing, Paris, https://dx.doi.org/10.1787/a2e8796c-en.

OECD（2019b）, *PISA 2018 Results（Volume I）: What Students Know and Can Do*, PISA, OECD Publishing, Paris, https://dx.doi.org/10.1787/5f07c754-en.

OECD（2017）, *OECD Digital Economy Outlook 2017*, OECD Publishing, Paris, https://dx.doi.org/10.1787/9789264276284-en.

Ofcom（2020）, *Children and parents: Media use and attitudes report 2019*, https://www.ofcom.org.uk/__data/assets/pdf_file/0023/190616/children-media-use-attitudes-2019-report.pdf.

Orben, A. and A. Przybylski（2020）, "Teenage sleep and technology engagement across the week", *PeerJ*, Vol. 8, p. e8427, http://dx.doi.org/10.7717/peerj.8427.

Pascual-Espada, J. et al.（2011）, "Virtual objects on the Internet of things", *International Journal of Interactive Multimedia and Artificial Intelligence*, Vol. 1/Special Issue on Computer Science and Software Engineering, https://ijimai.org/journal/node/184.

Pew Research Center（2018）, *Teens, Social Media and Technology 2018*, https://www.pewresearch.org/internet/wpcontent/uploads/sites/9/2018/05/PI_2018.05.31_TeensTech_FINAL.pdf.

Przybylski, A.（2019）, "Digital Screen Time and Pediatric Sleep: Evidence from a Preregistered Cohort Study", *Journal of Pediatrics*, Vol. 205, pp. 218-223.e1, http://dx.doi.org/10.1016/j.jpeds.2018.09.054.

Qustodio（2020）, *Connected More than Ever*, https://qweb.cdn.prismic.io/qweb/
e59c2e0f-ef4f-4598-b330-10c430e2ec71_Qustodio+2020+Annual+Report+on+Child
ren%27s+Digital+Habits.pdf.

SDU（2020）, *Elephant robot to remind children to clean their hands*, https://www.
sdu.dk/en/nyheder/forskningsnyheder/elefantrobot#:~:text=RIMEPHAS,vario
us%20interactive%20hand%20cleaning%20robots.

Siibak, A.（2019）, "Digital parenting and the datafied child", in *Educating 21st
Century Children: Emotional Well-being in the Digital Age*, OECD Publishing,
Paris, https://dx.doi.org/10.1787/313a9b21-en.

Sinoo, C. et al.（2018）, "Friendship with a robot: Children's perception of similarity
between a robot's physical and virtual embodiment that supports diabetes self-
management", *Patient Education and Counseling*, Vol. 101/7, pp. 1248-1255,
http://dx.doi.org/10.1016/j.pec.2018.02.008.

Smahel, D. et al.（2020）, *EU Kids Online 2020: Survey results from 19 countries*,
http://dx.doi.org/10.21953/lse.47fdeqj01ofo.

Subrahmanyam, K. et al.（2000）, "The impact of home computer use on children's
activities and development", *The Future of Children*, Vol. 10/2, pp. 123-144.

Swist, T., P. Collin and J. McCormack（2015）, *Social Media and the Wellbeing of
Children and Young People: A Literature Review*, Australia: Commissioner for
Children and Young People, Subiaco, WA.

The Lancet（2020）, "The truth is out there, somewhere", *The Lancet*, Vol. 396/10247,
p. 291, http://dx.doi.org/10.1016/s0140-6736(20)31678-0.

Triantafyllidis, A. et al.（2019）, "A social robot-based platform for prevention of
childhood obesity", *2019 IEEE 19th International Conference on Bioinformatics
and Bioengineering（BIBE）*, http://dx.doi.org/10.1109/bibe.2019.00171.

Tsetsi, E. and S. Rains（2017）, "Smartphone Internet access and use: Extending the
digital divide and usage gap", *Mobile Media & Communication*, Vol. 5/3, pp. 239-
255, http://dx.doi.org/10.1177/2050157917708329.

UNICEF（2019）, *Global Kids Online Comparative Report 2019*, https://www.
unicefirc.org/publications/1059-global-kids-online-comparative-report.html.

UNICEF（2017）, *The State of the World's Children: Children in a Digital World*,
https://unicef.org/publications/index_101992.html.

van Deursen, A. and J. van Dijk（2018）, "The first-level digital divide shifts from inequalities in physical access to inequalities in material access", *New Media & Society*, Vol. 21/2, pp. 354-375, http://dx.doi.org/10.1177/1461444818797082.

Van Lancker, W. and Z. Parolin（2020）, "COVID-19, school closures, and child poverty: a social crisis in the making", *The Lancet Public Health*, Vol. 5/5, pp. e243-e244, http://dx.doi.org/10.1016/s2468-2667（20）30084-0.

パート2
遊ぼう！

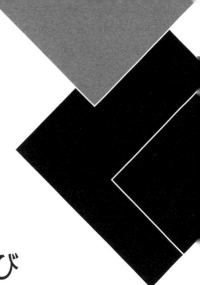

第 **4** 章

リスクを伴う外遊び

マリアナ・ブルッソーニ

　外遊びは豊かな遊びの機会を与え、身体的リスクなど、室内での遊びにはあまりみられない特有の性質を持つ。子どもはときとして意図的に危険な遊びを選ぶが、リスクを伴う外遊びは恐怖の克服に役立つ。しかし、その機会は数十年前から大きく抑制されている。子どもの健康、成長、ウェルビーイングに、リスクのある遊びが重要な役割を果たすことは、数多くの研究によって示されている。そのような遊びを支援する環境を生み出すために、何らかの行動を起こすべきであるという認識も高まりつつある。本章では、リスクを伴う遊びの重要性を調査した研究をレビューする。リスクを伴う外遊びの環境を構成する３つの重要な要素（時間、空間、自由）を示し、有意味な変化を持続させるために必要な実践と政策を提案する。

第1節 | 序論

　遊びは、あらゆる文化において子どもの生活の主な活動のひとつであり（Hyun, 1998、Pellegrini, 2009）、遊ぶ権利は国連子どもの権利条約の第31条に明記されている（Office of the United Nations High Commissioner for Human Rights, 1989）。どの国の子どもも、選べるならば屋外で遊ぶほうを好む（Raymund, 1995、Inter IKEA Systems, 2015）。同じく、子ども時代に好きだった遊びも、外遊び、特に自然のなかの遊びであることが多い（Brunelle et al., 2016、Raymund, 1995、Singer et al., 2008）。子どもと大人に好きな遊びの経験を思い返させると、喜びや楽しさ、好きなように体を動かす自由、工夫する機会、友達との外出、自分への挑戦、自然との触れ合いなどが挙げられる。これらは内遊びよりも外遊びで得やすい要素である（Brunelle et al., 2016、Caro et al., 2016、Greenfield, 2004）。近年、内遊びと外遊びには重要な違いが存在することが指摘されており、外遊びは子どもの健康、成長、ウェルビーイングに固有の役割を果たすと考えられている（Brussoni, 2019）。

　外遊びとは、構造を持たず自由な選択が可能な、子ども主導の野外活動である（Outdoor Play Canada, 2019）。落ち葉の山の上で飛び跳ねること、虫を観察すること、ストリートホッケーの即席試合など、想像力と環境への自由な働きかけによって形成される活動を指す。よじ登る、走る、探検するなどのリスクを伴う活動は、外遊びにごく当たり前に含まれる側面である。過去30年で外遊び、特にリスクを伴う遊びを行うことが減り、子どもが外へ出て危険を冒す自由が減っている（Shaw et al., 2015、Wyver et al., 2009）。親や保護者による安全への危惧、遊びではなく学業の優先、スクリーンタイムの増加などが、質の高い外遊びを日常的に行う機会を減少させている（Holt et al., 2016、Mullan, 2019、Watchman and Spencer-Cavaliere, 2017）。

　本章では、リスクを伴う外遊びの特徴と、それが子どもの成長、健康、ウェルビーイングに果たす重要性を概観する。外遊びの環境を構成する3つの重要な要素を検討し、21世紀の子どもたちを支援するための政策と実践を導く。

第2節　リスクを伴う外遊びとは何か

　リスクを伴う遊びは、「不確実さと負傷する危険を伴い、スリルと興奮を感じられる身体的な遊びの形式」（Sandseter, 2010, p. 22）と定義される。子どもは、自分を危険と背中合わせの状況に追い込んで、怖い思いをしながら克服の喜びが得られる機会を求める。恐怖と負傷の可能性を十分に意識し、結果に内在する不確実さに大きなスリルを感じる（Sandseter, 2009、Sandseter, 2009）。

　リスクを伴う遊びは主に屋外で発生する。しばしば観察される典型的な遊びとして以下の8つが挙げられている（Kleppe, Melhuish and Sandseter, 2017、Sandseter, 2009）。

- 高さを利用する遊び（よじ登る、跳ぶ、ぶら下がる、バランスをとるなど）
- 速さを利用する遊び（走る、滑走する、自転車に乗るなど）
- 危険な道具を利用する遊び（ロープ、ハンマー、ナイフなど）
- 危険な環境に近づく遊び（水場、火、崖など）
- 迷子になるリスクを伴う遊び（かくれんぼ、子どもだけの探検など）
- 乱暴な遊び（取っ組み合いなど）
- 衝撃を利用する遊び（物や地面に繰り返し体をぶつけるなど）
- リスクの代行による遊び（誰かが先陣を切ってリスクを引き受ける。見守る者はそのリスクについて学び、スリルを経験する機会を得る）

　リスクを伴う遊びは、これまで遊びの分類に利用されてきたさまざまな側面を含む。たとえば、想像的遊び、運動すなわち機能遊び（よじ登ったり、走ったりして、子どもの身体が主な遊び道具になる）、構成遊び（何かを作る）、探検遊び（物とかかわることから情報を得る）などの特徴を含んでいる（Cox, Loebach and Little, 2018）。しかし、リスクを伴う遊びを定義する際立った特徴は「身体的リスクの意図的な引き受け」である。

リスクを伴う外遊びの重要性

　子どもは、遊びを介したリスクの引き受けに自然に惹きつけられ、その引き受けに徐々に適応する。子どもは興奮を求め、好奇心に駆られて行動するが、それによって環境について学ぶ。それが何を与えてくれるのか、どの程度まで環境と自分の身体に無理をさせてよいのかを知り、出会うリスクの管理方法を身につける（Sandseter, 2009、Sandseter and Kennair, 2011）。リスクを伴う遊びは、子どもの健康、成長、メンタルヘルス、ウェルビーイングに幅広い利益をもたらしうる。身体的健康についていえば、子どもの身体活動の大半を占めるのは正式な運動ではなく遊びである。内遊びよりも外遊びのほうがじっとすることなく、身体を動かし続けている（Gray et al., 2015）。特に、近所を探検するときや、友達と公園で遊ぶときなど、大人の目がなく、子ども同士で遊んでいるときに活発に動きまわる（Brussoni et al., 2015）。

　リスクを伴う遊びがメンタルヘルスに及ぼす効果も調査されている（Sandseter and Kennair, 2011）。子どもは遊びのなかでリスクを引き受けることに慣れていく。これは不安や恐怖を誘発する刺激（保護者と離れることや高所など）への対処を上達させ、恐怖の解消を助ける。リスクを伴う遊びは、恐ろしい状況や刺激を克服することによって肯定的な感情を経験する機会を与え、恐怖に打ち勝つスキルを発達させる。子どもからこのような機会を奪うと恐怖が解消されず、恐怖症や不安障害などの不適応行動を招く（Sandseter and Kennair, 2011）。同様に、遊びの減少と精神疾患の増加の因果関係も指摘されており（Gray, 2011）、遊びの剥奪は子どもの社会情動的学習と自己効力感に負の影響を及ぼし、社会的孤立と抑うつ症状に関連すると考えられている。さらに、過保護な子育ては幼少期の自己効力感の低さ、不適応行動、不安と抑うつに関連するとされ、大人になっても続くことが示唆されている（Bradley-Geist and Olson-Buchanan, 2014、LeMoyne and Buchanan, 2011、Schiffrin et al., 2013、Thirlwall and Creswell, 2010）。また、脳の脅威関連機能に構造的な変化が生じて、対人的脅威に強く反応する可能性も指摘されている（Farber et al., 2019）。

　研究によると、リスクを伴う遊びは、リスクを認識し管理するスキルの発達に重要な役割を担う（Brussoni et al., 2012、Lavrysen et al., 2015）。最近行わ

れた予備調査では、遊びのリスクに対する親の耐性の高さと、仮想の歩道横断課題における子どもの成績の高さとの間に正の相関関係が見出された（VanSkiver, 2019）。大人や保護者はケガを恐れて、リスクを伴う外遊びの機会を制限する。しかし逆にこの制限が、身を守るために欠かせないリスク管理スキルを発達させる機会を奪い、むしろ負傷リスクを増大させていると考えられる（Brussoni et al., 2012）。

　遊びとリスクの引き受けは、変化し続ける労働環境に対する不可欠の準備ともみなされている。世界経済フォーラムによると、未来の労働環境では、認知能力、複雑な問題の解決能力、社会的スキルが強く求められるようになる（World Economic Forum, 2016）。2018年の年次総会では、Lego、IKEA、National Geographic、Unileverの各社が共同で立ち上げた組織「Real Play Coalition」によって、遊びは「最高の成長を推進するエンジン」であると語られた。遊びに多くの時間を費やすことは、争いや問題を解決し、社会的関係を築き、他者を鼓舞するリーダーになることを助ける。現代社会は「遊びが沈黙する非常事態（silent play emergency）」といってもよい（Goodwin et al., 2018、Real Play Coalition, 2018）。

　リスクを伴う外遊びの頻度について世界規模の統計値は存在しない。しかし、49か国の外遊びのデータをみると安心してはいられない（Aubert et al., 2018）。活発な遊びの度合いを指標によって示すとD＋である。つまり、最低基準である「毎日2時間の外遊び」を満たす子どもは世界で40％に満たない。注目すべきことは、人間開発指数が最高水準の国は、最低水準の国よりもスコアが低いことである。最低水準の国で暮らす子どもたちは毎日歩いて学校へ行かねばならない。これが、車での送迎と組織化された活動への参加が当然とされる最高水準の国の子どもたちには得られない遊びの機会を提供する可能性がある。

ケガ：発生率とリスク回避

　リスクを伴う遊びは子どもにケガをさせる可能性があり、極端な場合には死に至らしめることもある。親や保護者はこうした有害事象を恐れるが、そのせいで多くの西洋諸国では、リスクを伴う遊びの機会と自由がさらに減少してい

る（Brussoni et al., 2012、Wyver et al., 2009）。しかし傷害発生率をみると、有害転帰の懸念に比例して発生率が下がるわけではない。それどころか、リスクを伴う遊びの機会を過度に制限して、子どもの健康、成長、学習、ウェルビーイングを損なう可能性がある。リスク回避アプローチは、リスクを伴う遊びを制限するとリスク管理スキルが発達せず、かえって受傷リスクが高まる可能性があることを考慮していない。

　迷子になるリスクを伴う子どもだけの移動など、リスクを伴う遊びが大人の監視なしに行われる場合、多くの親が心配するのは誘拐や交通事故である（Jelleyman et al., 2019）。しかし、見知らぬ他人による誘拐はきわめてまれであり、カナダの統計によると発生率は1,400万分の1である（Dalley and Rucoe, 2003）。これに対して、事故は全世界の子どもの死因の1位を占めるが（Peden et al., 2008）、多くの国の統計によると、車両の安全性能の向上によって車両事故による同乗者の傷害発生率は過去最低を記録している（Richmond et al., 2016、Sethi et al., 2008）。子どもの死因の1位が自動車事故と自殺であることにかわりはないが、このデータは同乗者に関するものであり、歩行者に関するものではないことに注意する必要がある。親は子どもにケガさせまいとしてどこへ行くにも車で送迎する。このように育てられた子どもを「バックシート世代」と呼ぶが（Karsten, 2005）、これは皮肉にも子どもを死の縁に追いやる行為となる。自殺に関しても、過保護に育てられた子どもは、成人後も不安や抑うつ症状を経験することが多く、自傷行動を行うリスクが高い（LeMoyne and Buchanan, 2011、Schiffrin et al., 2013）。

　遊び関連の死亡事故と傷害事故のデータは、データのコード化と収集に限界があるため容易に入手できない。しかし、入手可能なデータによると、遊びに起因する深刻なケガや死亡事故はきわめてまれである。たとえば、カナダにおける1〜14歳の死亡事故のデータをみると、2000年から2017年にかけて木からの転落死は0件、2007年から2017年にかけて遊具からの転落死は2件であり、発生率は3,500万分の1である（Statistics Canada, 2017）。傷害発生率に関しては、身体活動（スポーツ、能動的移動、遊び）による負傷で医療機関を受診した患者のデータがある。活動への曝露時間によって調整すると、6〜12歳の子どもではスポーツが最も高く（1,000時間で0.20〜0.67件）、遊びが最も

低い（1,000時間で0.15～0.17件）。

　リスク回避アプローチは、子どもの監視方法（監視の増加、窮屈な制限、子ども主体の遊びの減少）から、遊び場の設計（標準化されて面白みのない、固定された遊具を中心とする）まで深甚な影響を及ぼしている。遊びに対する狭隘な見方を生み、子どもと子どもの未来を深く損なう。

第3節　リスクを伴う外遊びを支援する環境をつくる

　豊かな外遊びの環境を生み出す努力の一環として、2014年、ウェールズ政府は世界で初めて、地方自治体に「遊びの充足度評価（Play Sufficiency Assessments）」を実施して、豊かな外遊びの環境がふんだんにあるかどうかを評価し実現することを義務づけた。評価は、さまざまな年齢、文化、能力を持つ子どものニーズを考慮する（Welsh Government, 2014）。ウェールズ政府は子どもの権利条約を批准しており、外遊びは子どもにとってきわめて重要であり、貧困や不平等による影響を緩和する力があると考える（Welsh Government, 2014）。遊びの充足度評価は、「外で思い切り遊ぶ子どもの姿が見られるウェールズ」（Welsh Government and Play Wales, 2015, p. 3）となることをめざし、豊かな遊びの環境を支援するために必要な3つの要素、すなわち時間、空間、自由を軸としてさまざまな活動を促す（Welsh Government and Play Wales, 2015）。リスクを伴う外遊びを支援する環境の創造と設計について実践的で有用なガイドラインを提供する。以下でその詳細を説明する。

時　間

　世代を経るごとに、遊び、特に外遊びに費やす時間は明らかに急減し、組織化された活動、学業、スクリーンタイムに取って代わられた。たとえばアメリカのデータによると、1997年から2003年の間に、6～12歳児が野外活動に費やす時間は37％減少した（Hofferth, 2009）。イギリスの8～16歳児に関する1975年、2000年、2015年の各データにはいくつかの重要な傾向がみられる。学業（特に女子）、スクリーンベースの活動（特に男子と年長の子ども）、及び

構造化された活動に費やす時間が増加するとともに、外遊びの時間が急減している（全年齢にみられるが特に年少の子ども）（Mullan, 2019）。安全への懸念とテクノロジーの進化の相乗効果によって、体を動かさない屋内活動への移行をもたらしたと考えられる（Mullan, 2019）。さらにカナダの研究によると、屋外や野外で過ごす時間はスクリーンタイムに置き換わり（Michaelson et al., 2020）、スクリーンタイムと、内在化問題行動（問題が自己の内部に抱え込まれる）の徴候との間に相関関係が認められた（Piccininni et al., 2018）。

　多くの国の学校では、休み時間を設けるよりも学業に時間を費やすほうが良いと考えられ、屋外での自由な遊び時間はますます圧迫されている。この事態を重くみて、休み時間の確保を求める数多くの意見書が出され（Global Recess Alliance, 2020、US Play Coalition, 2019）、アメリカ小児科学会は「休み時間は、子どもの社会的、感情的、身体的、認知的発達を至適化するために必要な休憩時間である。休み時間は本質的に子どもの個人的な時間と考えるべきであり、学業や懲罰を理由として休憩時間を取らせないことがあってはならない」（Council on school health, 2012, p. 186）と述べた。

　外遊びの時間を優先するには、現在、遊びに充てられている時間を知らなければならない。そして、親、保育施設、学校、コミュニティに外遊びの重要性を啓発するとともに、地域の政策立案者に責任を持って対処させる必要がある。このアプローチは、ウェールズの遊びの充足度評価にもみられるものである。遊びの充足度評価は、地方自治体に対して、コミュニティと学校環境で利用できる遊び時間を評価することを求めている（Welsh Government and Play Wales, 2015）。遊びを肯定する姿勢の形成に役立つ情報をコミュニティに公開し、遊びを促進するための道しるべを示し、親が子どもに遊びを促すことを助ける。学校で遊びの機会を提供させるだけでなく、学校の中でも外でも豊かな遊びの環境を利用できるようにすることもそのひとつである。

空　間

　子どもを室内へ引きこもらせる因子には社会的なものとテクノロジー的なものがあるが、車中心の都市設計はこれを悪化させる（Arup, 2017、Bishop and Corkery, 2017、Hart, 2002）。車主体ではないエリアでも大人の都合が優先さ

れ、交通事故のリスクや危険人物から隔離するために子どもは定められた遊び場へと追いやられる（Brussoni et al., 2018、Hart, 2002）。このような都市計画アプローチは、子どもの成長と未来に人工環境が担う役割の重要性を理解していない。活気に満ちた持続可能な都市は必然的に包摂的なものになり、遊びに優しく、指定された遊び場だけでなく、コミュニティ全体で遊びを支援する（Arup, 2017、Bishop and Corkery, 2017、UNICEF, 2018）。

　「子どもが外遊びに費やす時間の量、1人で移動する能力、自然と触れ合うレベルは、子どもだけでなく、全住民に対する都市のパフォーマンスを示す強い指標である」（Arup, 2017, p. 7）という主張がある。この段階に達するには、地域の子どものニーズに応えて遊びを刺激する環境を設計するだけでなく、それらの環境に子どもだけで安全に行き来できるかどうかにも配慮する必要がある。そのためには、地域の子どもの多様なニーズを理解することに加えて、公平なアクセスと遊びの提供に配慮する必要がある。

遊び場の設計

　屋外の遊び場の設計について7つの基準がある（特徴、背景、接続、変化、機会、明瞭性、挑戦）。これは、子どもには最高の遊びの環境が与えられるべきであることを示している。すなわち、天候に敏感であり、子どもが操作できる生きた素材や要素（水、砂、レンガなどのルースパーツ）を含んでいなければならないことを示している（Herrington, Brunelle and Brussoni, 2017、Herrington et al., 2007）。7つの基準は、子どもの経験とニーズを優先している点で環境設計の手引きとなる。幼少期の教育環境に配慮して開発されており、普遍的な性質を有するため、世界中のさまざまな年齢の子どもや環境に適用することが可能である（Larcombe, 2010、Mountain, 2014、Sajadi and Khoshnevis, 2016）。

　遊びの環境に含まれる要素、特に子どもが操作できる要素を考えるにあたっては、アフォーダンス説が役に立つ（Gibson, 1979）。ある環境で利用可能なアフォーダンス（知覚や行為を促すものとして環境が内包するもの）は、環境と利用者の特性によって異なる。たとえば木は、身体能力や関心がある子どもには木登りというアフォーダンスを与える。しかし、運動障害がある子どもに

は与えない。最も豊かな遊びの環境は、その環境のアフォーダンスと用途を最大化することによって、多様なニーズと関心を持つ子どもたちの遊びを支援する（Herrington, 1997、Woolley and Lowe, 2013）。

　ルースパーツは子どもの操作によって無限の構成を持つ。アフォーダンスを最大化するため、遊びの環境に追加するには理想的な要素である（Nicholson, 1972）。近年、ルースパーツを用いた遊びの利点について多くの研究が行われているが、遊びのタイプ、創造性、探究、レジリエンス、身体活動の向上を示す結果が得られている（Gibson, Cornell and Gill, 2017、Houser et al., 2019）。ルースパーツは、アフォーダンスと入手の容易さによって、遊び場における遊びの機会の拡大に利用しやすい選択肢のひとつとして人気を集めている。学校や保育施設で利用しやすい実用的なツールキットが開発され、利用の手引きが出されている。最も包括的で利用しやすいものとして、スコットランドのLoose Parts Play Toolkitがある（Casey and Robertson, 2019）。

　「冒険遊び場（Adventure Playground）」は子ども中心、子ども主導の遊び場である。スタッフが配置され、ふんだんなルースパーツや、建材などの材料、道具、炉、水場などが提供されている。子どもは自分の関心を創造的かつ自由に追求し、失敗と成功を経験することができる（Chilton, 2018）。スタッフは遊びの補助者であり、遊びのプロセスを支援し促進する訓練を受けており、遊びに対する障壁を除去して子どもたちが遊びのビジョンを実現することを助ける（Staempfli, 2009）。冒険遊び場には永続的なものもあれば、一時的なものもある。永続的な冒険遊び場は、特に恵まれない地域ではコミュニティ構築の重要な機会となる。遊びの補助者は継続的な関係を築いて存続感を与える。子どもたちが自ら遊び場を形成できることは所有感と帰属感を与える。多くの子どもにとってこのような場所は第二の家となる（Staempfli, 2009）。期間限定のポップアップ冒険遊び場は一時的な施設であるが、やはり遊びの補助者がスタッフとして配置されている。数時間あるいは数週間しか存在しないが、地域のコミュニティを関与させるきっかけとなり、試験的に実施することによって、このような遊び場を永続的に設けようとする動きをコミュニティのなかに生み出す。参考資料やツールキットは「ポップアップ冒険遊び（Pop-up Adventure Play）」のウェブサイトで入手可能である（Law and Leichter-Saxby, 2020）。

安全なアクセス

　質の高い遊び場の提供は設計で終わらない。多様なニーズを持つ多様な年齢の子どもたちがその場所へアクセスする方法を考慮しなければならない。そこへ行って遊ぶことが安全であると子ども自身が感じ、保護者が安心してそこへ行かせることができなければならない。

　アメリカ都市交通担当官協会によると、子ども用の道は移動が容易であり、子どもだけで移動できるものでなければならない。また、立ち止まり、腰を下ろし、遊ぶ場所がなければならない（National Association of City Transport Officials, 2020）。設計原則として、安全性と健全性（速度制限、歩行者用のインフラ、照明など）、快適性と利便性（木陰、1人用の椅子や複数人用のベンチ、自然との触れ合い、ごみ箱）、触発性と教育性（芸術作品、多様な質感の表面処理、楽しい出会いの可能性）が挙げられている。

　ウェールズ政府は空間の構成要素としてこれらのさまざまな事項の重要性を認め、遊びに利用できるスペースを設けることを要求している。地方自治体は豊かな遊びの環境を提供し、遊びの補助者の資格を持つスタッフを配置し、子どもたちが自由に利用できるようにしなければならない（Welsh Government and Play Wales, 2015, p. 21）。さらに、速度制限や歩行者用や自転車用のインフラの存在など、公共交通計画において子どものニーズがどの程度反映されているか、遊び場に有害物質が存在しないかどうかを評価しなければならない。地方自治体は路地遊びイニシアチブを実施し、道路を定期的に車両通行止めにして子どもが家の外で遊べるようにしなければならない（Bridges et al., 2019）。また、コミュニティを関与させ、遊びを追い払うのではなく、遊びを支援するキャッチフレーズ——「ボール遊び禁止」ではなく「遊びが一番！」など——を考案することも求められる（Welsh Government and Play Wales, 2015）。

自　由

　子どもが自分で選んだ遊びを行う自由が減るということは、提供される遊びの質が低下するということである。先に簡単に述べたように、安全性をめぐる不安の高まりは外で遊ぶ自由だけでなく、外遊びの際に許される行動も制限す

る。制限的な監視は制約を生み、遊び場の安全基準は、技術的アプローチによって、遊びに伴うリスクを管理しようとする（Ball et al., 2019、Brussoni et al., 2012、Wyver et al., 2009）。

　リスクを伴う外遊びへの社会的支援を促すには、政策や組織の垣根を越える統合的なアプローチが必要である。また、親や保護者、コミュニティのメンバー、教育関係者、政策立案者の態度の変化も求められる。たとえば、ウェールズ政府による遊びの充足度評価では、子どもの自由の抑制に政策がどの程度関与しているかを検証しなければならない。特に重視されるのは、「リスクと挑戦を経験する価値を、健康安全政策が明確に認識していること」（Welsh Government and Play Wales, 2015, p. 47）である。これらの方針は、コミュニティ、教育環境、労働環境において健康と安全の指針となり、ウェールズに変化をもたらす強力なテコとして働く。さらに、子どもが遊ぶ権利を認め、その実現へ向けてコミュニティ戦略も策定させる。社会のあらゆるレベルや部門にわたって広範な協力体制を築き、メディアと協働して情報豊かな教育的イニシアチブを実施することが求められる（Welsh Government, 2014、Welsh Government and Play Wales, 2015）。

リスクを伴う遊びに対する姿勢の変化

　5 〜 12歳児の親を対象としたニュージーランドの調査によると、大多数（78.6％）の親はリスクと挑戦に利点があることを認識する反面、リスクを伴う遊びを制限している。特に、一人または友人一人と学校へ歩いて行くことも含めて、迷子になる可能性のある場所で遊ぶ機会は制限されており、この種の遊びを許されている子どもはわずか14.5％である（Jelleyman et al., 2019）。したがって、リスクを伴う遊びをサポートさせるには、親が感じる恐怖と障壁に対処する必要がある。この調査はニュージーランドの親の態度を反映したものであるが、他の国に関する調査でも、リスクのある遊びは親によって制限されていることが指摘されており、遊びの機会を向上させるには、親の不安に対処する必要があると考えられる（Marzi, Demetriou and Reimers, 2018）。

　外遊びに対する意識を高め、その最良のサポート方法を伝えることが重要である。そこでウェールズ政府は、ボランティア、親、子どもとかかわる専門

職、子どもの遊びの機会に影響力を持つ意思決定者などへの啓発教育を自治体に求めている（Welsh Government and Play Wales, 2015）。啓発教育を構成する重要な要素のひとつは、リスクに対する態度を改めさせ、リスクを伴う遊びの重要性に気づかせ、サポート方法を伝えることである。

　リスクを伴う遊びへの態度を変化させる方法は、対面形式のワークショップやウェブ活動を通して開発され検証されてきた。たとえば、学校におけるルースパーツを用いた介入研究を生かして、親や教師を対象とするリスクに対する態度の再構成ワークショップが開発された（Bundy et al., 2011）。このワークショップは態度と行動を変化させることを目的として設計され、参加者に自らの行動を振り返らせる（Bundy et al., 2011、Niehues et al., 2016、Niehues et al., 2013）。さらに、この活動に立脚して、態度の再構成を目的とするオンラインツール（www.outsideplay.ca）も開発されている（Brussoni et al., 2018）。行動変容テクニックを利用して、3段階のプロセス（導きによる振り返り、意思決定の支援、変化ための計画立案）を経験させるものである。この試みの有効性は、無作為化比較試験によって確認されている。

遊び場の安全基準

　遊び場の安全基準とは、遊び場の設計と遊びに対するさまざまなアプローチの調整を目的とする包括的ガイドラインである。焦点は、工学的制御によってリスクを除去することにある（Ball et al., 2019）。基準を順守すれば傷害事故が発生しない、あるいは訴追免責されるとして（Jost, Yost and Mikus, 2016）、手あたり次第に基準が適用されるようになった。このような無分別な態度に工学技術が結びついて、赤ん坊向け（Brussoni et al., 2020, p. 6では「10歳児向け」）のような遊具が設置された問題の多い遊び場が提供されることとなった（Ball et al., 2019、Herrington and Nicholls, 2007）。子どもの遊びの行動やニーズに基準など存在しない。地域の環境と遊び場を利用する子どもによって異なるものである。さらに、そのような遊び場の基準は、他の形式の遊び（ルースパーツの利用）や遊び場（自然環境）にはなじまない。木は基準に沿った形で生えていない。ルースパーツはひとつの場所にじっとしていない。したがって、基準は遊具の技術的側面（構造的整合性、基礎、機械的部品

など）にのみ適用し、その他の面に関してはリスク・ベネフィット評価を実施
して、価値に基づく判断（表面処理、高さ、アフォーダンス、挑戦など）を行
うべきである（Ball, Gill and Spiegal, 2012）。また、基準に適合しているかど
うかの評価は適切な訓練を受けた調査員に任されるべきであるが、リスク・ベ
ネフィット評価は、地域の文化と想定上のまたは実際の子どもの遊び行動に精
通した遊びの提供者（教育関係者やレクリエーションの提供者）に委ねられる
べきである（Ball et al., 2019）。

リスク・ベネフィット評価

　リスク・ベネフィット評価の枠組みはイギリス（Ball, Gill and Spiegal,
2012）とカナダ（Gill, Power and Brussoni, 2019）で開発され、オーストラリ
アでは、遊び場の最新の安全基準に組み込まれている（Standards Australia.,
2017）。カナダのリスク・ベネフィット評価の枠組みは評価の実施方法に関す
る指針として、同意書、標準的なチェックリスト、評価書式、リスク評価の書
式、事故報告書の書式などのサンプルを含んでいる（Gill, Power and
Brussoni, 2019）。さらに、瞬間的にリスクが発生する子どもの遊びの特性に応
じて、動的なリスク・ベネフィット評価のプロセスが説明されている。動的な
リスク・ベネフィット評価は、子どもたちの自由な遊び、努力と失敗からの学
び、自分や友人の身を守る方法の習得の支援を目的とする。このプロセスで最
も重要なことは、子どもたちとの関係の構築である。未経験の子どもが参加す
る場合は、提供者が慣れている場所で慣れている活動を行わせ、予測可能なルー
ティーンを確立するとよい。個々の子どもとそのニーズを理解したのちは、
それを動的なリスク・ベネフィット評価のプロセスに組み込み、段階的な解除
モデルに従って、子どもたちがリスクを引き受ける自由度を高めるとよい。

　動的なリスク・ベネフィット評価のプロセスには、子どもの遊びを支援する
成人保護者が取るべき3段階の注意が示されている（図4.1）（Gill, Power and
Brussoni, 2019）。第一段階のオープンな観察は定常状態である。保護者は子ど
もの邪魔をせず、子どもを信頼して、支援的態度と愛情を持って子どもたちの
傍らで遊ぶ。リスクの兆しがあれば、第二段階の焦点的注意に移る。その子ど
もに近づき、リスク管理の点で反省を促すような対話を行う（「そこで大丈

夫？」「次はどうするの？」）。状況が制御されたらオープンな観察へ戻る。容認できないほどリスクが高まれば、リスクを低下させる手段を直ちにとる。子どもに判断の権限を与える言葉を用いて安全を促す（「棒を振り回すには場所がいるでしょう。その長い棒を振り回す場所がある？」）。

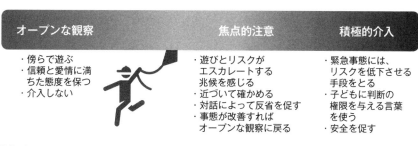

オープンな観察	焦点的注意	積極的介入
・傍らで遊ぶ ・信頼と愛情に満ちた態度を保つ ・介入しない	・遊びとリスクがエスカレートする兆候を感じる ・近づいて確かめる ・対話によって反省を促す ・事態が改善すればオープンな観察に戻る	・緊急事態には、リスクを低下させる手段をとる ・子どもに判断の権限を与える言葉を使う ・安全を促す

資料：Gill, Power and Brussoni, 2019

図4.1　動的なリスク・ベネフィット評価のプロセス

　子どもの遊びにかかわるどの領域においても、健康と安全に対するアプローチはリスク・ベネフィット評価によって裏付けされるべきである。ウェールズ政府はこの観点に立ち「健康安全局は、健康と安全に関する政策と手続きにはリスク・ベネフィット評価を組み込み、健康と安全を評価することを推奨する」（Welsh Government and Play Wales, 2015, p. 47）と述べた。これは言うまでもなく、地域の遊びの提供者に対して、リスク・ベネフィット評価の研修を実施することを意味している。つまり、教員養成研修へ組み込むとともに、現職研修の機会を設けることが求められる。

第4節 ┃ 結び

　いくつかの研究結果によれば、リスクも含めて質の高い外遊びの機会を繰り返し与えることが、創造性、レジリエンス、社会情動的スキルの習得、認知的発達、メンタルヘルス、身体的健康、リスク管理スキルの育成に有効であることが示されている。研究者、政府関係者、教育関係者は、過度のリスク回避に

よって子どもの遊びの機会が不当に制限され、健康、成長、ウェルビーイングが損なわれることを危惧している（Council of Chief Medical Officers of Health, 2018、International School Ground Alliance, 2018、Play Safety Forum, 2008、Tremblay et al., 2015）。ウェールズ政府は各国に先駆けてリスクの重要性を認め、健康安全政策においてリスク・ベネフィット評価を実施することを地方自治体に求めるとともに、他の管轄区域で取り組むためのモデルを提供した。他の多くの国々も、未来へ向けて画期的な仕事に乗り出している。たとえば、スコットランドは外遊びを幼児教育の基範とし（Mathias, 2018）、カナダの保健省主席医務官会議は、リスクを伴う外遊びをあらゆる環境において支援する「活動的な外遊び声明（Active Outdoor Play Statement）」を発表した（Council of Chief Medical Officers of Health, 2018）。さらに、国際校庭園庭連合（子どもの学習と遊びを支援するために校庭の改善をめざす組織と専門家の世界的ネットワーク）は、「遊びのリスクと学習宣言（Risk in Play and Learning Declaration）」を発表して、子どものウェルビーイングに対するリスクの重要性を強調し、リスクが有するベネフィットを校庭の設計に反映させることを呼びかけた。これは複数の言語に翻訳されており、世界中で広く支持されている（International School Ground Alliance, 2018）。未来のリーダーである21世紀の子どもたちへの支援として、私たちは総力を挙げて子どもたちの遊ぶ権利を支える必要がある。

参考文献・資料

Arup (2017), *Cities Alive: Designing for Urban Childhoods*, https://www.arup.com/perspectives/publications/research/section/cities-alive-designing-forurban-childhoods.

Aubert, S. et al. (2018), "Global matrix 3.0 physical activity report card grades for children and youth: Results and analysis from 49 countries", *Journal of Physical Activity and Health*, Vol. 15/s2, pp. S251-S273, http://dx.doi.org/10.1123/jpah.2018-0472.

Ball, D. et al. (2019), "Avoiding a dystopian future for children's play", *International Journal of Play*, Vol. 8/1, pp. 3-10, http://dx.doi.org/10.1080/21594937.2019.1582844.

Ball, D., T. Gill and B. Spiegal (2012), *Managing Risk in Play Provision: Implementation Guide*, Play Safety Forum, http://www.playengland.org.uk/resources/managing-risk-in-play-provisionimplementation-guide.aspx.

Bishop, K. and L. Corkery (eds.) (2017), *Designing Cities with Children and Young People: Beyond Playgrounds and Skate Parks*, Routledge, http://dx.doi.org/10.4324/9781315710044.

Bradley-Geist, J. and J. Olson-Buchanan (2014), "Helicopter parents: An examination of the correlates of over-parenting of college students", *Education + Training*, Vol. 56/4, pp. 314-328, http://dx.doi.org/10.1108/et-10-2012-0096.

Bridges, C. et al. (2019), "Examining the Implementation of Play Streets", *Journal of Public Health Management and Practice*, Vol. 26/3, pp. E1-E10, http://dx.doi.org/10.1097/phh.0000000000001015.

Brunelle, S. et al. (2016), "Play Worth Remembering: Are Playgrounds Too Safe?", *Children, Youth and Environments*, Vol. 26/1, p. 17, http://dx.doi.org/10.7721/chilyoutenvi.26.1.0017.

Brussoni, M. (2019), "Why outdoor play?", in Tremblay, R. et al. (eds.) , *Encyclopedia on Early Childhood Development.*, http://www.child-encyclopedia.com/outdoor-play.

Brussoni, M. et al. (2020), "A qualitative investigation of unsupervised outdoor activities for 10- to 13-year-old children: "I like adventuring but I don't like adventuring without being careful"", *Journal of Environmental Psychology*, Vol. 70, p. 101460, http://dx.doi.org/10.1016/j.jenvp.2020.101460.

Brussoni, M. et al. (2018), "Go Play Outside! Effects of a risk-reframing tool on mothers' tolerance for, and parenting practices associated with, children's risky play: study protocol for a randomized controlled trial", *Trials*, Vol. 19/1, http://dx.doi.org/10.1186/s13063-018-2552-4.

Brussoni, M. et al. (2015), "What is the relationship between risky outdoor play and health in children? A systematic review", *International Journal of Environmental Research and Public Health*, Vol. 12/6, pp. 6423-6454, http://dx.doi.org/10.3390/ijerph120606423.

Brussoni, M. et al. (2012), "Risky play and children's safety: Balancing priorities for optimal child development", *International Journal of Environmental Research and Public Health*, Vol. 9/9, pp. 3134-3148, http://dx.doi.org/10.3390/ijerph9093134.

Brussoni, S. et al. (2018), "Teens in public spaces and natural landscapes", in Lansford, J.E and Banati, P. (ed.), *Handbook of Adolescent Development Reserach and its Impact on Global Policy*, Oxford University Press, https://doi.org/10.1093/oso/9780190847128.001.0001.

Bundy, A. et al. (2011), "The Sydney Playground Project: Popping the bubblewrap - unleashing the power of play: A cluster randomized controlled trial of a primary school playground-based intervention aiming to increase children's physical activity and social skills", *BMC Public Health*, Vol. 11/1, http://dx.doi.org/10.1186/1471-2458-11-680.

Caro, H. et al. (2016), "Dutch primary schoolchildren's perspectives of activity-friendly school playgrounds: A participatory study", *International Journal of Environmental Research and Public Health*, Vol. 13/6, p. 526, http://dx.doi.org/10.3390/ijerph13060526.

Casey, T. and J. Robertson (2019), *Loose Parts Play: A Toolkit*, Inspiring Scotland, https://www.inspiringscotland.org.uk/publication/loose-parts-play-toolkit-2019-edition/.

Chilton, T. (2018), "Adventure playgrounds: A brief history", in F. Brown and B. Hughes (ed.), *Aspects of Playwork: Play and Culture Studies*.

Council of Chief Medical Officers of Health (2018), *Active Outdoor Play Statement from the Council of Chief Medical Officers of Health*, http://www.phn-rsp.ca/aop-position-jae/indexeng.php#fn1.

Council on School Health (2012), "The crucial role of recess in school", *PEDIATRICS*, Vol. 131/1, pp. 183-188, http://dx.doi.org/10.1542/peds.2012-2993.

Cox, A., J. Loebach and S. Little (2018), "Understanding the nature play milieu: Using behavior mapping to investigate children's activities in outdoor play spaces", *Children, Youth and Environments*, Vol. 28/2, p. 232, http://dx.doi.org/10.7721/chilyoutenvi.28.2.0232.

Dalley, M. and J. Rucoe (2003), "The abduction of children by strangers in Canada: Nature and scope", https://www.childjustice.org/index.php?option=com_edocman&view=document&id=176&Itemid=&lang=en.

Farber, M. et al. (2019), Maternal Protection in Childhood is Associated with Amygdala Reactivity and Structural Connectivity in Adulthood, Developmental Cognitive Neuroscience, http://dx.doi.org/10.1101/535823.

Gibson, J. (1979), *The Ecological Approach to Visual Perception*, Houghton-Mifflin,

Boston.（『生態学的視覚論：ヒトの知覚世界を探る』J.J.ギブソン著、古崎敬［ほか］共訳、サイエンス社、1985年）

Gibson, J., M. Cornell and T. Gill (2017), "A systematic review of research into the impact of loose parts play on children's cognitive, social and emotional development", *School Mental Health*, Vol. 9/4, pp. 295-309, http://dx.doi.org/10.1007/s12310-017-9220-9.

Gill, T., M. Power and M. Brussoni (2019), *Risk Benefit Assessment for Outdoor Play: A Canadian Toolkit*, https://indd.adobe.com/view/44ed054b-917b-4e02-a1e3-e6c4cbfe0360.

Global Recess Alliance (2020), *Statement on Recess*, https://globalrecessalliance.org/recessstatement/.

Goodwin, J. et al. (2018), "To play is to learn. Time to step back and let kids be kids", https://www.weforum.org/agenda/2018/01/to-play-is-to-learn/.

Gray, C. et al. (2015), "What is the relationship between outdoor time and physical activity, sedentary behaviour, and physical fitness in children? A systematic review", *International Journal of Environmental Research and Public Health*, Vol. 12/6, pp. 6455-6474, http://dx.doi.org/10.3390/ijerph120606455.

Gray, P. (2011), "The decline of play and the rise of psychopathology in children and adolescents", *American Journal of Play*, Vol. 3, pp. 443-463.

Greenfield, C. (2004), "Transcript: 'Can run, play on bikes, jump the zoom slide, and play on the swings': Exploring the value of outdoor play", *Australasian Journal of Early Childhood*, Vol. 29/2, pp. 1-5, http://dx.doi.org/10.1177/183693910402900202.

Hart, R. (2002), "Containing children: Some lessons on planning for play from New York City", *Environment and Urbanization*, Vol. 14/2, pp. 135-148, http://dx.doi.org/10.1177/095624780201400211.

Herrington, S. (1997), "The received view of play and the subculture of infants", *Landscape Journal*, Vol. 16/2, pp. 149-160, http://dx.doi.org/10.3368/lj.16.2.149.

Herrington, S., S. Brunelle and M. Brussoni (2017), "Outdoor play spaces in Canada: As if children mattered", in Waller, T. et al. (eds.), *The SAGE Handbook of Outdoor Play and Learning*, SAGE, London.

Herrington, S. et al. (2007), *Seven C's: An Informational Guide to Young Children's Outdoor Play Spaces*, Consortium for Health, Intervention, Learning and Development (CHILD), http://www.wstcoast.org/playspaces/outsidecriteria/

7Cs.pdf.

Herrington, S. and J. Nicholls (2007), "Outdoor play spaces in Canada: The safety dance of standards as policy", *Critical Social Policy*, Vol. 27/1, pp. 128-138, http://dx.doi.org/10.1177/0261018307072210.

Hofferth, S. (2009), "Changes in American children's time - 1997 to 2003", *Electronic International Journal of Time Use Research*, Vol. 6, pp. 26-47.

Holt, N. et al. (2016), "An intergenerational study of perceptions of changes in active free play among families from rural areas of Western Canada", *BMC Public Health*, Vol. 16/1, http://dx.doi.org/10.1186/s12889-016-3490-2.

Houser, N. et al. (2019), "A loose parts randomized controlled trial to promote active outdoor play in preschool-aged children: Physical literacy in the early years (PLEY) project", *Methods and Protocols*, Vol. 2/2, p. 27, http://dx.doi.org/10.3390/mps2020027.

Hyun, E. (1998), "Culture and development in children's play", in P. Lang. (ed.), *Making Sense of Developmentally and Culturally Appropriate Practice (DCAP) in Early Childhood Education*.

Inter IKEA Systems (2015), *The Play Report 2015*, IKEA, https://preview.thenewsmarket.com/Previews/IKEA/DocumentAssets/437058.pdf.

International School Ground Alliance (2018), *Risk in Play and Learning Declaration*, https://www.internationalschoolgrounds.org/risk.

Jelleyman, C. et al. (2019), "A cross-sectional description of parental perceptions and practices related to risky play and independent mobility in children: The New Zealand state of play survey", *International Journal of Environmental Research and Public Health*, Vol. 16/2, p. 262, http://dx.doi.org/10.3390/ijerph16020262.

Jost, D., B. Yost and S. Mikus (2016), "Making room for risk in play environments and play standards", *Landscape Research Record*, Vol. 5, pp. 245-250.

Karsten, L. (2005), "It all used to be better? Different generations on continuity and change in urban children's daily use of space", *Children's Geographies*, Vol. 3, pp. 275-290.

Kleppe, R., E. Melhuish and E. Sandseter (2017), "Identifying and characterizing risky play in the age one-to-three years", *European Early Childhood Education Research Journal*, Vol. 25/3, pp. 370-385, http://dx.doi.org/10.1080/1350293x.2017.1308163.

Larcombe, E. (2010), *The 7Cs of neighbourhood design: Neighbourhood design that supports child development*, https://open.library.ubc.ca/cIRcle/collections/graduateresearch/310/items/1.0102512.

Lavrysen, A. et al. (2015), "Risky-play at school. Facilitating risk perception and competence in young children", *European Early Childhood Education Research Journal*, Vol. 25/1, pp. 89-105, http://dx.doi.org/10.1080/1350293x.2015.1102412.

Law, S. and M. Leichter-Saxby (2020), *Pop-up Adventure Play*, https://www.popupadventureplay.org/.

LeMoyne, T. and T. Buchanan (2011), "Does "hovering" matter? Helicopter parenting and its effect on well-being", *Sociological Spectrum*, Vol. 31/4, pp. 399-418, http://dx.doi.org/10.1080/02732173.2011.574038.

Marzi, I., Y. Demetriou and A. Reimers (2018), "Social and physical environmental correlates of independent mobility in children: a systematic review taking sex/gender differences into account", *International Journal of Health Geographics*, Vol. 17/1, http://dx.doi.org/10.1186/s12942-018-0145-9.

Mathias, H. (2018), *Seeing the Wood for the Trees. How the Regulation of Early Learning and Childcare Changed to Improve Children's Experience of Outdoor Play in Scotland*, Care Inspectorate, https://www.careinspectorate.com/images/Seeing_the_wood_for_the_trees_journal_Henry_Mathias.pdf.

Michaelson, V. et al. (2020), "Electronic screen technology use and connection to nature in Canadian adolescents: a mixed methods study", *Canadian Journal of Public Health*, http://dx.doi.org/10.17269/s41997-019-00289-y.

Mountain, J. (2014), "Clear thinking", *Nursery World*, pp. 21-23.

Mullan, K. (2019), "A child's day: Trends in time use in the UK from 1975 to 2015", *The British Journal of Sociology*, Vol. 70/3, pp. 997-1024, http://dx.doi.org/10.1111/1468-4446.12369.

National Association of City Transport Officials (2020), *Designing Streets for Kids Guide*, https://globaldesigningcities.org/publication/designing-streets-for-kids/.

Nicholson, S. (1972), "The theory of loose parts: An important principle for design methodology", *Studies in Design Education Craft & Technology*, Vol. 4/2, pp. 5-14.

Niehues, A. et al. (2016), "Reframing healthy risk taking: Parents' dilemmas and strategies to promote children's well-being", *Journal of Occupational Science*, Vol. 23/4, pp. 449-463, http://dx.doi.org/10.1080/14427591.2016.1209424.

Niehues, A. et al. (2013), "Everyday uncertainties: reframing perceptions of risk in outdoor free play", *Journal of Adventure Education & Outdoor Learning*, Vol. 13/3, pp. 223-237, http://dx.doi.org/10.1080/14729679.2013.798588.

Office of the United Nations High Commissioner for Human Rights (1989), *Convention on the Rights of the Child.*, Pub. L. No. General Assembly Resolution 44/25.

Outdoor Play Canada (2019), *Outdoor Play Glossary of Terms*, https://www.outdoorplaycanada.ca/portfolio_page/outdoor-play-glossary-of-terms/.

Peden, M. et al. (2008), *World Report on Child Injury Prevention*, World Health Organization Press.

Pellegrini, A. (2009), "Play: What is it?", in *The Role of Play in Human Development*, Oxford University Press.

Piccininni, C. et al. (2018), "Outdoor play and nature connectedness as potential correlates of internalized mental health symptoms among Canadian adolescents", *Preventive Medicine*, Vol. 112, pp. 168-175, http://dx.doi.org/10.1016/j.ypmed.2018.04.020.

Play Safety Forum (2008), *Managing Risk in Play Provision: A Position Statement*, http://www.playengland.org.uk/resources/managing-risk-in-play-provision-a-positionstatement.aspx.

Raymund, J. (1995), "From barnyards to backyards: An exploration through adult memories and children's narratives in search of an ideal playscape", *Children's Environments*, Vol. 12/3, pp. 362–380.

Real Play Coalition (2018), *Value of Play Report*, https://www.realplaycoalition.com/value-ofplay-report/.

Richmond, S. et al. (2016), "Trends in unintentional injury mortality in Canadian children 1950-2009 and association with selected population-level interventions", *Canadian Journal of Public Health*, Vol. 107/4-5, pp. e431-e437, http://dx.doi.org/10.17269/cjph.107.5315.

Sajadi, S. and A. Khoshnevis (2016), "Studying seven criteria of designing outdoor play spaces in some kindergartens of Tehran", *International Journal of Biology, Pharmacy and Alliad Sciences*, Vol. 5/1, pp. 306-318.

Sandseter, E. (2010), *Scaryfunny: A Qualitative Study of Risky Play Among Preschool Children*, Norwegian University of Science and Technology, https://ntnuopen.ntnu.no/ntnuxmlui/handle/11250/270413.

Sandseter, E. (2009), "Characteristics of risky play", *Journal of Adventure Education*

& *Outdoor Learning*, Vol. 9/1, pp. 3-21, http://dx.doi.org/10.1080/14729670802702762.

Sandseter, E. (2009), "Children's expressions of exhilaration and fear in risky play", *Contemporary Issues in Early Childhood*, Vol. 10, pp. 92-106.

Sandseter, E. and L. Kennair (2011), "Children's risky play from an evolutionary perspective: The anti-phobic effects of thrilling experiences", *Evolutionary Psychology*, Vol. 9/2, pp. 257-284.

Schiffrin, H. et al. (2013), "Helping or hovering? The effects of helicopter parenting on college students' well-being", *Journal of Child and Family Studies*, Vol. 23/3, pp. 548-557, http://dx.doi.org/10.1007/s10826-013-9716-3.

Sethi, D. et al. (2008), *European Report on Child Injury*, World Health Organization, Rome.

Shaw, B. et al. (2015), *Children's Independent Mobility: An International Comparison*, Policies Studies Institute.

Singer, D. et al. (2008), "Children's pastimes and play in sixteen nations: Is free-play declining?", *American Journal of Play*, Vol. 1/3.

Staempfli, M. (2009), "Reintroducing adventure into children's outdoor play environments", *Environment and Behavior*, Vol. 41, pp. 268-280.

Standards Australia. (2017), *Playground Equipment and Surfacing Development Installation, Inspection, Maintenance and Operation*, https://infostore.saiglobal.com/en-us/Standards/AS-4685-0-2017-99355_SAIG_AS_AS_208890/.

Statistics Canada (2017), *Deaths, by Cause, Chapter XX: External Causes of Morbidity and Mortality (V01 to Y89), Age Group and Sex, Canada, Annual*, Government of Canada.

Thirlwall, K. and C. Creswell (2010), "The impact of maternal control on children's anxious cognitions, behaviours and affect: An experimental study", *Behaviour Research and Therapy*, Vol. 48/10, pp. 1041-1046, http://dx.doi.org/10.1016/j.brat.2010.05.030.

Tremblay, M. et al. (2015), "Position statement on active outdoor play", *International Journal of Environmental Research and Public Health*, Vol. 12/6, pp. 6475-6505, http://dx.doi.org/10.3390/ijerph120606475.

UNICEF (2018), *Shaping Urbanization for Children: A Handbook on Child-Responsive Urban Planning*, UNICEF, New York.

US Play Coalition, A. (2019), *A Research Based Case for Recess: Position Paper*

(2019), https://usplaycoalition.org/wp-content/uploads/2019/08/Need-for-Recess-2019-FINAL-forweb.pdf.

VanSkiver, A. (2019), *Parents' Tolerance of Risk in Play and Parents' Country of Birth Predict Children's Abilities to Assess Risk: A Pilot Study with Implications for Occupational Therapists*, Colorado State, University Libraries, https://mountainscholar.org/handle/10217/197323.

Watchman, T. and N. Spencer-Cavaliere (2017), "Times have changed: Parent perspectives on children's free play and sport", *Psychology of Sport and Exercise*, Vol. 32, pp. 102-112, http://dx.doi.org/10.1016/j.psychsport.2017.06.008.

Welsh Government (2014), *Wales - a Play Friendly Country*.

Welsh Government and Play Wales (2015), *Play Sufficiency Assessment Toolkit: Part One: How to use the Play Sufficiency Toolkit and prepare for the Asessment Play Sufficiency Assessment Toolkit: Part One: How to use the Play Sufficiency Toolkit and prepare for the Asessment*.

Woolley, H. and A. Lowe (2013), "Exploring the Relationship between Design Approach and Play Value of Outdoor Play Spaces", *Landscape Research*, Vol. 38/1, pp. 53-74, http://dx.doi.org/10.1080/01426397.2011.640432.

World Economic Forum (2016), "The future of jobs", https://www.weforum.org/reports/the-futureof-jobs.

Wyver, S. et al. (2009), "Ten ways to restrict children's freedom to play: The problem of surplus safety", *Contemporary Issues in Early Childhood*.

第5章

デジタルメディアと認知的発達

ブノワ・ベディウ
マイケル・リッチ
ダフネ・バヴェリア

　デジタルテクノロジーの利用が健康や認知に及ぼす影響について、専門家の意見はしばしば食い違い、親、教育関係者、医療関係者、政策立案者を途方に暮れさせている。一因は、「スクリーンタイム」の概念が過度に単純化され、複雑なデジタルメディアの利用をとらえきれないことにある。たとえば、アクションビデオゲームとメディアマルチタスクはどちらもスクリーンタイムとみなされるが、注意に及ぼす影響は逆方向である。したがって、標準化された定義を確立する必要がある。本章では、メディアの影響を理解し、対処するために、概念を細分化し、調査の精度と一貫性を高める指針を提案する。

第1節 ┃ 序論：増加するデジタルテクノロジー消費が持つジレンマ

　デジタルテクノロジー消費の持続的な増加については、いくつもの領域で疑問や問題が浮上している。健康（運動不足、問題のある利用）、成長（孤独、不安）、教育（21世紀に必要なスキル）に関する問題が挙げられることが多いが、倫理（データへのアクセス、プライバシー、サイバーセキュリティ、人工知能）、平等（包摂、デジタルディバイド）、法律（個人の権利）の面でも問題がある。親、教育関係者、医療関係者だけでなく、政府、組織、関係当局も、相矛盾するメッセージに絶えず曝されており、エビデンスに基づく指針を必要としている。

　デジタルテクノロジーの利用について衝突を繰り返す2つの意見がある。一方は主に医療関係者の意見である。デジタルメディアの過度の利用は好ましくない結果をもたらし、たとえば、スクリーン利用に伴う運動不足は数々の健康リスクを増大させると警告する（Stiglic and Viner, 2019）。もう一方は、デジタル世界において人間的、社会的、職業的に成長するには、情報テクノロジー技術が重要であると力説する。ハイテク業界なども利益を考えてのことか、デジタルメディアの習熟を支持する（Selwyn, 2010）。総合的にみると、睡眠（LeBourgeois et al., 2017）、肥満（Robinson et al., 2017）、不安／抑うつ症状（Hoge, Bickham and Cantor, 2017）、認知的発達（Anderson, Subrahmanyam and Workgroup, 2017）が危惧されており、学習と社会的コミュニケーションの面では利益が認められている（Council on Communications and Media, 2016）。

　テクノロジーの影響をめぐって対立する見解が存在することは、政治経済的に大きな意味を持つ。私たちはどこに投資するべきか。政府と当局は公衆衛生のために、スクリーン利用のガイドラインを設け、利用を制限する規則を制定するべきだろうか。あるいは、テクノロジーの利用から最良の成果が得られるように、小児科医や親や教育関係者をサポートする資料や研修機会を提供するべきだろうか。

第2節 ┃ エビデンスに基づく指針の二極化

　デジタルテクノロジーの影響を調査する研究は大きく二分される。すなわち、デジタルメディアの利用に伴う有害な影響か、テクノロジーを利用してユーザーに利益をもたらす方策のどちらかを焦点としており、双方の対話や合意はほとんど試みられていない。このような激しい二極化は、メディア関連障害の性質や障害と判断するための基準（たとえば、双方向デジタルメディアの節度のない非機能的な利用）などの非常に重要な問題に関する意見の統一を妨げる。

　有害な影響を指摘する研究は、スクリーンメディアの利用や利用時間の制限などの規制を求める声を生む。たとえば、長時間のテレビの視聴が肥満リスクの増大と関連していることが示されると、アメリカ小児科学会は、子どもや青少年におけるテレビの視聴を制限することを推奨した（American Academy of Pediatrics, 2001）。しかし、そのような提言を実際の行動に転化することは難しい（Houghton et al., 2015）。スクリーンはほぼすべての環境で増殖し、学習からコミュニケーションや社会生活まで、すべての活動に組み込まれてしまっている。逆に、デジタルテクノロジーの利益を検証する研究は、新たなテクノロジーの開発と人々の適応を呼びかける。高齢者の記憶力の低下を遅らせるために、あるいは、注意欠陥多動性障害（ADHD）の子どもの集中力を向上させるために、治療目的でビデオゲームが利用されることがある。これは、ヘルスケアを目的とした革新的なデジタルテクノロジーの開発を促す（Bavelier and Davidson, 2013、Mishra, Anguera and Gazzaley, 2016、Primack et al., 2012）。どちらの観点も妥当かつ有用なものであるが、このような状況は、同一団体から矛盾する指針が発表される事態を招く。たとえば、オーストラリア政府の「幼児のための24時間運動ガイドライン（24-hour Movement Guidelines for the Early Years）」は、スクリーン利用の制限を推奨している（Okely et al., 2017）。ところが同じオーストラリア政府の「幼児の学びの枠組み（Early Years Learning Framework）」は、早期教育におけるデジタルテク

ノロジーの利用を推進している（Fox and Diezmann, 2017、Sumsion, 2019、White and Fleer, 2019）。

　デジタルテクノロジーの消費が健康に及ぼす影響に関しても、やはり状況は複雑である。ときには同じデータセットを分析しても、得られる結果が一致せず、矛盾する結論が引き出されることがある（Przybylski and Weinstein, 2017、Twenge et al., 2018、Twenge and Campbell, 2019）。イギリスの12万115人の15歳児のデータを利用した研究がある。それによると、1週間に2時間超のスクリーンタイムが、若者の精神的ウェルビーイングの分散を説明する程度は1.0％以下である（Przybylski and Weinstein, 2017）。これは、ウェルビーイングと規則正しい朝食や睡眠との間に存在する正の相関関係の3分の1の大きさであった。研究者らは、「メディア利用とウェルビーイングの負の関係は、実際には、一部の研究で主張されているほど有意ではない可能性がある」と結論づけている。ところが逆に、「分散説明率は実際の影響を示す優れた指標ではない」と主張する研究者らもいる（Twenge and Campbell, 2019）。彼らによると、「コンピュータの前で1日7時間以上過ごす人は、30分しか過ごさない人と比べてウェルビーイングが低い可能性が2倍に上り」、「スマートフォンの利用が1時間増えるごとに、ウェルビーイングの低い青少年が14％増加する」。過度のメディア利用が持つ関連の強さ（エフェクトサイズ）は性差などに比肩するものであり、喫煙にみられるように、より小さなエフェクトサイズであっても実際の活動に結びつくと考えられている。

　このように相矛盾する「エビデンスに基づいた指針」に、政策と実践は振り回されている（Straker et al., 2018）。同じ活動が、あるときは規制され、あるときは推進される。たとえば一部の政府や健康担当省は、コロナ禍による隔離が続く今、コミュニケーションと社会的接触を維持する手段として、ビデオゲームとソーシャルメディアの利用を推奨している（Przybylski and Etchells, 2020）。研究は、デジタルメディアの最良の利用方法について十分な情報を与えられずにいる。これは、単純化された「スクリーンタイム」の概念に依存していることが原因である。融合された「スクリーンタイム」の概念を解体して、スクリーンの利用が均質ではないことを認識すれば、一見矛盾対立する2つの見解を一致させることが可能である。

第3節 ▌ デジタルメディアの影響に関する科学的議論を前進させる方法

「スクリーンタイム」という言葉にはますます多様な活動が含まれるようになり、活動によって、得られる認知的、感情的、社会的経験が異なっている。スクリーンタイムの概念はテクノロジーの進歩とともに変化した。電子スクリーンは1920年代のブラウン管（CRT）ディスプレイを祖とする。しかし、2000年代前半の液晶画面の導入とともに、スクリーンはもはや巨大なテレビやデスクトップ型パソコンの画面を指すものではなくなり、娯楽、宣伝広告、情報テクノロジーを構成する不可欠の要素となった。さらに、液晶ディスプレイの小型化に伴ってスクリーンはポケットサイズになり、身につけることも可能になった。その結果、24時間いつでも利用できるようになり、コミュニケーションや人とつながるためのデバイスへと機能を拡大した。テクノロジーの進化につれて、スクリーンの利用時間は爆発的に増加し、スクリーンタイムの内容、利用環境、双方向性、没入性が多様化した。

　スクリーンタイムの長さが健康や行動に与える影響について問うことは、摂取する食べ物の量が健康や行動に与える影響について問うことと似ている。食事内容を区別せずに量について問うても、妥当な結論を引き出せるだろうか。たとえば一部の研究によると、少量のスクリーンタイムは利益をもたらすが、多量のスクリーンタイムは有害な影響をもたらす可能性がある（Twenge et al., 2018、Kushlev and Leitao, 2020、Orben and Przybylski, 2019、Przybylski and Weinstein, 2017、Radesky, Schumacher and Zuckerman, 2015）。また、ビデオゲームだけを対象として、使用量の差によって影響がプラスとマイナスに分かれるとする研究もある（Pujol et al., 2016）。さらに、スクリーンタイムと抑うつ症状の関係を検証するメタ分析でも、非直線的な用量依存効果が示されている。それによると、1日当たり0時間のスクリーンタイムは、1時間のスクリーンタイムよりも抑うつに陥るリスクが高く、1時間を超えるとリスクが持続的に増加する（Liu, Wu and Yao, 2015）。同じようなJ字型の相関曲線は、青少年（13〜18歳）におけるソーシャルメディアの利用と抑うつ症状の

間にもみられる（Twenge et al., 2018）。それによると、1日当たり1〜2時間の利用は、まったく利用しない、あるいは2時間以上の利用と比べると、不安／抑うつ症状が低水準である（Twenge et al., 2018）。

　しかし、スクリーンタイムが青少年のウェルビーイングに及ぼす影響を調査した最も標本数の多い研究（35万5,358人）に従うと、スクリーンタイムがウェルビーイングの分散を説明する程度は0.5％未満である（データセットや分析によって0.1〜0.4％の幅がある）。これは毎日の食事で摂取するジャガイモと同程度の影響力でしかない（Orben and Przybylski, 2019）。では、スクリーンの利用は行動にほとんど影響しないと言い切ることができるのか？　もちろん、できない。しかし、メディアの影響の調査においてスクリーンタイムを独立変数として利用することは、食事内容を区別せずに食事の量が健康に及ぼす影響を問うようなものであり、不確かで見当違いの方法である。

　今や、スクリーンタイムは単一の経験ではないことを認識しなければならない。神経科学分野の研究によると、脳は経験依存の可塑性を持つ（Holtmaat and Svoboda, 2009）。したがって、スクリーン利用のタイプが異なれば生じる影響も異なると予測される。YouTubeで料理番組を受動的に見ることと、ビデオゲームをすることはどちらもスクリーンタイムとみなされているが、脳や行動に及ぼす影響が同じであると考えるべきではない。行動成果には、コンテンツのタイプとその利用環境（自宅か学校か、1人か友人とともにか）が影響する（Orben and Przybylski, 2020、Twenge et al., 2020）。

　さらに複雑なことに、メディアの消費パターン（ソーシャルメディアゲームにおける性差など）についてもその影響についても（Piotrowski and Valkenburg, 2015、Nesi and Prinstein, 2015）、個人の性格、動機、嗜好、脆弱さも重要な要素であることが報告されている。いずれにせよ、スクリーンタイムの量よりも、利用されるメディアと利用方法のほうが影響の決定因子として重要である。したがって、利用指針を確立する際はそれらの要素を考えに入れる必要がある（Ashton and Beattie, 2019、Canadian Paediatric Society, Digital Health Task Force, Ottawa, Ontario, 2019）。スクリーンタイムの長さが認知的発達に及ぼす影響について統一的見解が得られない理由は何か。これについては次の2つの新しい研究路線が有用な観点を提供するだろう。

第4節 ｜ アクションビデオゲームとメディアマルチタスクが認知に及ぼす影響

　ビデオゲームと認知能力の関係を調査した結果、メディアの影響は単純なものではないことが明らかになった。最近のメタ分析では一見矛盾する結果が引き出されている（Bediou et al., 2018、Sala, Tatlidil and Gobet, 2018）。しかし詳細にみると、結果が多岐にわたる原因はビデオゲームを検証する際の細分化の程度にある。あらゆるビデオゲームをひとからげにすると、ゲームが認知能力に与える影響は一様ではなくなる（Sala, Tatlidil and Gobet, 2018）。しかし、一人称視点であっても三人称視点であってもアクションビデオゲームだけに的を絞ると、慣れたプレイヤーでも初心者でも認知能力の向上が報告されている（Bediou et al., 2018、Wang et al., 2017）。特に、注意能力の向上が認められる。つまり、すべてのビデオゲームが等しく、あるいは同じように認知機能に影響を及ぼすわけではない。影響はゲームに特異的であるため、認知機能などへの影響を調査する際はゲームのジャンルを考慮する必要がある（Dale et al., 2020）。

　スクリーン利用の理解をさらに複雑にするのは、利用時間の約3分の1は、テレビを見ながらメールを打つなど、複数のスクリーンメディアが同時に利用されていることである（Common Sense Media, 2016）。これはメディアマルチタスクと呼ばれ、複数のメディアを同時に消費する行動を指す。タッチスクリーンやスマートフォンの発達とともに、デジタルメディアを柔軟に切り替えて四六時中アクセスすることが可能になり、それに伴ってメディアマルチタスクが増加してきた。しかし、メディアマルチタスクは注意機能と実行機能の低下（無関係な情報を抑制できないなど）との関連が指摘され、懸念する声が高まっている（Ophir, Nass and Wagner, 2009）。リアルワールドのメディアマルチタスクは注意パフォーマンスの主観的指標に頑健な影響力を持ち、これはすべてではないにせよ研究室ベースの客観的指標によっても裏付けられている（Uncapher, Thieu and Wagner, 2015、van der Schuur et al., 2015、Wiradhany and Koerts, 2019、Wiradhany and Nieuwenstein, 2017）。

> ### コラム 5.1　アクションビデオゲームとは何か
>
> 　MOBA（マルチプレイヤーオンラインバトルアリーナ）タイプのゲームから社会シミュレーションゲームまで、ビデオゲームは実に多様な経験を提供する。我々が調べたところでは、アクションビデオゲームは一人称視点または三人称視点のシューティングゲームを利用して調査されることがほとんどであり、定義はゲームのプレイメカニズムによる。これらのゲームでは、注意を分散させながらのペーシング、すなわち時間的制約のなかで反応することが求められると同時に、注意を分散状態から集中状態へと速やかに切り替え、また、さまざまな目的と下位目的を切り替える能力が要求される（Cardoso-Leite, Joessel and Bavelier, 2020）。
>
> 　アクションビデオゲームが注意の制御にプラスの影響を及ぼすことは、実験室ベースの客観的な注意課題を利用した、プレイヤーと非プレイヤーのパフォーマンスの比較実験において最初に確認された。決定的であったのは、初心者にアクションビデオゲームをプレイさせると、それをきっかけとして注意のスキルが向上したことを示すエビデンスが得られたことである。
>
> 　面白いことに、アクションビデオゲームを行った被験者は、他のジャンルの商用ゲームを行った被験者よりも注意に対するプラスの影響が大きかった。これは、アクションビデオゲームが、注意の制御やその他の認知的側面を他のビデオゲームよりも大きく向上させることを示している（Bavelier and Green, 2016）。この効果は一般的な脳のトレーニングゲームにもみられるが、注意に対するプラスの影響は似てはいるものの同じではないとみられる。

　2つのメディア利用、すなわちアクションビデオゲームとメディアマルチタスクは、注意に対して反対の影響を及ぼすと考えられるが、「スクリーンタイム」を測定する調査では同一のカテゴリーに入れられるだろう。異なるスクリーン利用が異なる影響、ときには正反対の影響を及ぼしうることは認識されつつある。したがって研究においても、スクリーンタイムをタイプ別に細かい変数に分けて測定し、さらにそれらの相互作用を測定する必要がある。そのためには、この分野の研究はいくつもの進歩を遂げなければならない。たとえば、メディアのタイプの正確な分類を標準化することが必要である。しかしこれは、デジタルメディアのエコシステムが急速に進化する性質を持つことを考え

ると複雑で困難な課題である。また、メディア消費の時間の長さだけでなく、利用されたメディア、利用された時と場所、一緒に利用した相手なども測定する優れた指標が必要である。

　スクリーンタイムの影響を調査するうえでもうひとつの制限は、大多数のエビデンスが相関関係に関連していることである。スクリーン利用の時間の長さが、認知的成果や健康成果といかに相関しているかが述べられている。しかし、相関関係は解釈の難しさで知られている。病院へ行く回数が多い人は行かない人よりも病気がちであるという事実があるからといって、病気を引き起こしているのが病院であることを意味するわけではない。同様に、ソーシャルメディアの利用と抑うつ症状の間に相関関係が存在するからといって、ソーシャルメディアの利用が抑うつに陥るリスクを増やしていると言うべきだろうか。あるいは、抑うつに陥るリスクがある青少年は、気晴らしや対処のためにソーシャルメディアを多く消費していると言うべきだろうか。

　因果関係を確立するには介入研究が不可欠である。しかし、認知や健康に負の影響が想定される場合は倫理的な問題が発生する。スクリーンタイムを減らすことを意図したごく少数の介入研究によると、スクリーンタイム（Maniccia et al., 2011）と睡眠時間の増加（Martin, Bednarz and Aromataris, 2020）については有望な結果が得られたが、健康関連の成果や認知に対する影響は判明していない（Guinness, Beaulieu and MacDonald, 2018、Parry and le Roux, 2019、Tassone et al., 2020）。ひとつの例外は、商用アクションビデオゲームと、他のジャンルのゲーム（対照群）が認知に及ぼす影響を比較した系統的な無作為化比較試験である（Bavelier and Green, 2016）。これによって、すべてのビデオゲームが認知に対して同じ影響を及ぼすわけではないことが示された。メディア関連活動の相対的なリスクと利点を深く理解するには、同様の厳密な研究が不可欠である。

第5節　｜　バランスの取れた研究と標準化された定義の必要性

　メディア利用の影響に関する厳密な分析と、調査結果への効果的な反応を妨

げるもうひとつの問題は研究領域の乱立である。つまり、コミュニケーション学から小児科学、心理学から教育学まで多様な分野の研究者がそれぞれに、狭い範囲でスクリーンメディアの影響について探っていることである。これに加えて、研究資金の不足と間接的な提供が、1回限りのプロジェクトを生んでいる。追跡研究が行われることも、調査が継続されることも、調査結果が有害な影響を防ぐ介入や戦略に生かされることもない。ほとんどの場合はひとつの分野で発表されるに留まり、分野を超えたレビューや学際的調査が行われることもない。有用なエビデンスも各研究分野の倉庫にしまいこまれたままである。そのため、諸研究の結果について分野を超えて比較し、対照し、異議を唱え、ひとつの全体図を構築するには至っていない。しかし、利用するメディアの性質とメディアを利用する方法が、個人や社会全体のウェルビーイングに及ぼす影響を理解するには、これを行わなければならない。

　メディア業界のイノベーターは、ユーザーエンゲージメント（サービスに対する顧客の愛着度）を高めることを目的として、デジタルテクノロジーの能力を拡大してきた。しかし、ユーザーや社会に及ぼす短期的、長期的影響はほとんど顧みられなかった。テレビの登場以来、スクリーンメディアの影響に対する懸念は、「善悪」や「正誤」などの価値観を枠組みとしていた。その結果、人間の行動や成長に対する影響と表現の自由とが対立関係に置かれるようになった。まるで、ウェルビーイングと言論の自由が並び立たないものであるかのように。従来、テクノロジー業界やエンターテイメント産業は規制を嫌い、メディアの影響に対する懸念を「モラルパニック（社会的脅威とみなされたものに対する危機感の高まり）」として無視するか、反論してきた。結果的に、誰もが価値観の枠組みのなかで身動きがとれなくなっている。必要なことは、スクリーンメディアの利用によって、プラスの意味でもマイナスの意味でも、どのように変化したかを示すバランスの取れた包括的なエビデンスに基づいて前進することである。

　メディア利用に関する研究の分断化と価値観に基づく両極化がいかに事態の解決を遅らせ、行き詰まらせているかを知るには、双方向性スクリーンメディアの非機能的な利用という現象を考えてみればよい。「インターネット中毒（Internet addiction）」という用語は、アメリカ精神医学会が出版する『精神

疾患の分類と診断の手引き』で利用される用語のパロディとして、ある精神科医がつくった造語である。ところが驚いたことに、臨床医たちはこの皮肉な言い回しを、患者やときには臨床医自身の行動を表すものとして受け入れた。1990年代半ば、拡大しつつあるこの現象の調査と診療がキンバリー・ヤング博士によって始められた。2008年、中国は診断名として「インターネット依存症（IAD）」を認め（Huang, Li and Tao, 2010）、矯正プログラムを開発し、IADの治療を専門とするクリニックや入院病棟を設けた。2018年、韓国でIADの治療を受ける患者は14万人に上り（BBC, 2019）、人口の20％にリスクがあると推定された（Sullivan, 2019）。パロディの元となった『精神疾患の分類と診断の手引き』は第5版（DSM-5）で、診断名としてではなく、今後の研究を要する病態として「インターネットゲーム障害」を挙げた（American Psychiatric Association, 2013）。また世界保健機関（WHO）も、診断名には指定していないが、国際疾病分類第11版（ICD-11）で「ゲーム障害」を採用した（WHO, 2018）。双方向性メディアの節度のない利用をテーマとする研究文献では、さまざまな診断基準、特徴、名称が利用されている。先に述べた3つの名称以外にも、この問題を記述する用語は70以上存在する。たとえば、「ビンジウォッチング（イッキ見）行動」「露骨な性描写が含まれるインターネット素材の強迫的利用」「スマートフォンの過剰使用」「ソーシャルメディア依存症」「問題のあるインターネット利用」などの用語が用いられている。各用語は研究で調査された行動を説明しているが、あまりに多岐にわたるせいで、知識の蓄積ではなく断片化を招いている。行動を総合的に調査するのではなく、利用するデバイス、プラットフォーム、ソフトウェアを限定して狭い視野でとらえているのである。発生後すでに20年以上が経過しているが、いまだに、起きていることもそれを説明する方法も確立されていない。

　一方、双方向性スクリーンメディアの増殖と、ゲーム、ソーシャルメディア、ストリーミングサービスに組み込まれる洗練された報酬変動型アルゴリズムは、一部のユーザー、主に若いユーザーを節度のない利用に駆り立てる。これは、身体的、精神的、社会的健康に害を及ぼすため、エビデンスを参照した治療介入が必要とされる。臨床経験的にみると、調査される患者の状態は多様であるにもかかわらず、非機能的行動には相違点よりも一致点のほうが多く見

出された。つまり、問題は特定のデバイス、プラットフォーム、ソフトウェアに起因するのではなく、ゲームをすること自体をめぐって発生している。さらにソーシャルメディア、ポルノ、ビデオや情報のイッキ見に関しても生じている。インターネット中毒には、薬物中毒にみられるような使用と中断に伴う測定可能な生理学的変化が存在しない。したがって、本当の意味では中毒とは言えない。実行機能が成熟途上にある子どもや青少年は、変動報酬が組み込まれた双方向性メディアの利用を自己規制できないのである。これを正確かつ包括的に説明し、さらに、「嗜癖（addiction）」という言葉が持つ治療を拒む印象を避けるために、「問題のある双方向性メディアの利用（Problematic Interactive Media Use, PIMU）」という言葉が合意の下に生み出された（Rich, Tsappis and Kavanaugh, 2017）。PIMUは、双方向性のスクリーンメディア（ゲーム、ソーシャルメディア、ポルノ、ビデオや情報のイッキ見）の強迫的利用、それに対する耐性の上昇、離脱へのネガティブな反応を特徴とする行動症候群と定義され、身体的、心理的、認知的、社会的機能を損なうと考えられる。

　付け加えると、PIMUを診断名として説明する努力は見当違いなものかもしれない。PIMUの症状を示す患者を医学的に評価すると、ADHD、学習障害、不安や気分障害などの基礎疾患が、診断済みかどうかにかかわりなく存在しており、それが双方向性メディア環境において姿を現している。たとえば、ADHDの子どもは教室では注意散漫で心ここにあらずだが、一人称視点のシューティングゲームは非常にうまい。注意散漫をとがめられることのないゲームを行うことは、神経学的に通常の機能を持つ仲間と同等以上の成績を示しうる自己慰撫行動である。テクノロジーに起因する障害かもしれないと狭い範囲で調査されてきたものは、深く包括的な研究を行うと、双方向性メディア環境において姿を現す症候群であるように思われる。基礎疾患を特定して治療すれば、PIMUは制御可能になる（Pluhar et al., 2019）。

第6節 ┃ 結び：今後の指針

　デジタルテクノロジーが認知と健康のさまざまな側面に及ぼす影響は、過去数十年にわたって調査されてきた。しかし、デジタルテクノロジーの利害について一致する結論もあれば、矛盾する結論もある。最新の研究によると、矛盾の原因はデジタルメディアの利用の不均質さを考慮していないことにある。そのために矛盾する指針が生まれ、親、教育関係者、医療関係者、政策立案者などさまざまなレベルで現場に混乱をもたらしている。

　アクションビデオゲームとメディアマルチタスクの影響に関する研究と、PIMUの臨床経験を考え合わせると、矛盾や対立の一部は、メディア利用（スクリーンタイムなど）とその影響（さまざまな成果や尺度）の不十分な細分化によるとみられる。前へ進むには広範な研究努力を必要とするが、いくつかの重要な原則を示すことができる。

1) **メディアのタイプが重要である**：ソーシャルメディアの利用とビデオゲームの利用の影響は同じではない。
2) **コンテンツが重要である**：読むことを焦点とする教育ビデオゲームと、社会シミュレーションゲームの影響は同じではない。
3) **利用環境が重要である**：協働と協力を促す共同活動のためにスクリーンメディアを利用することと、ビデオを一人で視聴することの影響は同じではない（Mayer and Mayer, 2005）。
4) **提供インターフェイスが重要である**：教育に関しては、バーチャルリアリティを利用するデバイスは、スクリーンを利用するデバイスよりも利用者の愛着を促す。ただし、そのようなデバイスは学習目的の達成に貢献することもあれば、逸脱させることもある（Makransky et al., 2020、Parong and Mayer, 2018）。
5) **双方向性が重要である**：アクションビデオゲームが認知に及ぼす影響はゲームのプレイメカニズムに大きく依存する。アクションビデオゲームの双方向性は、パズルゲームや社会シミュレーションゲームとはかなり異なった方法で注意の処

理に負荷を与える（Cardoso-Leite, Joessel and Bavelier, 2020）。

6）ユーザーが重要である：異なる特性を持ち、異なる神経発達段階にあるユーザ
ーは、メディア利用がもたらすプラスの影響に対してもマイナスの影響に対して
も異なる感受性を持つ（Piotrowski and Valkenburg, 2015）。

　スクリーン利用が人間の成長と行動に及ぼす影響への理解を深めるには、ス
クリーンタイムの不均質性を認識し、メディア利用のさまざまな側面を適切に
規定しなければならない。ここで示した6つの原則に従って、それぞれのメデ
ィア利用を個別化して詳細に調査する必要がある。

参考文献・資料

American Academy of Pediatrics（2001）, "Children, adolescents, and television", *Pediatrics*, Committee on Public Education, pp. 423-426, http://dx.doi.org/10.1542/peds.107.2.423.

American Psychiatric Association（2013）, *Internet gaming disorder.*

Anderson, D., K. Subrahmanyam and C. Workgroup（2017）, "Digital screen media and cognitive development", *Pediatrics*, Vol. 140/Supplement 2, pp. S57-S61, http://dx.doi.org/10.1542/peds.2016-1758c.

Ashton, J. and R. Beattie（2019）, "Screen time in children and adolescents: Is there evidence to guide parents and policy?", *The Lancet Child & Adolescent Health*, Vol. 3/5, pp. 292-294, http://dx.doi.org/10.1016/s2352-4642(19)30062-8.

Bavelier, D. and R. Davidson（2013）, "Games to do you good", *Nature*, Vol. 494/7438, pp. 425-426, http://dx.doi.org/10.1038/494425a.

Bavelier, D. and C. Green（2016）, "The brain-boosting power of video games", *Scientific American*, Vol. 315/1, pp. 26-31, http://dx.doi.org/10.1038/scientificamerican0716-26.

BBC（2019）, *South Korean Internet Addiction Camp: What is Life Like There?*, https://www.bbc.co.uk/newsround/48855182.

Bediou, B. et al.（2018）, "Meta-analysis of action video game impact on perceptual, attentional, and cognitive skills", *Psychological Bulletin*, Vol. 144/1, pp. 77-110, http://dx.doi.org/10.1037/bul0000130.

Canadian Paediatric Society, Digital Health Task Force, Ottawa, Ontario（2019）,

"Digital media: Promoting healthy screen use in school-aged children and adolescents", *Paediatrics & Child Health*, Vol. 24/6, pp. 402-408, http://dx.doi.org/10.1093/pch/pxz095.

Cardoso-Leite, P., A. Joessel and D. Bavelier（2020）, "Games for enhancing cognitive abilities", in *MIT Handbook of Game-based Learning*, MIT Press, Boston.

Common Sense Media（2016）, *Common Sense Media Research Brief. Technology Addiction: Concern, Controversy, and Finding Balance.*

Council on Communications and Media（2016）, "Children and adolescents and digital media", *Pediatrics*, Vol. 138/5, p. e20162593, http://dx.doi.org/10.1542/peds.2016-2593.

Dale, G. et al.（2020）, "A new look at the cognitive neuroscience of video game play", *Annals of the New York Academy of Sciences*, Vol. 1464/1, pp. 192-203, http://dx.doi.org/10.1111/nyas.14295.

Fox, J. and C. Diezmann（2017）, "The Australian early years learning framework and ICT: A part of life or apart from life?", in *New Frontiers of Educational Research, Contemporary Issues and Challenge in Early Childhood Education in the Asia-Pacific Region*, Springer Singapore, Singapore, http://dx.doi.org/10.1007/978-981-10-2207-4_9.

Guinness, K., L. Beaulieu and J. MacDonald（2018）, "Effects of technology breaks on media multitasking with college students", *Behavioral Interventions*, Vol. 33/4, pp. 427-439, http://dx.doi.org/10.1002/bin.1529.

Hoge, E., D. Bickham and J. Cantor（2017）, "Digital media, anxiety, and depression in children", *Pediatrics*, Vol. 140/Supplement 2, pp. S76-S80, http://dx.doi.org/10.1542/peds.2016-1758g.

Holtmaat, A. and K. Svoboda（2009）, "Experience-dependent structural synaptic plasticity in the mammalian brain", *Nature Reviews Neuroscience*, Vol. 10/9, pp. 647-658, http://dx.doi.org/10.1038/nrn2699.

Houghton, S. et al.（2015）, "Virtually impossible: Limiting Australian children and adolescents daily screen based media use", *BMC Public Health*, Vol. 15/1, http://dx.doi.org/10.1186/1471-2458-15-5.

Huang, X., M. Li and R. Tao（2010）, "Treatment of internet addiction", *Current Psychiatry Reports*, Vol. 12/5, pp. 462-470, http://dx.doi.org/10.1007/s11920-010-0147-1.

Kushlev, K. and M. Leitao（2020）, "The effects of smartphones on well-being:

Theoretical integration and research agenda", *Current Opinion in Psychology*, Vol. 36, pp. 77-82, http://dx.doi.org/10.1016/j.copsyc.2020.05.001.

LeBourgeois, M. et al. (2017), "Digital media and sleep in childhood and adolescence", *Pediatrics*, Vol. 140/Supplement 2, pp. S92-S96, http://dx.doi.org/10.1542/peds. 2016-1758j.

Liu, M., L. Wu and S. Yao (2015), "Dose–response association of screen time-based sedentary behaviour in children and adolescents and depression: a meta-analysis of observational studies", *British Journal of Sports Medicine*, Vol. 50/20, pp. 1252-1258, http://dx.doi.org/10.1136/bjsports-2015-095084.

Makransky, G. et al. (2020), "Immersive virtual reality increases liking but not learning with a science simulation and generative learning strategies promote learning in immersive virtual reality", *Journal of Educational Psychology*, http://dx.doi.org/10.1037/edu0000473.

Maniccia, D. et al. (2011), "A meta-analysis of interventions that target children's screen time for reduction", *Pediatrics*, Vol. 128/1, pp. e193-e210, http://dx.doi. org/10.1542/peds.2010-2353.

Martin, K., J. Bednarz and E. Aromataris (2020), "Interventions to control children's screen use and their effect on sleep: A systematic review and meta‐analysis", *Journal of Sleep Research*, http://dx.doi.org/10.1111/jsr.13130.

Mayer, R. and R. Mayer (2005), *The Cambridge Handbook of Multimedia Learning*, Cambridge University Press.

Mishra, J., J. Anguera and A. Gazzaley (2016), "Video games for neuro-cognitive optimization", *Neuron*, Vol. 90/2, pp. 214-218, http://dx.doi.org/10.1016/j. neuron.2016.04.010.

Nesi, J. and M. Prinstein (2015), "Using social media for social comparison and feedbackseeking: Gender and popularity moderate associations with depressive symptoms", *Journal of Abnormal Child Psychology*, Vol. 43/8, pp. 1427-1438, http://dx.doi.org/10.1007/s10802-015-0020-0.

Okely, A. et al. (2017), "A collaborative approach to adopting/adapting guidelines - The Australian 24-Hour Movement Guidelines for the early years (Birth to 5 years): an integration of physical activity, sedentary behavior, and sleep", *BMC Public Health*, Vol. 17/S5, http://dx.doi.org/10.1186/s12889-017-4867-6.

Ophir, E., C. Nass and A. Wagner (2009), "Cognitive control in media multitaskers", *Proceedings of the National Academy of Sciences*, Vol. 106/37, pp. 15583-15587, http://dx.doi.org/10.1073/pnas.0903620106.

Orben, A. and A. Przybylski（2020）, "Reply to: Underestimating digital media harm", *Nature Human Behaviour*, Vol. 4/4, pp. 349-351, http://dx.doi.org/10.1038/s41562-020-0840-y.

Orben, A. and A. Przybylski（2019）, "The association between adolescent well-being and digital technology use", *Nature Human Behaviour*, Vol. 3/2, pp. 173-182, http://dx.doi.org/10.1038/s41562-018-0506-1.

Parong, J. and R. Mayer（2018）, "Learning science in immersive virtual reality", *Journal of Educational Psychology*, Vol. 110/6, pp. 785-797, http://dx.doi.org/10.1037/edu0000241.

Parry, D. and D. le Roux（2019）, "Media multitasking and cognitive control: A systematic review of interventions", *Computers in Human Behavior*, Vol. 92, pp. 316-327, http://dx.doi.org/10.1016/j.chb.2018.11.031.

Piotrowski, J. and P. Valkenburg（2015）, "Finding orchids in a field of dandelions", *American Behavioral Scientist*, Vol. 59/14, pp. 1776-1789, http://dx.doi.org/10.1177/0002764215596552.

Pluhar, E. et al.（2019）, "Problematic interactive media use in teens: Comorbidities, assessment, and treatment", *Psychology Research and Behavior Management*, Vol. Volume 12, pp. 447-455, http://dx.doi.org/10.2147/prbm.s208968.

Primack, B. et al.（2012）, "Role of video games in improving health-related outcomes", *American Journal of Preventive Medicine*, Vol. 42/6, pp. 630-638, http://dx.doi.org/10.1016/j.amepre.2012.02.023.

Przybylski, A. and P. Etchells（2020）, *Don't Freak Out About Quarantine Screen Time*, https://www.nytimes.com/2020/04/06/opinion/screen-time-kids-covid.html.

Przybylski, A. and N. Weinstein（2017）, "A large-scale test of the Goldilocks hypothesis", *Psychological Science*, Vol. 28/2, pp. 204-215, http://dx.doi.org/10.1177/0956797616678438.

Pujol, J. et al.（2016）, "Video gaming in school children: How much is enough?", *Annals of Neurology*, Vol. 80/3, pp. 424-433, http://dx.doi.org/10.1002/ana.24745.

Radesky, J., J. Schumacher and B. Zuckerman（2015）, "Mobile and interactive media use by young children: The good, the bad, and the unknown", *Pediatrics*, Vol. 135/1, pp. 1-3, http://dx.doi.org/10.1542/peds.2014-2251.

Robinson, T. et al.（2017）, "Screen media exposure and obesity in children and adolescents", *Pediatrics*, Vol. 140/Supplement 2, pp. S97-S101, http://dx.doi.org/10.1542/peds.2016-1758k.

Sala, G., K. Tatlidil and F. Gobet (2018), "Video game training does not enhance cognitive ability: A comprehensive meta-analytic investigation", *Psychological Bulletin*, Vol. 144/2, pp. 111-139, http://dx.doi.org/10.1037/bul0000139.

Selwyn, N. (2010), *Schools and Schooling in the Digital Age*, Routledge, http://dx.doi.org/10.4324/9780203840795.

Stiglic, N. and R. Viner (2019), "Effects of screentime on the health and well-being of children and adolescents: A systematic review of reviews", *BMJ Open*, Vol. 9/1, p. e023191, http://dx.doi.org/10.1136/bmjopen-2018-023191.

Straker, L. et al. (2018), "Conflicting guidelines on young children's screen time and use of digital technology create policy and practice dilemmas", *The Journal of Pediatrics*, Vol. 202, pp. 300-303, http://dx.doi.org/10.1016/j.jpeds.2018.07.019.

Sullivan, M. (2019), *South Korea Says About 20% Of Its Population Is At Risk For Internet Addiction*, https://www.npr.org/2019/07/30/746687204/south-korea-says-about-20-percent-ofits-population-is-at-risk-for-internet-addi/.

Sumsion, J. (2019), "The Australian early years learning framework: Becoming and children in their first 1000 days", in *The First 1000 Days of Early Childhood, Policy and Pedagogy with Under-three Year Olds: Cross-disciplinary Insights and Innovations*, Springer Singapore, Singapore, http://dx.doi.org/10.1007/978-981-32-9656-5_5.

Tassone, A. et al. (2020), "Multitasking in the classroom: Testing an educational intervention as a method of reducing multitasking", *Active Learning in Higher Education*, Vol. 21/2, pp. 128-141, http://dx.doi.org/10.1177/1469787417740772.

Twenge, J. and W. Campbell (2019), "Media use is linked to lower psychological well-being: Evidence from three datasets", *Psychiatric Quarterly*, Vol. 90/2, pp. 311-331, http://dx.doi.org/10.1007/s11126-019-09630-7.

Twenge, J. et al. (2020), "Underestimating digital media harm", *Nature Human Behaviour*, Vol. 4/4, pp. 346-348, http://dx.doi.org/10.1038/s41562-020-0839-4.

Twenge, J. et al. (2018), "Increases in depressive symptoms, suicide-related outcomes, and suicide rates among U.S. adolescents after 2010 and links to increased new media screen time", *Clinical Psychological Science*, Vol. 6/1, pp. 3-17, http://dx.doi.org/10.1177/2167702617723376.

Uncapher, M., M. Thieu and A. Wagner (2015), "Media multitasking and memory:

Differences in working memory and long-term memory", *Psychonomic Bulletin & Review*, Vol. 23/2, pp. 483-490, http://dx.doi.org/10.3758/s13423-015-0907-3.

van der Schuur, W. et al. (2015), "The consequences of media multitasking for youth: A review", *Computers in Human Behavior*, Vol. 53, pp. 204-215, http://dx.doi.org/10.1016/j.chb.2015.06.035.

Wang, P. et al. (2017), "Action video game training for healthy adults: A meta-analytic study", *Frontiers in Psychology*, Vol. 7, http://dx.doi.org/10.3389/fpsyg.2016.00907.

White, A. and M. Fleer (2019), "Early childhood educators' perceptions of the Australian Early Years Learning Framework (EYLF): Engaged professional learners", *Australasian Journal of Early Childhood*, Vol. 44/2, pp. 124-138, http://dx.doi.org/10.1177/1836939119832083.

WHO (2018), *Gaming Disorder*, https://www.who.int/news-room/q-a-detail/gaming-disorder.

Wiradhany, W. and J. Koerts (2019), "Everyday functioning-related cognitive correlates of media multitasking: A mini meta-analysis", *Media Psychology*, pp. 1-28, http://dx.doi.org/10.1080/15213269.2019.1685393.

Wiradhany, W. and M. Nieuwenstein (2017), "Cognitive control in media multitaskers: Two replication studies and a meta-Analysis", *Attention, Perception, & Psychophysics*, Vol. 79/8, pp. 2620-2641, http://dx.doi.org/10.3758/s13414-017-1408-4.

Young KS, N. (ed.) (2017), *Problematic Interactive Media Use Among Children and Adolescents: Addiction, Compulsion, or Syndrome?*, Springer Publishing Company.

第6章

デジタル時代の遊びと学び

ジュリアン・セフトン＝グリーン

　本章は遊びと学びの文化史と言説構築を検証し、この2つの活動の差別化のプロセスと、両者の境界が再び曖昧になりつつある現状に目を向ける。デジタルテクノロジーがもたらした技術的アフォーダンスと、デジタル文化のポリティカルエコノミーが引き起こした変化を背景として分析する。今や学びは学校で行われるだけでなく、家庭で購入され利用される商品となった。また、本来開かれた性質を持つ遊びも、ビデオゲームや公共文化の遊戯性への転向から重大な影響を受けている。学習機能を発達させる道具として遊びを下位に置かないこと、学びをフォーマルな教育制度の成果と混同しないことが重要である。

第1節 ┃ 序論

　「遊び」と「学び」は、子どもという存在の目的、活動、性質を説明するために最も一般的に利用される2つの言葉であろう。モンテッソーリの「遊びは子どもの仕事である」という言葉から、2歳児の「学習レディネス」の評価方法をめぐる議論に至るまで、遊びと学びは、きわめて強い動的関係（二項関係的でさえある）にあるものとして同時に概念化されている。両者は（「成長」とともに）可能なかぎり共にあり、子どもが行うことと私たちが子どもに望むことを記述している。

　常識的に利用されているにもかかわらず、どちらの言葉も実際には幅広い意味を持ち、名詞としても、形容詞としても、動詞としても混合的に利用されている。現代の私たちが知る「子ども時代」は比較的最近の文化現象であり、19世紀になって初めて広く認識され、商品化されるようになった（Ariès, 1962、Lancy, 2014）。したがって、遊びと学びは人間の本来的活動として、子ども時代よりも先に存在していたことになる。さらに、それぞれの言葉の変異体が言葉の使用場面を広げている。たとえば、劇場で演じられる戯曲は「play」であり、ゲームすることも「play」である。ただし、「playful（遊戯的）」という言葉は、「play」や「playing」と同じことを指すとはかぎらない（Sicart, 2014）。一方、現代社会において学びは組織化され、産業化さえしているといえるかもしれない（Hamilton and Zufiaurre, 2013）。そのため、学びは教育や学校教育と混同されている。しかし、学びは個人が行うことであり、教育制度や組織化された学校教育というかたちの社会的文化的投資とは区別されるべきである（Biesta, 2012、Biesta, 2011）。

　このような背景において、デジタル時代は日常経験のほぼすべての側面、つまり個人的、社会的、政治的、市民的、経済的生活がデジタルテクノロジーによって媒介され、構築され、絶えず進化を続けながら統合されることを意味する。概念的定義は繰り返し問い直され、変化しながら受け継がれていく。そのため、デジタル時代の遊びと学びは、既存の文化的慣習を再文脈化して、

- デジタルテクノロジーそのものがもたらす可能性を受け入れ、
- デジタルツールを介して維持される特定の社会経済的な生活様式に呼応する。

　本章は多層構造を持つ。まず第一段階では、遊びと学びという2つの言葉の概念マトリクスを、単独及び互いとの関係において検証する。言葉の定義に注目するとともに、社会と子ども時代の歴史を概観する。次に第二段階では、2つの用語の使用法の変遷と、特定の政治的社会的目的に沿った利用に目を向ける。これは、各地域各時代の規範的なプログラムと政策を理解する助けとなる。遊びも学びも人間の一般的な活動を説明する言葉であるが（Rogoff, 2003）、現在は特に子どもと教育を指向する言葉として利用されている。したがって第三段階では、社会的経済的圧力によって、デジタル時代が2つの言葉をいかに再定義しているかを検証する。

　2つの用語と2つの概念の一般的な使用法は両者の違いを強調する。しかし、私たちは今、再定義の時代に生きている。デジタルメディアの利用のポリティカルエコノミー、そして多くの国における教育制度の政治論理の双方が、次のような変化を及ぼした。

- 学びの遊び化（playification）
- 遊びの学び化（learningification）、厳密には教育化（educationalisation）

　これは目下進行中のプロセスであり、長く大切に保持されてきた遊びと学びの境界線を冒すものである。やや違和感のある3つの造語は、「〜化」とすることで進行中の再定義のプロセスをとらえている。言葉のぎこちなさは、これが必ずしも容易あるいは心地よい進化ではなく、さまざまな社会文化的「強制力」の作用によることを示唆している。つまり、新たな造語は歴史的かつ具体的な言説の変化をとらえて説明しているだけではない。それらの用語を分析的に利用することによって、意味と価値を求める戦い、特に、デジタルツールが媒介する現代の社会的政治的組織形式によって、ある領域とそこで暮らす「生き物」が別の領域の植民地とされていることに注意を向ける（Habermas, 1989）。

　言い換えれば、教育の価値を売り込み、教育による学びを前面に押し出す必要性によって、遊びが植民地化されている一方で、学校の内外における多くの種類の学習活動が、明らかにゲーム風の遊戯性（playfulness）に満ちたものと化している。この状況を示したものが図6.1である。

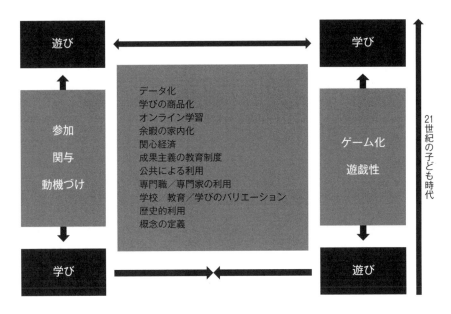

図6.1　21世紀における「遊び」と「学び」の概念利用の変化

　哲学的及び概念的に、遊びと学びは重複する領域と個別の領域（図下）のどちらにおいても説明されてきた。子どもの発達、成長、教育に関する国や文化の伝統が異なれば、遊びと学びを分離するべき側面と収束させるべき側面も異なる。図を上方にたどると、21世紀の子ども時代に影響力を持つ世界規模の圧力だけでなく（各国の教育制度の変化や成果主義がもたらす標準化テストの拡大など）（Luke, 2018）、デジタルテクノロジーの家庭への進出による圧力が（Livingstone, 2002）、家庭と学校における子どもの活動だけでなく、2つの用語の定義を再調整していることがわかる。

第2節 ｜ 「遊び」と「学び」の概念的定義

　多くの遊びは学びのようにみえ、多くの学びは遊びのようにみえる。大多数
の人々にとって遊びと学びの区別は、学問的なものでしかないと思えるほどで
ある。4歳児は砂場でごっこ遊びをする、11歳児はフットボールのテクニック
を一心に練習する、18か月の幼児は母親の携帯電話をもてあそぶ、14歳の生
徒は技術の授業で電気回路を分解する。子どもたちは遊んでいるのか、学んで
いるのか、あるいはその両方なのかを見分けることは難しい。そのような区別
が誰にとって、どのような背景において重要であるのかは本章後半で論じるこ
とにする。ここでは、概念的定義を検証することによって基本的な原則を構築
し、それに基づいて、いかなる変化がデジタル時代に発生したかを論じる。
　進化心理学、認知心理学、学習科学、社会文化理論、文化人類学など、ほぼ
すべての学問領域において、遊びと学びは人間の根源的な活動として理解され
ている（Vygotsky, 1978、Olson and Torrance, 1996）。実際、そのような活動
を行わない人間は存在しないかのようであり、学びや遊びを行っていない状況
は思いつくほうが難しい（許されていない、あるいは禁止されている状況は別
として）。そのため議論は、「遊ぶための学び」と「学ぶための遊び」の実践や
方法の違いをめぐって行われることが多い。また、各文化に関連する発達理論
がどのようなものであれ、その範囲内でそれぞれの活動がどのような目標に役
立つかが論じられてきた。ここで大きな問題となるのは、遊びと学びの目的で
ある。
　遊びの理論家は、遊びの目的は遊びそのものにあると主張したがる。遊びは
完全な存在であると考えている。この立場が内包する問題には後ほど目を向け
るとして、まず、これは遊びの道具化への反論として用いられる主張であるこ
とを理解する必要がある。遊びの道具化とは、遊びを他の社会的、文化的、認
知的機能に仕えるものとみなすことである。遊びを道具とみなす一般的な考え
方によると、遊びは基本的に教育的な役割を果たす。すなわち、境界、制限、
規則などの重要な社会的枠組みについて実験し、試行し、学ぶ手段を与えると

ともに、成人後の生活のための練習形式としても機能する。この「心のフォーク理論」（Bruner, 1996）は一般的な言説として定着している。

　しかし、遊びの学者たちは、遊びは生涯を通して行われるものであり、成長のためだけに役立つものではないと指摘する。たとえば、多様な文化活動の基礎として遊びの諸形式を歴史的に検証した研究がある（Huizinga, 1970）。あるいは、一連の観点（レトリック）から遊びにアプローチすることで、遊びと教育の区別を高めた研究もある（Sutton-Smith, 2001）。この研究は、遊びに内在する正式な定義を探求したものではない。遊びは本質的に曖昧な性質のものであり、したがって、遊びの概念に対する最良のアプローチは、「成長、運命、力、個性、想像、自我、不真面目」という一連の個別の観点からとらえることであると主張する。遊びが持つ適応機能を認めながらも、遊びは、何よりもまず、人間の基本的な活動を理解することにおいて発見的機能を果たすことが指摘されている。遊びの活動は、これらの複数の観点を満たしており、現代の社会生活においてあらゆる水準、あらゆる方法で存在しうる。たとえば、非常に多くの家庭で日常的にみられる場面を想像すればよい。テレビではクイズ番組をやっており、子どもはおもちゃで遊んだり、走り回ったりしている。一人または複数でデジタルデバイスを見たり、使ったりして遊んでいる。冗談、あてこすり、言葉遊びがそこかしこで聞かれ、しばしば文学的な修辞的技巧も利用される。「遊びという言葉は、ある種やある形式の人間の活動を示す確かなラベル（それに該当する活動と該当しない活動を区別するもの）として利用することはできない」（Malaby, 2007, p. 100）。

　この脱構築的アプローチは遊びを単に相対化するにとどまらない。遊びの概念を多様化してひとつに固定しない。たとえば、通時的な意味は、再利用によって意味が変化しても存在し続けている。加えて、遊びの観念は単純にひとつの目的に還元されるものでもない（Malaby, 2007）。これは特に、学習や教育との関係において重要である。

　学びをめぐる議論についても、概念的にはある程度まで同じ状況にある。文化歴史的心理学のアプローチによると、学びもまた人間の生来の活動であるとみられる。「能力の変化の恒久化」（Illeris, 2007, p. 3）を導く活動であり、したがってその目的は、進化的社会的適応の観点から解釈される。遊びの社会的

歴史は、抑制や禁止の物語（カーニバルの役割などをめぐって）が大半を占める傾向にある。しかし、学びについては正反対であると考えられる。ある形式の学びが体系化され、成文化され、価値化されるプロセスは、その社会における権力の正当化に中心的役割を果たす。これに目を向けることなしに、社会の歴史や組織化を検証することは不可能である。古代中国では官僚試験が発達して拡大し、19世紀の大英帝国では「パブリックスクール」制度が発達し（Williams, 1961）、北アメリカでは機会の拡大とテクノロジーによる産業市場の成長がみられた（Goldin and Katz, 2008）。これらはいずれも、学校教育による学びの組織化が現代国家を劇的に形成した例である（Meyer et al., 1997）。

　社会文化的観点に立とうが心理学的プロセスとしてとらえようが、学びに関する学説と、学校の訓練環境を介して伝達される測定可能なスキルと知識のセットとして学びをカテゴライズし組織化する方法とは別物である。この理解が本稿の主張の要である。学校、より正確に言えば学校教育は、社会的文化的規範に従い、集団的価値を持つある学びの構築方法を提供する。そのため、学ぶ方法（並んで座る、記憶を試すテストを受ける、黙読するなどの伝統的なアカデミックな学びの風景と実施）と、学ぶ内容やその学びが持つ意味は分かちがたく絡んでいる。さらに、学校が子どもを個人または集団で訓練する方法や、その学びの妥当性を示したり評価したりする方法とも混同されている。特に本稿と関連の深い例を挙げると、ある国において子どもに読み書きを教えるべきだと考えらえる年齢と、学校が遊戯性に満ちた場所であるべきか、あるいは社会的交流や組織化によって構築された場所であるべきかは別の問題である。スカンジナビア諸国、特にフィンランドは、アメリカやイギリスなどとは対照的で、直感的に相容れない例として挙げられることが多い。フィンランドの子どもたちが組織化されたカリキュラムに従って学習を開始する年齢は遅い。そして、組織化された遊びを通じて学びが発生することが重視され、教師主導の直接指導による学びよりも好まれる。

　子どもが学んでいる状況と実際に学んだことを示す方法は、人類にとって抽象的で普遍的な現象というよりも、各国間や各国内の文化的な差に近い（Alexander, 2001）。ここに含まれる問題は「学びが重視するもの（what learning counts）」と「学びとして重視されるもの（what counts as learning)」という言葉に要約される（Green and Luke, 2006）。さまざまな文化を比較するとこの違いがあらわになる。「教育を受けた人（educated person）」が意味するものは比較が難しく、人々が学びうることや学んだことを示す抽象的な尺度ではなく、特定の時代に特定の社会で学校教育を受けたことによる成果を説明している（Levinson, Foley and Holland, 1996）。学校教育の伝統が異なれば測定される能力は異なり、教育を受けることや学んだことを示す方法に対する評価が異なる。言い換えると、抽象的な哲学的レベルにおいて学びを定義することは難しく、

- 学校教育において「学びとして重視されるもの」をめぐる文化的定義や各国の定義の差異の外にある。
- ただし、学びではないものを挙げることは可能である。すなわち遊びである。

これらの区別はとらえどころがなく一貫性を欠く。聖書にある「子どもっぽいことを止める」という言葉は、遊ぶことを止めて学校の勉強をしなさいという大人の指示の根拠となる。たとえ実際には、「学校の勉強」が組織化されたゲームに参加することであったり、遊戯性に満ちたものであったりしても。さらに議論を招き問題を生むのは、先の状況の裏返しとして、学校においては学びとみなされない形式の学びを子どもたちが行っているという状況である。この問題を重点的に研究する組織が、「つながりの学習研究ネットワーク（Connected Learning Research Network）」である。この組織では、通常は学習と定義されない学習領域（コンピュータゲームから放課後のビデオクラブまで）への関与、関心、動機づけに立脚して、そのような推進力を学校の正式な学問領域で生かす方法が検証されている（Ito et al., 2020、Ito et al., 2013）。この種のイニシアチブは次のような主張を支持する。社会が、学びについて「学びとして重視されるもの」という狭い定義にのみ目を向けていると、多くの若者の学びへの関心や関与が周縁化されるリスクがある。さらに、政治家は、測定可能な学習成果を価値や効果の表れと混同しがちである。OECDなどの国際組織は、PISA（生徒の学習到達度調査）やTIMSS（IEA国際数学・理科教育動向調査）などのテストを実施している。しかしその結果が、たとえば多様な

人口集団の学びの性質、意味、目的の変化を示す代理指標として受け取られると、比較テストの評価をめぐって政治的議論が発生することになる（Simola et al., 2017）。

　最後に、若干バランスをとるために次の点を指摘しておきたい。学校教育や教育の伝統が、「学びとして重視されるもの」という特定の定義に私たちを同化させたからといって、その定義が本質的に場違いということではない。教育に関する一般的かつ政治的姿勢は、そのような見解が形成された世代、すなわち過去に由来することが多い。人々が（特にテクノロジーとの関連において）イノベーションに対して不安を覚えるのはそのためである（Buckingham, 2007）。ただし、概念としての学びは遊びと同じく本質的に深く抽象的であり、表面的にみえるものを通して、しかも私たちが理解できる言語によってしかかたちを知ることができない。デジタルテクノロジーが家庭や学校に進出すると同時に、社会における学校教育の目的と性質をめぐる懸念が重大な政治的移行段階に達した。国際的な比較調査の実施はこの移行の象徴とみなされることが多いが、変化の源は、1980年代、90年代に遡るさまざまな教育改革の実施にある。たとえば、「どの子も置き去りにしない法（No Child Left Behind）」（Berliner and Biddle, 1999）やイギリスナショナルカリキュラム（Ball, 2008）などがある。それらを考え合わせると、過去30年で、教育はついに「学びが重視するもの」へと舵を切ったとみられる（Glass, 2008）。そしてまさにこの状況において、デジタルテクノロジーが新たな別の種類の学びと遊びの活動を生み出し発達させ、それをきっかけに、そもそも遊びと学びが意味するものを振り返って再概念化する動きが発生したのである。

第3節 ▎ 遊びのゲーム化

　2014年、エリック・ジマーマンは遊びの世紀のためのマニフェストを発表し（Zimmerman, 2014）、ゲームは21世紀の新たな一大文化形式になったと宣言した。彼のいうゲームとは、ゲーム機、コンピュータ、携帯電話などのモバイルデバイス上でデジタル形式によってプレイされるビデオゲームである。21

世紀のゲームは、20世紀の映画、19世紀の小説にたとえられ、遊戯性に満ちた相互作用が余暇の有意義な利用の特徴とされた。遊戯性、ゲームのリテラシー、ゲームデザインが、現代のグローバル文化の決定的な特徴とみなされた。しかし、結局のところ遊びの擁護者の意見表明であることを考えると、これは少々行き過ぎた表現かもしれない。とはいえ、コンピュータゲームとデジタル関連の遊びが、遊びの風景を変容させた方法の多くを示す要素がいくつも含まれている。ここで重要なことは、遊戯性とゲーム（ゲームをすること）の概念である。どちらも遊びの重要な側面であるが、どちらも現代においてやや異なる重要性を持つに至った。

「ゲーム」と「ゲームをすること」

20世紀、数理論理学と経済学の観点からゲーム理論への関心が増大した。あらゆる学問領域において、「ゲーム」と「ゲームをすること」は、ルールに縛られたシステムの考察や分析の発展に関連する真面目な問題である。実際、遊びの社会学者たちは、ゲームの規則の研究から得られた洞察を生かして、遊びに本質的に含まれる緊張を理解しようとした。哲学者カイヨワは、人間の活動をゲームの枠組みに当てはめ、特に機会と競争の意味に注目して（Gane, 2019）、子どものごっこ遊びなどの開かれた遊び「遊戯（paedia）」と、ルールに縛られた遊び「競技（ludus）」を区別しようとした（Caillois, 1961）。人工頭脳学とシステム思考が発達するにつれて、このような方法による人間の活動の理解は正当性を得た。実際、縛りを持つシステム内部におけるルールの解釈への関心から生じた、20世紀半ばのゲーム理論への興味が、計算論的思考（computational thinking）分野を生んだとも考えられる。

このわかりにくい理論的研究分野が発達し、経済学の議論を介してさらに幅広い牽引力を得るのと同時期に、ビデオゲーム産業が登場し、ゲームをすることとゲーム文化への関心が公共文化の中心に据えられるようになった（Wolf, 2002）。ビデオゲームと特にモバイルデバイスにおけるその発達は、仕事、余暇、日常生活のコンピュータ化とデジタル化の産物であると同時にその推進力でもあった。多くの家庭用コンピュータはゲームをするために購入され、ゲーム市場と並んでゲーム機市場が台頭した（Beck and Wade, 2004）。モバイル

デバイスによって、ゲームは事実上遍在するようになった。ビデオゲームは文化の一形式でありながら、ブラウザを介して行われるミニゲームや、Facebookなどのプラットフォームの一部として含まれるミニゲームと結びつくことによって、時間的にも場所的にもグローバルな活動となった。

　したがって、遊びがゲーム化された方法を考慮せずに遊びについて語ることは不可能である。一般に「ゲーム化」という言葉は、普通はゲームではない活動にゲームの形式やゲーム的な行動を適用することを指す。教育分野には、Kahoot[1]など数多くの例がある。多くの遊びが今やスクリーンを介して行われ、ゲームとしての形式を有しているという事実をみると、まるで、遊びという活動そのものが著しくゲーム化されたかのように思われる。この状況は、遊びと子ども時代の研究者や日常生活における遊びの商用化を懸念する人々（及び教育学者）の大きな関心を集め、議論を招いている。

　デジタル化を介したゲーム化への動きが、遊び、特に子どもの生活における遊びに及ぼす影響はまだ見極められておらず、疑いの余地のないエビデンスも存在しない。すでに明らかなことであるが、ひとつの複雑な変数が文化的規範に及ぼす影響を持定する試みは、社会科学的観点の枠組みによっては不可能である。この新たな種類の遊びが、感情的社会的ウェルビーイング、身体的健康や成長、社会的関係に及ぼす影響の詳細については本書の他章や姉妹書を参照されたい。大別すると、影響に関する議論に用いられる枠組みは次の2つである。

- **費用便益や外部性に注目した因果関係を示す概念的言語による枠組み**（Cartwright, 2007）：体を使った外遊びなどの他の種類のゲームと比べて、スクリーンベースのゲームがもたらす利益と不利益をどのようにみればよいのか。その影響をどのように測定し、算定すればよいのか。遊びの活動の違いは子どもの成長の仕方に対してどのような意味を持つのか。
- **子ども時代の性質そのものに本来的な変化を及ぼすという点に注目した道徳的歴史的側面による枠組み**：この枠組みは、子どもが大人の世界に曝されることへの懸念から、マスメディア（もとはテレビ）が子ども時代に与える影響を調査したことに端を発する（Meyrowitz, 1985）。その後、さらに進んで、子ど

もと家庭が市場主導の商業的利益に搾取されるに至ったプロセスが検証された（教育と教育玩具も含めて）（Kline, Dyer-Witheford and Peuter, 2003）。これは、子どものために社会が求めるものと社会が子どもから求めるものをめぐって道徳的政治的な懸念を生む源となった（Buckingham, 2007）。

　これらがひとつに集約された好例として、ゲーム Fortnite[2] を受容すべきかどうかに関する議論が挙げられるかもしれない。Fortnite をめぐる議論では、暴力的な競争に対する心配、不安、モラルパニックと、ゲーム内のチームワークと協力を支持する主張（Fortnite がフロスダンス人気に火をつけた）とが天秤にかけられている。さまざまなかたちをとり、不健康な性質を帯びうるこのゲームへの熱中に関する議論にはすべてのものが含まれている。『エコノミスト誌』は時間やお金の消費を正当化した[3]。また、研究によって達成と喪失の価値評価も行われている（Carter et al., 2020）。いずれにおいても他の種類の伝統的な遊びと比較されており、「マインクラフト現象」をめぐって調査されたようなあまり議論を招かないであろうスクリーンベースの「より教育的な活動」とも対比されている（Dezuanni, 2020）。スクリーンベースのゲーム、特に議論を招くようなゲームは、デジタル界のあらゆる遊びの代表とみなされることが多い。しかし、研究、政策、公的議論において、現時点のあらゆる種類の遊びをゲーム化された経験に還元すべきではない。子どもの遊びの広い生態系にそのような活動が占める割合を正確に理解する必要がある。

遊戯性と真面目なゲーム

　遊びのゲーム化に次いでジマーマンの意見表明で示された第二の側面は、彼が「遊戯性（playfulness）」と呼ぶものである。ジマーマンは、私たちの文化は、特にデータの点でデジタルデバイスによって媒介される幅広い社会的交流において、遊戯性が高まっていると指摘する（Zimmerman, 2014）。

　遊戯性と遊びは区別しなければならない。遊戯性とは、遊戯的な方法で活動したい、話したい、関与したいという願望を反映する態度の一部、あるいは様式として理解される。遊びに対置される遊び以外のものに適用される言葉である（Sicart, 2014）。遊びに対置されるものが何であるかはあまり明白ではな

い。ただし、本章では遊びの対として学びを置き（Malaby, 2007）、議論を進めるためにスティーブンズ（Stevens, 1980）の主張を取り上げる。態度の側面を重視すると、遊戯性に対置されるものは真面目さである。そのような変化の測定は難しいため慎重にならざるをえないが、大ざっぱにいうと、一般的な言説は40年ほど前から堅苦しいものではなくなっている。ニュースは今や娯楽の一形式とみなされ（個々の政治家の行動の結果ではなく、報道員やメディア業界の姿勢）（Davies, 2009）、かつて堅苦しかった学校や市民社会や個人の社会的交流においてもユーモアが目立つようになっている。職場や仕事の性質を調査すると、少し前までは階級制度による堅苦しい対人関係が主流であったが、それが緩和され、ユーモアや面白さを推進力とする心地よく楽しいものと化している（Boltanski and Chiapello, 2007）。特に、広報、広告、その他の形式による公衆への呼びかけは、メッセージの周知を目的として面白く興味をそそる方法に頼ることが増えている。

　この遊戯性への動きは学びの言説の変容をめぐるセクションで検証するとして、ここでは、遊戯的な文化が、遊びそのものの意味と範囲にどれほど明白な影響を及ぼしているかを示す。この逆転が最も明白に現れているのは「真面目なゲーム」という一見矛盾する表現である。遊びには、根源的に真面目な性質を承認する伝統がある（Wassermann, 1992）。矛盾するように聞こえるかもしれないが、遊びは必ずしも遊戯的である必要はない。たとえばゲーム理論は、社会的活動の非常に多くの側面にルールに縛られた遊びの「競争」的要素がみられると説明するが、必ずしも不真面目さや面白さを関心対象としていない。真面目なゲームがカリキュラムとして開発され、発展したことは、ゲーム経験の幅広さの認識を示している。ゲーム経験は真面目な意図や真面目な効果を持つとともに遊戯性を持つ。ただし、遊戯性を帯びるのは、真面目さの欠如とそれによる面白さの示唆という一般的な方法によってではなく、正式な意味での慣習の脱構築によってのみである（Beavis, Dezuanni and O'Mara, 2017）。「真面目なゲーム」は、学びが遊び化される方法と、ゲーム理論を支えるシステム思考に基づいて学びを理解する方法を論じるための前置きである。しかし、それらの問題に踏み込む前に、真面目なゲームという概念そのものが、社会的期待のある態度のうえに成り立っていることを指摘したい。遊戯的であることと

遊戯性に満ちた交流を理解する方法を知ることは、他者と交流する方法、統治される方法、世界を発見する方法、そしてむろん学ぶ方法をめぐる態度の一角を形成する。

第4節 ┃ 学びの遊び化は何を犠牲にするのか

遊戯的で遊び化された学び（遊びの新たなジャンルと形式に立脚する組織的な学び）は、

● 学びの性質に対する現代の言説を特徴的に示し、
● 学びがいかにして家庭用の娯楽商品と化したかを説明し、
● したがって、家庭と学校へのデジタルテクノロジーの進出を正当化する。

前述のように本稿では学校教育と学びを分けてとらえる。しかしそれでもなお、学びを簡単に定義する方法は存在しない。しかし、学びの発生を概念的に説明するさまざまな伝統（認知心理学、行動主義、社会文化的交流など）を個別にみれば、学びが理論化され、学校のカリキュラムや一般大衆の理解や政策指令に埋め込まれたプロセスを照合し、検討することが可能である。たとえば『*Contemporary Theories of Learning: Learning theorists in their own words*（学習の現代理論）』（Illeris, 2009）は、過去30年にわたる諸理論に基づいて学びの多様性をとらえ、学びのさまざまな側面、タイプ、場、組織を雄弁に説明する。寄稿者の多くは、デジタルテクノロジーが家庭と学校に進出する以前に自らの理論を構築しており、遊びが持つ発達機能に関する古典的な議論以外では、遊びや遊戯性はさほど強調されていない。しかし今後の学びの研究では、遊びと遊戯的な学びの形式が大きく注目されるはずである。

測定は事実上不可能であるが、活動としての学び、より正確に言えば「学び」という言葉で人々が理解するものは、このデジタル時代においては、余暇や娯楽的な意味合いを伴う交流に満ちた行いと考えられる。とはいえ、学びは遊戯的な行いとして評価されるべきであるわけではなく、また、遊戯的な学び

に本質的な価値があるわけでもない。遊戯性は、「学びとして重視されるもの」をより受け入れやすくするための甘味料として利用されている。

　これは、フォーマルなカリキュラムが、遊びと関連する非常に多くの行動や交流を採用するに至ったプロセスだけでなく、親によって購入され家庭で消費される娯楽が、科目内容としての学びのかたちをとる（たいていは学業と関連する）に至ったプロセスにかかわる問題である。この変化傾向を示す好例がマインクラフトである。

マインクラフト

　現在のマインクラフトは、一個のゲームというよりもプラットフォーム的なものであろう（Helmond, 2015）。しかし、もとはオープンワールドのサバイバルゲームであった。2011年の発表後に予想外の成功を収め、2014年にMicrosoftが25億ドルで買収した（Simon and Wershler, 2018）。現在は、幅広いデバイス（携帯電話、ゲーム機、コンピュータ、タブレット）で利用可能であり、最も多く売れ、最も広くプレイされているゲームのひとつである（1か月のプレイヤー数は約1億2,000万人[4]）。息の長さとプレイヤー層の広さは、マインクラフトが広い意味で教育的な性質を持つと考えられていることと不可分である。ゲームには、没入型の世界、他者との協力（設計、製作、建築において）、そして生存競争に発する対戦要素がミックスされている。特徴的なやや子どもっぽい描画（Simon and Wershler, 2018）との相乗作用によって、プラットフォームとしても機能する。世界中の図書館へのアクセスから、ゲームの世界と対戦の特徴をプログラム（修正）する機会の提供にいたるまで、プレイヤーを数多くの活動に参加させる[5]。

　当初は、家庭での消費を目的として（つまり娯楽として）売り出されたが、テクノロジースキルを発達させる方法[6]として、民間の教育機関や学校のカリキュラム、さらには世界経済フォーラムなどの機関によって取り上げられ、組織化され一貫した測定可能な教育経験を提供するように調整された。家庭学習[7]から、さまざまな国のサマーキャンプ[8]や校外学習[9]まで、マインクラフトというゲーム（あるいはプラットフォーム）は各地の学校や家庭で利用され、デジタル時代における遊びと学びの境界線の移行を体現している。教育学者は

マインクラフトの社会的対人的側面に注目し（Dezuanni, O'Mara and Beavis, 2015）、コード化や計算論的思考に関心のある学者はやはりその側面に注目した（Baek, Min and Yun, 2020）。テクノロジーやデジタルスキルの指導に関心のある学者はゲームを詳細に調査した（Dezuanni, 2020）。このような研究の拡大に伴って、プラットフォームへの関与が子どもと家庭を、さらには教育機関をもデータ化[10]の脅威に曝しているのではないかという懸念が生じてきた。

　もともと完全な娯楽として設計されたゲームが今や多くの家庭にあり、20年前には存在しなかった、魅力的で、要求度の高い、イノベーティブな未来指向のスキルに焦点を合わせた学習方法として、子ども、親、教師によって支持されている。優れたゲームは、学校制度によって利用される学びの意味を説明する尺度や指標をはるかに超えた学びのかたちをとる（Gee, 2004）。マインクラフトはその証左であろう。マインクラフトの遊戯性は「学ぶための学び」「学ぶことの学び」という原則を裏付ける。学びは、ある種の思考方法や社会的交流方法への適応とみなされるべきであり、カリキュラムやコンテンツの点から、言葉を変えると、成果の点から定義されるべきではない。重要なことは、適応としての学びが持つプロセスとしての質を尊重することである。そして、遊び化された学びのプロセスの核は、参加を外的に要求されることや訓練されることにあるのではなく、経験にのみこまれることへの関与、意欲、興味の質にある。

面白さとゲームは真面目なビジネスである

　注意、参加、関与の様式に対する関心は、オンラインでのデジタルデバイスの利用が「アテンションエコノミー（attention economy）[11]」の特徴を持つとみなされたことと不可分である。確かにマインクラフトは、青少年を対象とする娯楽産業の一製品として始まったかもしれない。しかし、民間の教育機関や学校による採用や利用、及び幅広い教育目的のための親による購入は、国内市場が商品としてパッケージ化された学びを必要としていることを示している。このセクションのタイトルは、ハードウェアであるコンピュータ本体が教育製品として家庭向けに販売されるに至ったプロセスを検証した研究からとったものである（Nixon, 1998）。デジタルデバイスの拡大は、学びが面白いこととし

て売られ、面白いことが学びとして売られうる方法に依存していた（Buckingham and Scanlon, 2002）。マインクラフトはこの次の段階、つまり、学びがデバイス購入の妥当性を示す正当化条件から商品そのものになる段階を示している。もちろん、多くの学習ソフトはプラットフォームへの参加を要求し、ユーザーの活動を二次市場のデータとして登録して（Zuboff, 2019）、市場化のプロセスを促進する。

　この観点に立つと、ゲーム化された学び、すなわちアプリや他のモバイルデバイスを介する面白いこととして販売される学びは、多様な興味や活動がデジタル化されデータ化されて変容するさらに大きな枠組みの一部となる（Couldry and Mejias, 2018）。そのプロセスにおいて注目すべきは教育ビジネスが果たす役割である（Williamson, 2017）。遊び化された学びは、この新興市場に対して、家庭のそして実際には学校の門戸を開かせる力であったと考えられる。しかし、この動きの影響を考察することは本稿の範囲を超えている。また、統制や統治への関心を伴った教育のデータ化（Bradbury, 2018）と、遊び化を介した国内市場における学びの商品化とを混同するべきではない。

　したがって、遊びを介することで、学びが娯楽と子どもの学習への投資の混合としてとらえられることの意味を理解するには、学校や教育市場との関係においてのみ考察するのではなく、特に家庭の観点からも分析する必要がある。デジタル教育製品の市場が明確に線引きされないことは本章で分析した不正確な定義の表れであり、マインクラフトからDoodleMathsにいたるまで、何らかのソフトが家庭でも学校でも等しくみられることがその好例である。

　教育ソフト（ゲーム）市場全体に関する研究は数少ない。その一因は、商業的な機密情報を集めることの難しさと、多様なプラットフォームにわたってジャンルやソフトのタイプを定義することの難しさにある[12]。教育ソフト産業がゲームベースの学習として定義するものを合計売上高でとらえることは可能である。比較的近年の産業レポートによると現在の市場規模は24億ドル[13]とされているが、2023年には世界規模の市場に成長して170億ドルに達するとみられる[14]。ただしこの圧倒的な数字は、プラットフォームやソフト、その他の技術的特徴の間の違いやその内部における違いを示さないだけでなく、各国間や各国内の比較にも役立たないことがある。Steam[15]のような娯楽指向の配信プ

ラットフォームも、教育カテゴリーに含まれるゲームやアプリを宣伝している。しかし、AppleやGoogleのモバイルアプリストアからのダウンロード数と同じく、統計値は人気のジャンルやタイプを大雑把に描き出すことしかできない。教育ソフトの購入と使用について国別の分析を行うことは有益だろう。教育制度は国や地域の統制下に置かれているため、大いに役立つと思われる。また、グローバル企業がさまざまな国や地域の市場に向けて自らをどのように売り込み、国境を越えた教育経験をどのように作り出しているかを理解する助けにもなるだろう。たとえば、ノルウェーの教材会社Kahootに対するディズニーの出資[16]を研究し、新製品の採用や販売及びビジネスモデルを検証することは示唆に富む。

　また、消費行動に関する知識にも空白領域がある。人々の懸念に関する研究は数多く存在し、イギリス[17]など多くの国では家庭によるデジタルテクノロジーの購入と利用時間が調査されているにもかかわらず、教育ソフトに費やす時間を切り分けられるほどには細分化されていない。家庭におけるテクノロジーの利用に関する信頼性の高い大規模調査は存在し（Global Kids Online[18]、EU Kids Online[19]など）、現在、この問題に取り組むために大がかりな共同研究プロジェクトが行われている（CO:RE[20]、ARC Digital Child[21]など）。しかし、家庭で子どもがどのようなタイプのソフトを利用して、どのような種類の学びや遊びの枠組みの中で、どのように時間を費やしているかに関しては、かなりの部分を質的研究から得た知見に頼っている（Livingstone and Blum-Ross, 2020）。このような種類の研究は必然的に各国固有のものとなり、各国にわたって変化するパターンを推定することは難しい。家庭におけるコンピュータの利用が教育成果に与える影響を検証する研究も古くから熱心に行われている。しかしそこで利用される尺度は、学校制度で重視されるものを測る一般的な指標に従って選択されていることが多い（Bulman and Fairlie, 2016など）。したがって、家庭におけるデジタルテクノロジーの拡大が、遊びや学びの意味をどのように変えたかに関する知見を得ることは非常に困難である。

第5節 | 結び：遊びと学びのポリティカルエコノミーから日常生活へ

　本稿では主に遊びと学びの言説的定義の構築と、それらがデジタルのポリティカルエコノミーによってどのように媒介されてきたかを検証した。ここで、研究における知識の現状を概括しておきたい。子どもが学ぶとき、遊ぶときに実際にしていることに関する実証的エビデンスはどのようなものだろうか。子どもの活動、つまり遊びと学びは過去30年間で変化したのか、変化したとしたらどのように変化したのだろう。私たちはみな自分自身のエピソードと自分自身の経験を有しているが、遊びと学びの現状を説明し、測定する研究は存在するのか。

　これらはどうみても答えることが困難な問いである。そしてその答えは、各国間の比較が可能な規模では存在しない。最も注目すべきは、成果や代理指標に関する研究よりも、質的研究が圧倒的に多く、遊びと学びの経験になにがしかの洞察をもたらしていることである。本書の1章分を要するようなプロジェクトになるであろうが、これらの研究に枠組みが与えられ、メタレビューが実施されることを期待する。これは、広い意味で社会文化的あるいは社会心理学的な方向性を持つ。たとえば、「ゲーム」と「ゲームをすること」が家庭における「学ぶための学び」に及ぼす影響に関する研究や（Stevens, Satwicz and McCarthy, 2008）、デジタルが内容と行動の点で校庭での遊びの変化に及ぼす影響に関する研究（Willet et al., 2013）などがこれに該当する。これらの研究はほんの一例であるが、子どもの主体性、社会的交流、社会的背景の制約／働きに関心を持ち、注意を払っている。質的研究は子どもの学びと遊びの実際の活動に注意を払うことによって、遊びと学びを現代の文化現象として再考し、家庭や学校における介入方法を示すことに役立つ。とはいえ、このような研究方法のほうが本質的に価値が高いということではない。実際、そのような研究文献では、政策指向の有用なベンチマークが確立されていない。

　もうひとつ注目すべきことは、存在する量的研究が代理指標を指向していることである。子どもの時間利用（ゲーム、授業、学校の宿題、家庭でのデジタ

ル指向の余暇活動など）と場所については、かなり多くのエビデンスがある（Hamari, Koivisto and Sarsa, 2014）。EU Kids Online[22] などのプロジェクトによると、家庭内のさまざまな場所がデジタルデバイスの植民地と化すにつれて、遊びと学びの場所は明らかに変化している。さらに、遊び／学びの商品の購入と、親による子どもの活動の規制（自宅の内外ともに）に関しては国際的なデータが存在する。これらの３つの手がかり（時間、場所、規制）は、子どもの主体性の有意な変化（移動や社会的交流、リスクや機会において）をとらえることに大いに役立つ。しかしこのような研究は、ある程度まで推論や推定を介して遊びと学びの活動にアプローチする。本章で強調したように、学校由来のパフォーマンス成果の尺度と、学びそのものの性質とを同一視するべきではない。遊びの価値と意味については受け入れられている尺度がさらに少ない。そのような研究を国際的にみると明らかに空白領域がある（国によってはこのような研究が集中的に行われ、普遍的な規範と考えられるものが示されている）。デジタル時代における遊びと学びを論じるには、研究におけるこの種の偏りを認識して、子どもの実際の遊びと学びを説明するには投資が必要であり、測定も容易ではないことを理解する必要がある。

第６節　本章の要約と示唆

　遊びと学びの概念は現代社会における表明や利用に先行して存在し、別々にあるいは共にデジタル文化の変化から影響を受けてきた。遊びは、特にゲームやゲーム化を介した子どもの生活におけるデジタルの領土の拡大から大きな影響を受けるとともに、学びを商品化して家庭や学校の遊びとして売り出すことに正当性を与えた。これと並行して、学びは遊びに似た経験として高く評価されるようになった。そのため、その経験の質、特に注意、関与、参加という重要な要素の質によって、学びの本質的な価値が決定されることが増えた。これらの特徴は、世界の多くの国でかつて利用されていた遊びと学びの用語とはかなり異なっている。しかし世界規模の越境的なデジタル文化によって、ある程度まで各国の差異はならされた。現在行われている研究には、特に学びと遊び

を焦点とするアプリの商用範囲と商業利用の理解について、重大な空白領域が存在する。教育政策はもっぱら狭い定義の教育成果に目を向けることで、学びと遊びの変容に本腰を入れて対処していない。

　学びは遊びに対置されるものではない。そして、学びを真面目でないものにすることによって、つまり内在する遊戯的性質を強化することによって、学びの商品化と家庭への販売可能性が促進され、結果として学習者、教師、家庭のデータ化をもたらした。その意味では、これは単なる概念的進歩の自然なプロセスではない。遊びと学びの両方にかかわる特定の文化的価値観がデジタル文化のポリティカルエコノミーの一角を担い、特定の利益に貢献している。本章の締めくくりとして、遊びと学びの現在の定義をめぐって政策、家庭、子ども、学校によって対処可能な問題、対処するべき問題を以下に挙げる。

1）遊びを学びに仕えるものであると解釈すると、何が失われ、何が得られるのか。学校教育において「学びとして重視されるもの」を、絶えず問い直さなければ、何が失われ、何が得られるのか。

2）遊びと学びを混同することは、誰の利益になるのか。すべての遊びに占めるデジタルな遊びの割合や範囲を増やすことは、誰の利益になるのか。

3）遊び化された学びの経験の質と学校教育の成果との関係を、どのように評価すればよいのか。「よい」遊びあるいは「よりよい」学びとして重視されるものを、どのように評価すればよいのか。

4）社会生活の脱デジタル化という選択肢は選べないことを考えると、学びを遊び化し、遊びを学び化する世界的傾向を変化に富むものとし、多様であり続けさせるために、各種機関（学校、家庭、保育施設、保育園、幼稚園、博物館、ギャラリーなど）には何ができるのか、あるいは何をなすべきか。

5）遊びと学びの変化する関係を理解することは、教育制度の未来の目的のためにどれぐらい重要であるのか。

謝辞
本書の編者、OECDの編集チーム、Allan Luke、Robbie Fordyceの助言と支援に心から感謝する。

注

1. Kahoot! | Learning games | Make learning awesome!, https://kahoot.com/

2. How Fortnite conquered the world | MMORPG | The Guardian, https://www. theguardian.com/games/2018/may/27/fortnite-conquered-the-world-video-game-teenagers-parents?CMP=Share_iOSApp_Other

3. The latest video-game fad shows off a DIY ethic | The Economist, https://www. economist.com/business/2018/05/10/the-latest-video-game-fad-shows-off-a-diy-ethic

4. List of most-played video games by player count – Wikipedia, https://en.wikipedia. org/wiki/List_of_most-played_video_games_by_player_count

5. Minecraft 'loophole' library of banned journalism - BBC News, https://www.bbc. com/news/world-us-canada-51883247

6. Schools of the Future: Defining New Models of Education for the Fourth Industrial Revolution, http://www3.weforum.org/docs/WEF_Schools_of_the_Future_Report_ 2019.pdf

7. No school, no rules: would you sign up to the latest parenting trend?, https:// www.telegraph.co.uk/women/mother-tongue/11828033/No-school-no-rules-would-you-sign-up-to-the-latest-parenting-trend.html

8. How to Keep Your Kids Happy, Safe, and Connected During the Pandemic, https://blog.connectedcamps.com/how-to-keep-your-kids-happy-safe-and-connected-during-the-pandemic/

9. How Unschooling Families Leverage Digital Games and Connectivity, https://blog. connectedcamps.com/unschooling-families-leverage-digital-games-connectivity/

10. Child Data-Privacy Laws Aren't Protecting Kids - The Atlantic, https://www. theatlantic.com/family/archive/2018/04/child-data-privacy/557840/

11. Attention Shoppers! | WIRED, https://www.wired.com/1997/12/es-attention/

12. Market Analysis | Games and Learning, https://www.gamesandlearning.org/ category/markets/

13. Global $2.4 Bn Game-Based Learning Market 2019-2024 - Industry Trends, Share, Size, Growth, Opportunity and Forecasts, https://www.globenewswire.com/news-release/2019/02/20/1738527/0/en/Global-2-4-Bn-Game-Based-Learning-Market-2019-2024-Industry-Trends-Share-Size-Growth-Opportunity-and-Forecasts.html

14. Metaari: Game-based learning market will reach $17 billion by 2023 | gamesindustry.biz, https://www.gamesindustry.biz/articles/2018-08-08-metaari-game-based-learning-market-will-reach-usd17-billion-by-2023

15. Browsing Education – Steam, https://store.steampowered.com/tags/en/Education/
16. Backed by Disney, Kahoot expands investment in new games | Games and Learning, https://www.gamesandlearning.org/2019/05/09/backed-by-disney-kahoot-pitches-itself-as-a-solution-for-distribution-problem/
17. Research and data – Ofcom, https://www.ofcom.org.uk/research-and-data
18. Global Kids Online | Children's rights in the digital age, http://globalkidsonline.net/
19. EU Kids Online, LSE - London School of Economics, https://www.lse.ac.uk/media-and-communications/research/research-projects/eu-kids-online
20. CO:RE | Children Online: Research and Evidence Project, https://core-evidence.eu/
21. QUT - Australian Research Council Centre of Excellence for the Digital Child, https://www.qut.edu.au/research/australian-research-council-centre-of-excellence-for-the-digital-child
22. EU Kids Online 2020, https://www.lse.ac.uk/media-and-communications/research/research-projects/eu-kids-online/eu-kids-online-2020

参考文献・資料

Alexander, R. (2001), *Culture and Pedagogy*, Blackwell Publishers, Oxford.
Ariès, P. (1962), *Centuries of Childhood*.
Baek, Y., E. Min and S. Yun (2020), "Mining educational implications of minecraft", *Computers in the Schools*, Vol. 37/1, pp. 1-16, http://dx.doi.org/10.1080/07380569.2020.1719802.
Ball, S. (2008), *The Education Debate: Policy and Politics in the Twenty-First Century (Policy and Politics in the Twenty-first Century Series)*, Bristol: Policy Press.
Beavis, C., M. Dezuanni and J. O'Mara (2017), *Serious Play: Literacy, Learning and Digital Games (Digital Games and Learning)*, Routledge.
Beck, J. and M. Wade (2004), *Got Game: How the Gamer Generation Is Reshaping Business Forever*, Harvard Business School Press; Cambridge MA.
Berliner, D. and B. Biddle (1999), *Manufactured Crisis: Myths, Fraud, and the Attack on America's Public Schools*, Perseus Books, U.S.
Biesta, G. (2012), "Giving teaching back to education: Responding to the

disappearance of the teacher", *Phenomenology & Practice*, Vol. 6/2, pp. 35-49, http://dx.doi.org/10.29173/pandpr19860.

Biesta, G. (2011), *Good Education in an Age of Measurement: Ethics, Politics, Democracy*, Routledge.（『よい教育とはなにか：倫理・政治・民主主義』ガート・ビースタ著、藤井啓之／玉木博章訳、白澤社、現代書館（発売）、2016年）

Boltanski, L. and E. Chiapello (2007), *The New Spirit of Capitalism*, Verso, London.

Bradbury, A. (2018), "Datafied at four: The role of data in the 'schoolification' of early childhood education in England", *Learning, Media and Technology*, Vol. 44/1, pp. 7-21, http://dx.doi.org/10.1080/17439884.2018.1511577.

Bruner, J. (1996), *The Culture of Education*, Harvard University Press, Cambridge MA.（『教育という文化』J.S. ブルーナー著、岡本夏木／池上貴美子／岡村佳子訳、岩波書店、2004年）

Buckingham, D. (2007), *Beyond Technology: Children's Learning in the Age of Digital Culture*, Cambridge: Polity Press.

Buckingham, D. and M. Scanlon (2002), *Education, Entertainment and Learning in the Home*, Milton Keynes: Open University Press.

Bulman, G. and R. Fairlie (2016), "Technology and education: Computers, software, and the internet", in *Handbook of the Economics of Education*, Elsevier.

Caillois, R. (1961), *Man, Play, and Games*, Free Press of Glencoe, New York.（『遊びと人間』R. カイヨワ著、清水幾太郎／霧生和夫訳、岩波書店、1970年）

Carter, M. et al. (2020), "Children's perspectives and attitudes towards Fortnite 'addiction'", *Media International Australia*, Vol. 176/1, pp. 138-151, http://dx.doi.org/10.1177/1329878x20921568.

Cartwright, N. (2007), *Hunting Causes and Using Them: Approaches in Philosophy and Economics*, Cambridge University Press, Cambridge, New York.

Couldry, N. and U. Mejias (2018), "Data colonialism: Rethinking big data's relation to the contemporary subject", *Television & New Media*, Vol. 20/4, pp. 336-349, http://dx.doi.org/10.1177/1527476418796632.

Davies, N. (2009), *Flat Earth News: An Award-winning Reporter Exposes Falsehood, Distortion and Propaganda in the Global Media*, Random House UK.

Dezuanni, M. (2020), *Peer Pedagogies on Digital Platforms: Learning with Minecraft Let's Play Videos*, MIT Press, Cambridge MA.

Dezuanni, M., J. O'Mara and C. Beavis (2015), "'Redstone is like electricity': Children's performative representations in and aroundMinecraft", *E-Learning and Digital Media*, Vol. 12/2, pp. 147-163, http://dx.doi.org/10.1177/2042753014568176.

Gane, N. (2019), "Competition: A critical history of a concept", *Theory, Culture & Society*, Vol. 37/2, pp. 31-59, http://dx.doi.org/10.1177/0263276419878247.

Gee, J. (2004), *What Video Games Have to Teach Us About Learning and Literacy*, Palgrave Macmillan, London.

Glass, G. (2008), *Fertilizers, Pills, and Magnetic Strips: The Fate of Public Education in America*, Information Age Publishing, Charlotte, North Carolina.

Goldin, C. and L. Katz (2008), *Race between Education and Technology*, Harvard University Press, Cambridge, MA.

Green, J. and A. Luke (2006), "Introduction: Rethinking learning: What counts as learning and what learning counts", *Review of Research in Education*, Vol. 30/1, pp. xi-xvi, http://dx.doi.org/10.3102/0091732x030001011.

Habermas, J. (1989), *The Structural Transformation of the Public Sphere*, Polity Press.

Hamari, J., J. Koivisto and H. Sarsa (2014), *Does Gamification Work?: A Literature Review of Empirical Studies on Gamification*.

Hamilton, D. and B. Zufiaurre (2013), *Blackboards and Bootstraps: Revisioning Education and Schooling*, Sense Publishers.

Helmond, A. (2015), "The platformization of the web: Making web data platform ready", *Social Media + Society*, Vol. 1/2, p. 205630511560308, http://dx.doi.org/10.1177/2056305115603080.

Huizinga, J. (1970), *Homo Ludens: A Study of the Play Element in Culture*, Paladin, London.

Illeris, K. (2009), *Contemporary Theories of Learning: Learning Theorists ... in their own words*, Routledge, Abingdon.

Illeris, K. (2007), *How We Learn: Learning and Non-Learning in School and Beyond*, Routledge, New York.

Ito, M. et al. (2020), *The Connected Research Network: Reflections on a Decade of Engaged Scholarship*, http://creativecommons.org/licenses/by/3.0/.

Ito, M. et al. (2013), *Connected Learning: An Agenda for Research and Design*, Cambridge Mass: MIT.

K. Salen (ed.) (2008), *In-Game, In-Room, In-World: Reconnecting Video Game Play to the Rest of Kids' Lives*, MIT Press.

Kline, S., N. Dyer-Witheford and G. Peuter (2003), *Digital Play: The Interaction of Technology, Culture and Marketing*, McGill-Queen's University Press, Montreal.

Lancy, D. (2014), *The Anthropology of Childhood: Cherubs, Chattel, Changelings*, Cambridge University Press.

Levinson, B., D. Foley and D. Holland (1996), *Cultural Production of the Educated Person: Critical Ethnographies of Schooling and Local Practice*, State University of New York Press, New York.

Livingstone, S. (2002), *Young People and New Media*, SAGE Publications Ltd, London.

Livingstone, S. and A. Blum-Ross (2020), *Parenting for a Digital Future How Hopes and Fears about Technology Shape Children's Lives*, Oxford University Press.

Luke, A. (2018), *Critical Literacy, Schooling, and Social Justice: The Selected Works of Allan Luke*, New York: Routledge.

Malaby, T. (2007), "Beyond Play: A New Approach to Games", *Games & Culture*, Vol. 2/2.

Meyer, J. et al. (1997), "World society and the nation‐state", *American Journal of Sociology*, Vol. 103/1, pp. 144-181, http://dx.doi.org/10.1086/231174.

Meyrowitz, J. (1985), *No Sense of Place: The Impact of Electronic Media on Social Behavior*, New York: Oxford University Press.（『場所感の喪失：電子メディアが社会的行動に及ぼす影響（上）』ジョシュア・メイロウィッツ著、安川一／高山啓子／上谷香陽訳、新曜社、2003年）

Nixon, H. (1998), "Fun and games are serious business", in Julian Sefton-Green (ed.), *Digital Diversions: Youth Culture in the Age of Multimedia*, London: Routledge.

Olson, D. and N. Torrance (1996), *The Handbook of Education and Human Development: New Models of Learning, Teaching and Schooling*, Oxford: Blackwell.

Rogoff, B. (2003), *The Cultural Nature of Human Development*, Oxford University Press.（『文化的営みとしての発達：個人、世代、コミュニティ』バーバラ・ロゴフ著、當眞千賀子訳、新曜社、2006年）

Sicart, M. (2014), *Play Matters*, MIT Press.（『プレイ・マターズ：遊び心の哲学』ミゲル・シカール著、松永伸司訳、フィルムアート社、2019年）

Simola, H. et al. (2017), *Dynamics in Education Politics: Understanding and Explaining the Finnish Case*, Routledge, London.

Simon, B. and D. Wershler (2018), "Childhood's end (or, we have never been modern, except in minecraft)", *Cultural Politics*, Vol. 14/3, pp. 289-303, http://dx.doi.org/10.1215/17432197-7093310.

Stevens, P. (1980), "Play and work: A false dichotomy?", in H. B. Schwartzman (ed.), *Play and Culture: 1978 Proceedings of the Association for the Anthropological Study of Play*, Leisure Press.

Sutton-Smith, B. (2001), *The Ambiguity of Play*, Harvard University Press.

Vygotsky, L. (1978), *Mind in Society: Development of Higher Psychological Processes*, Harvard University Press.

Wassermann, S. (1992), "Serious play in the classroom: How messing around can win you the nobel prize", *Childhood Education*, Vol. 68/3, pp. 133-139, http://dx.doi.org/10.1080/00094056.1992.10522562.

Willet, R. et al. (2013), *Children, Media and Playground Cultures: Ethnographic Studies of School Playtimes*, Palgrave Macmillan, London.

Williamson, B. (2017), "Educating Silicon Valley: Corporate education reform and the reproduction of the techno-economic revolution", *Review of Education, Pedagogy, and Cultural Studies*, Vol. 39/3, pp. 265-288, http://dx.doi.org/10.1080/10714413.2017.1326274.

Williams, R. (1961), *The Long Revolution*, Chatto and Windus, London.

Wolf, M. (2002), *The Medium of the Video Game*, University of Texas Press.

Zimmerman, E. (2014), "Manifesto for a ludic century", in S. P. Walz & S. Deterding (ed.), *The Gameful World: Approaches, Issues, Applications*, MIT Press.

Zuboff, S. (2019), *The Age of Surveillance Capitalism: The Fight for a Human Future at the New Frontier of Power*, Profile Books, New York.

パート3
完璧さの追求

第7章

メディアとボディイメージ

レイチェル・ロジャーズ

　青少年におけるメディアの利用、特にスクリーンメディアとソーシャルメディアの利用は過去数十年で大幅に増加している。近年、青少年のメディアの利用はボディイメージに害を及ぼす可能性が指摘されている。本章では、その関連性を説明する理論的枠組みを概観し、このテーマに関する実証的な研究を概括する。メディアでは実現不可能な容姿が理想像として提示され、個人の性的対象化（sexualisation）と客体化（objectification）が行われている。これがメディアを利用する青少年のボディイメージの低下と関連していると考えられるが、個人の特性やメディアの性質と形式が調節因子として働く可能性がある。

第1節　序論：子どもと青少年のボディイメージ

　子どもによるメディアの利用、特にスクリーンメディアと最近はソーシャル
メディアの利用がここ数十年で大幅に増加している。研究によると、中程度ま
での利用はプラスの成果をもたらす可能性があるが、娯楽を目的として（つま
り非教育的なコンテンツを）大量に利用することは心理的機能の低下と概ね関
連づけられている。さまざまな指標の中でも特にボディイメージ、すなわち自
分の身体的外見に関する評価は、メディアの利用によって負の影響を受けると
考えられてきたが、双方向の関係にあることを示すエビデンスも存在する。本
章では、メディアの利用と青少年のボディイメージの関連を説明する理論的枠
組みを概観し、これを検証した実証的な研究を概括する。

ボディイメージ：多面的概念

　ボディイメージとは、自分の身体と身体化（すなわちその身体で生きる経
験）に関係する思考、感情、知覚、行動を指す多面的な概念である（Keeton,
Cash and Brown, 1990）。実証的研究では、容姿に関するネガティブな思考や
感情とみなされることが多い。しかし、ボディイメージの問題はより広範囲に
わたり、非現実的な容姿を基準とし、容姿を自尊心やアイデンティティの中心
に据えるなどの要素を含んでいる（表7.1）。

　表7.1のとおり、問題のあるボディイメージは次のような特徴を持つ。

- 容姿をめぐるネガティブな思考や感情から離れられない。頭も心もそれで一杯
  になり、行動や日常生活にまで影響が及ぶ。ボディイメージの低さは身体に関
  する侵入思考を含むことが多い。これは除去することが難しく、容姿に拘泥し
  続けることになる。
- 身体面の評価では、他の側面がないがしろにされて容姿が重視される。
- 身体観が外的で客体化されている。言い換えると、ボディイメージが低い人
  は、自分の体が他人にどのように見えるかを想像して、自分から切り離された

独立した存在とみる傾向にある（McKinley and Hyde, 1996、Piran, 2017）。

● 容姿を変えること、あるいは容姿への不安から生じる負の影響を最小化することを焦点とした妥協のない行動をとる（身体が他人の目に触れる状況を避けるなど）。

● 容姿がアイデンティティの中心を占め、自尊心を大きく左右する。

● 理想的な容姿に根差す偏狭な美の概念化。つまり、スリムで引き締まった／筋肉質の理想像にのみ美が存在する。

● 身体に関連するネガティブな思考や感情が、一時的なものではなく、絶えず頑強に存在する。

● 身体関連の悩みを減らしたり調整したりする努力は、身体を変化させることに注がれる。自分の体に対する感じ方を変え、感情の大きさやそれに対する反応を変えようとはしない。

表7.1　肯定的なボディイメージと問題のあるボディイメージの特徴

	肯定的なボディイメージ	問題のあるボディイメージ
身体に対する思考と感情	肯定的、受容的、思いやりがある。	否定的、評価的。
身体関連の評価の対象	容姿、機能性など、あらゆる身体領域。	容姿。
身体観	内的、身体化。	外的、客体化。
身体関連の行動	セルフケアを焦点として、食欲を受け入れる。	妥協せず自己損傷的であり、身体的外見を制御し修正することを目的とする。
ボディイメージの中心性	アイデンティティと自尊心に対して中立的。	アイデンティティと自尊心に対して中心的。
身体美の概念化	幅広く多様。身体はすべて美しいものになりうるが、美を主要な追求目標としない。	偏狭で実現不可能。非現実的な社会的期待によって定義される。
ボディイメージ関連の悩み	総合的にみて少なく、順応性がある。一時的に動揺しても耐えられる。	多く、順応性がない。
悩みの調整	動揺を回避せずに経験し、行動による反応を示さない。	身体を変えることに集中する。

対照的に肯定的なボディイメージは次のような特徴を持つ。

● 身体に対するポジティブな思考と感情が支配的である。

● それらの思考と感情は、容姿だけでなく機能なども含めて身体全体と関連している。言い換えると、どのように見えるかではなく、何ができるかなどの側面

にも関連している。

- 自分の体を内側から、つまり内的に身体化された観点からみる傾向にある（Piran, 2017）。
- 行動はセルフケアに向けられ、必要性や食欲を尊重する（Tylka and Wood-Barcalow, 2015）。
- 身体に対する審美眼は持つが、それが自尊心全体に影響することはない。容姿は個人のアイデンティティにおいて重要な場所を占めない。
- 現実的な容姿の基準や評価から生じた肯定的なボディイメージを持つ。身体は各人特有のものであり、欠陥のない理想的な容姿とは異なることを受け入れる。
- 柔軟で肯定的なボディイメージを持つ。容姿関連の悩みは変動的であり耐えられるものである。
- 身体についてネガティブな思考や感情が生じても反応せずに、それを経験する。身体関連の行動は容姿を変えることよりもセルフケアに向けられている。

第2節 ┃ ボディイメージ：子どもと青少年の発達とその特徴

　先に述べたように、テクノロジー化の進んだ西洋様式の社会における容姿への注目は、身体的外見、特に体重と体格を重視する偏ったボディイメージの理解を生む。ボディイメージに対する懸念は男子と女子で異なると考えられる。女子はやせているかどうかにこだわるが、男子はたくましいかどうかにこだわる。これは性別化された理想の容姿と一致している（Paxton and Damiano, 2017）。これに関連して、男子にとっては身体能力と運動能力の側面も重要であるとみられる。

　子どもは早くも3～4歳で、体重や容姿に関する社会的基準や固定観念を理解して表現することができる（Damiano et al., 2015、Spiel, Paxton and Yager, 2012）。ボディイメージへの懸念は子ども時代に表れ、増大する傾向にある（Damiano et al., 2015）。研究によると、6歳までに女子の痩身願望が姿を現し（Dohnt and Tiggemann, 2006）、7歳の女子の約半数が痩身願望を有している（Clark and Tiggemann, 2006）。

　男子については利用できるデータが少ない。また非常に幼い男児については、体格の評価において体重とたくましさを区別する必要があるためさらに複雑であるが、思春期前の男子の27 〜 47％が痩身願望（必ずしも小柄になりたいわけではない）を有している（Ricciardelli et al., 2009）。より最近の研究では、6歳の男子によって、たくましさとスリムさをめぐる不満が挙げられており、男子の3分の1がもっとたくましくなりたいと考えていた（McLean, Wertheim and Paxton, 2018）。ボディイメージへの懸念は身体が大きく変化する思春期にさらに増大する。この変化は、女子を痩身という理想像から遠ざけ、男子を屈強な体という理想像に近づける可能性がある。9 〜 14歳では、やせたいと願う女子は50％、男子は36％であった。これに対して、大柄になりたいと願う男子は21％、女子は7％であった（Dion et al., 2016）。この割合と性差は思春期後期まで拡大する（McCabe and Ricciardelli, 2001）。

　ボディイメージは、それ自体がメンタルヘルスの重要な側面である。なぜなら、容姿の重視は自分の容姿に対する否定的な評価をもたらして、強い悩みを伴うことがあるからである。さらに、ボディイメージの低さは、自尊心の低さ、抑うつ症状、不健康な食事、筋肉増強行動、摂食障害など、他のメンタルヘルス問題や有害行動の強い予測因子であることが示されている（Neumark-Sztainer et al., 2006、Stice et al., 2017）。

第3節　メディアとボディイメージの関係を検証する理論的枠組み

　子どもや青少年におけるメディア利用とボディイメージの関係を検証する研究の基盤として、複数の理論的枠組みが利用されてきた。最もよく利用されるものは生物・心理・社会モデルと客体化説の2つである。

　生物・心理・社会モデルは、ボディイメージ懸念においてメディアが果たす役割を検証するために広く利用されてきた社会文化理論に立脚する。社会文化理論では、態度や行動はメディアなどの環境を通じて子どもや青少年に転移すると考えられる（Rodgers, Paxton and McLean, 2013、McCabe and Ricciardelli, 2003）。メディアイメージは多くの場合に、魅力的な人物を極度にほっそりし

た姿や屈強な姿で描くことによって、容姿、体重、体格について歪められた非現実的な見方を子どもに与える（Groesz, Levine and Murnen, 2001）。メディアが生み出すこのような環境は、子どもや青少年にどのような容姿が評価されるかを伝え、容姿を中心とした自尊心とアイデンティティを強化する。生物・心理・社会モデルはこの観点に立って、生物学的及び心理学的個人特性が、メディア環境による圧力の経験を調整する方法を明らかにする（Rodgers, Paxton and McLean, 2013）。

　一方、客体化説は、マスメディアによる個人の性的対象化と主体性の剥奪は人をモノに還元すると主張する。すなわち、メディアにおいて人を人格を持たない身体とみなす見方が提供されると、そのような見方は徐々に浸透して、人は自分自身を人格を持たない身体とみるようになる。このプロセスは自己客体化と呼ばれる。自己客体化は、幅広いマイナスの心理的成果（抑うつ症状、ボディイメージへの不安、摂食障害など）と関連していることが主張されている（Fredrickson and Roberts, 1997）。実際、自己客体化が進むと、自分の身体をたえず外部観察者の観点からみるようになり、監視観察して、容姿が社会的基準を満たしていないと自分の体を恥ずかしく思うようになる。

第4節　メディアコンテンツにみるボディイメージ

メディアイメージと理想的な容姿

　メディアで描かれる身体の圧倒的多数は引き締まった痩身であり、女性の場合は極度の細身、男性の場合は極度のたくましさが強調されている。しかしこのような身体は、現実に見出される多様な容姿、体型、体格のごく一部にすぎず、ごく狭い範囲のタイプが望ましいものとして提示されている。子どもや青少年を対象とするメディアには痩身のあるいは屈強なキャラクターが登場し、それによる理想の容姿の構築は幼少期から始まる。これは、テレビのコンテンツにも（Hayes and Tantleff-Dunn, 2010、Herbozo et al., 2004）、デジタルコンテンツにも（Slater et al., 2017、Tiggemann and Miller, 2010）、また、人形やアクションフィギュアのような玩具にもみられる（Boyd and Murnen,

2017）。加えて、これらのイメージは、そのような容姿をさらに実現不可能なものにするデジタル処理をほぼ例外なく施されている。子ども向けのメディアコンテンツで描かれる人物はきわめて非現実的な容姿を持つ。

　メディアで表現される体重や体型は、ボディイメージに影響すると考えられる重要な側面のひとつである。しかし、メディアがボディイメージに負の影響を及ぼすとみられる重要な経路はもうひとつ存在する。それは、子どもや青少年も含めた性的対象化と客体化である。つまり、客体化説において説明される、人をモノ化することによる主体性の剝奪である（Fredrickson and Roberts, 1997）。子どもや青少年向けのメディアコンテンツを分析した結果、それらの年齢層を対象とするテレビコンテンツには、高い確率でキャラクターの性的対象化と客体化が認められた（Malacane and Martins, 2016、Ward, Moorman and Grower, 2018）。

メディアメッセージ：性的対象化された痩身の称賛と体重バイアスの存在

　メディアコンテンツはイメージそのものだけでなく、多くの強力なメッセージを作り出す。「理想の容姿を追求することは重要であり、それによって正の成果が期待される。しかし、失敗すると負の結果に陥る」などのメッセージを伝える。メディアコンテンツは容姿を自尊心の中心とする考えを強化し、容姿がいかに優先されるかを示す。たとえば、子どもたちに人気のある10本のテレビ番組シリーズを分析した結果、魅力は痩身のキャラクターとのみ相関していた（Tzoutzou, Bathrellou and Matalas, 2020）。また、2004年から2016年に発表された子ども向けのアニメーションビデオを分析したところ、容姿と関連するコンテンツが多く、男性にはたくましさが重要であるとするメッセージが増加していた（Harriger et al., 2018）。

　さらに、デジタルコンテンツのストーリーでは、容姿が理想像に近いキャラクターはポジティブな性格を付与され、社会的な理想から遠い容姿のキャラクターはネガティブな性格を付与されていた。この現象は「美は善なり」の固定観念の表れとされる（Rodgers, Campagna and Attawala, 2019）。たとえば、子ども向けの人気ビデオを分析すると、その大多数（84%）において、女性の身体的魅力は、社交性、優しさ、幸福、成功と関連していた（Herbozo et al.,

2004)。これらの調査結果は、子ども向けメディアコンテンツの容姿のメッセージには性差が存在することも示している。同様に、子どもを対象とする宣伝広告を分析すると、少女の描写は男子以上に容姿に関連しており、性的対象化される傾向にあった（Kim, Ahn and Lee, 2016）。したがって、メディアが構築する容姿の理想像には性差が存在し、とりわけ少女や若い女性に対する束縛が強く、幼少期から過度に自尊心と結びついている。

　対照的に理想の容姿を満たさない人物は、メディアコンテンツにおいてネガティブな特性や特徴を付与されている（Ata and Thompson, 2010）。たとえば、体重の重いキャラクターは邪悪で、魅力がなく、非友好的で残虐な存在として描かれる（Herbozo et al., 2004）。さらに、青少年を対象とする多くのテレビ番組では体重スティグマ（体重をめぐる不名誉な烙印）がみられ、その割合は一般人口向けの番組よりも高かった（Eisenberg et al., 2014）。メディアは、理想的な容姿の達成は社会的報酬をもたらし、社会的排除やスティグマを回避するという期待を生み出すことによって、非現実的な体型や体格を望む気持ちを強めている。

第5節 ▎ メディアとボディイメージの関係を示す 実証的エビデンス

子ども

　子どもによるメディア消費は増加しているにもかかわらず、メディアが子どものボディイメージに及ぼす影響に注目した研究はまだかなり少ない。とはいえ、女子については、メディアへの曝露とボディイメージの低さとの関連を指摘する研究が増えている。それによると、メディアへの曝露は6歳の女子の身体不満足感と相関していた（Dohnt and Tiggemann, 2006）。同様に、6〜9歳の女子において、性的対象化がみられるメディアコンテンツへの曝露（テレビ、雑誌）は、性的な服装を好むことを介して自己の性的対象化と関連していた。そしてこれは身体不満足感と関連していた（Slater and Tiggemann, 2016）。さらに、玩具への曝露を用いた実験的研究から得られたエビデンスによると、理想的な容姿の人形は女子のボディイメージに負の影響を及ぼす可能

性がある（Dittmar, Halliwell and Ive, 2006）。8〜9歳の女子では、容姿中心のデジタルゲームを10分間行うことは、そうではないゲームを行うことに比べて、身体不満足感が大きかった（Slater et al., 2017）。したがって、女子におけるメディアの利用や曝露と、ボディイメージの低さとの間には相関関係が存在するとみられる。男子については、メディア消費とボディイメージに関するデータが全体として不足している。しかし長期的研究によって、平均8歳の男子について、ビデオゲーム雑誌への曝露とその後のたくましさへの拘泥の間に関連性が指摘されている（Harrison and Bond, 2007）。

青少年

　青少年女子におけるメディアとボディイメージの相関関係を調査した実証的研究は数が多く、メディア利用の多さはボディイメージの低さと関連していることが指摘されている（Levine and Murnen, 2009）。しかし、一部の長期的な実験的研究では、両者の関係のみならず、メディア曝露がボディイメージの低さのリスク因子として働くことも指摘されている。すなわち、ソーシャルメディアを含むメディアの利用は、身体不満足や身体懸念の経時的増加（Schooler, 2008、Tiggemann and Slater, 2016）、及び、ボディイメージ懸念が行動に表れた摂食障害（Harrison and Hefner, 2006）の予測因子であることが見出されている。ただし、これらの調査結果は必ずしも確認されておらず、一部の前方向視的研究では、メディアの利用や曝露とボディイメージの間に相関関係が見出されなかった（Clark and Tiggemann, 2008、Presnell, Bearman and Stice, 2004）。経時的研究だけでなく、メタ分析も行われている。それによると、青少年女子が痩身の理想像に曝露されることは、身体不満足感に有意な影響を及ぼすが、成人女性の場合はその影響が小さいことが実験的研究によって確認されている（Groesz, Levine and Murnen, 2001）。

　青少年男子に関する研究は女子の研究よりも遅れているが、相関研究によって、ソーシャルメディアの利用も含めて（Rousseau, Eggermont and Frison, 2017）、メディアの利用や曝露とボディイメージ懸念（Rousseau and Eggermont, 2017）、及び性的対象化行動（Trekels et al., 2018）の間に横断的関係が指摘されている。また、数は少ないものの若干の長期的研究によって、メディアの利用や曝露が、男子

において、経時的なボディイメージの低さの予測因子となることが示されている。メディアからの圧力、特にたくましさと関連する心理的圧力は、摂食障害、非機能的運動行動、不健全な身体変化行動の増加の予測因子とみなされる（McCabe and Ricciardelli, 2005）。男女混合の大規模標本において、自己報告による子ども向けメディア消費の多さは、魅力を利点と考えること、理想の痩身の内面化、およびそれを介した容姿に関する非機能的な信念の増加と関連していた（Trekels and Eggermont, 2016）。加えて、これらの関係は、男女のそれぞれに存在することが見出された。

　これらの研究のほとんどが相関研究であり、それらの関係の方向性や因果関係を示すものではない。しかし、少数の長期的研究、青少年や成人を対象とする実験的研究、メディアがボディイメージに果たす役割に関する個人の認識を説明する質的研究によって、因果関係を示す正式なエビデンスとはいえないまでも、メディア利用がリスク因子であることを示す強いエビデンスが提供されている（Levine and Murnen, 2009）。

第６節　　メディア利用とボディイメージの関係の調節因子

　子どもにおけるメディア利用とボディイメージの関係を検証した諸研究の結果のばらつきと、生物・心理・社会モデルによる予測は、この関係を多くの因子が調節している可能性を示唆している。とりわけ多く考察されている因子は、メディア形式、メディアコンテンツ、個人特性である。

メディア形式：ソーシャルメディアの台頭

　現代の子どもや青少年が消費するメディアはほとんどがスクリーンメディアである。しかし、スクリーンメディアの形式によって双方向性のレベルに差があり、描かれる人物への親近感にも差のあることが示唆されている。ソーシャルメディアはユーザーが生み出すコンテンツと商業的に生み出されたコンテンツを含み、高い双方向性を持つメディア形式である。そのため、ボディイメージへの影響力が強いと考えられる。つまり、ソーシャルメディアは子どもや青

少年の関与が大きいだけでなく、何らかの意図をもって生み出され提示される
コンテンツは、たとえそれが同年齢のユーザーの投稿であっても批判的に評価
することが難しい（Rodgers, 2015）。たいていの子どもや青少年は、有名人や
インフルエンサーとは異なり、投稿したコンテンツの視聴者や「いいね」をク
リックした人々から直接的な利益を得ることはない。しかしそれでもなお、何
らかの動機、一般的には自身の人気を高めたいという社会的動機に基づいて、
コンテンツの投稿がなされている。

　ソーシャルメディアには、容姿の比較を促すような画像も含めて、容姿関連
のコンテンツが高い割合で含まれ、選択と編集を介して理想の容姿が提示され
ている（McLean, Jarman and Rodgers, 2019）。そのような画像が容姿の比較
を促す可能性が高いのは、比較にふさわしい対象（その人が属する「集団」に
おいて理想とされる人）を描いているとみなされ、イメージの焦点が容姿にあ
るからである。さらに、ソーシャルメディアは自画像を撮影してシェアするこ
とを促す。これは、仲間の容姿や社会的な美の基準に照らして自分の容姿を評
価するプロセスを促進する可能性がある。自画像を大幅に編集して現実にそぐ
わないオンラインの自己像を生み出すこともあるが、それによってボディイメ
ージ懸念はさらに増大して居座り続ける。また、容姿を焦点とするソーシャル
メディアにおいて容姿関連のフィードバックを受け取り、他者と交流すること
は、アイデンティティと自尊心における容姿の中心性を強化する可能性があ
る。

　子どもと青少年におけるソーシャルメディアの利用とボディイメージ成果が
関連していることは、すでに諸研究によって示されている（Holland and
Tiggemann, 2016、Saiphoo and Vahedi, 2019）。今のところその大半は横断研
究である。しかし少数の研究によって、青少年におけるソーシャルメディアの
利用とボディイメージ懸念の間に、経時的な双方向の関係が存在する可能性が
示唆されている（Tiggemann and Slater, 2016、Rousseau, Eggermont and
Frison, 2017）。さらに、他者の自画像を見たり、自画像を撮影したりしてソー
シャルメディアとかかわることは、青少年のボディイメージ懸念の強さと関連
していることも示唆されている（McLean et al., 2019）。

メディアコンテンツ

　子どもと青少年におけるメディア利用とボディイメージの関係の調節因子として、メディアコンテンツも検証されている。ボディイメージとの関係の強さや方向が、視聴するコンテンツのタイプによって異なるかどうかが、特に容姿重視のコンテンツを焦点として研究されている。メディアのいたるところに理想の容姿が存在することを考えると、生態学的に妥当な方法でコンテンツのタイプを切り分けることは難しい。しかしこの問題に対して、相関研究では、あるタイプのメディアへの曝露や（雑誌、ある種のテレビ番組など）、あるプラットフォームや活動への関与に絞って調査され、実験的研究では、容姿中心のコンテンツか他のタイプのコンテンツ（旅行画像など）に曝すという方法がとられてきた。

　これらの研究結果を総合的にみると、容姿中心のメディアコンテンツはボディイメージにとって最も有害である（Holland and Tiggemann, 2016、Levine and Murnen, 2009、Saiphoo and Vahedi, 2019）。特に、ソーシャルメディアにおける写真中心の活動などに積極的に関与しているとその害は大きい（Mingoia et al., 2019）。さらに、双方向性を持つオンラインメディアには、ユーザーの関心を特定するアルゴリズムが組み込まれており、それによって個別化されたコンテンツが提供される（主に利益を得る目的で）。そのようなプロセスは、容姿中心のコンテンツに関与する子どもをさらに容姿中心のコンテンツに曝して、容姿へのこだわりを強化する可能性が高い。

個人特性

　生物・心理・社会モデルによって予測されていたように（Rodgers, Paxton and McLean, 2013）、性別や年齢などの個人特性もメディア利用とボディイメージの関係の調節因子として働く。すでに述べたように、理想の容姿には性差があり、女子の場合はやせていること、男子の場合はたくましさが重視される。容姿への投資を強いる圧力は女子のほうが強い。これに合わせて、メディアの利用や曝露とボディイメージ成果との関係は、男子よりも女子のほうが強いことも見出されている（Hargreaves and Tiggemann, 2004、Rodgers, Paxton and Chabrol, 2009、McCabe and Ricciardelli, 2003）。しかし、特に最近の研究では男女の差よりも類似性が示唆されている（Trekels and

Eggermont, 2017、Vandenbosch and Eggermont, 2016)。

　年齢と成長段階も、メディア利用とボディイメージの関係の調節因子として考慮するべき重要な要素であろう。年齢も成長段階もメディア利用とボディイメージの関係に影響する。第一に、メディアからの圧力のとらえ方とメディアメッセージに対する抵抗力に影響を及ぼす。第二に、子ども時代と青少年時代を通じて身体が変化する（理想の容姿に近づくこともあれば遠ざかることもある）。したがって、ソーシャルメディアがボディイメージに及ぼす影響に対して最も脆弱であるのは、思春期前までの子どもかもしれない（Saiphoo and Vahedi, 2019)。ボディイメージへの影響の点で最も重要な成長段階を見極めるには今後の調査が必要である。

　メディアがボディイメージに及ぼす影響の調節因子には、容姿とその重要性に関する個人の考え方や、ボディイメージに対してすでに抱いている懸念のレベルなどの心理的変数もある。そして、すでに有している懸念が大きければきわめて脆弱であると考えられる（Want, 2009)。また、青少年がメディアの刺激に注意を払う方法や処理する方法も、脆弱性を左右する重要な因子であると考えられ、今後の調査を必要とする（Rodgers and DuBois, 2016)。

メディアリテラシー

　前述の個人特性は、主としてメディアの影響に対する感受性を増大させるものが取り上げられている。これに対して、メディアの影響を防御する特性も調査されている。特に注目されている因子はメディアリテラシー（ソーシャルメディアに関してはソーシャルメディアリテラシー）である（McLean, Paxton and Wertheim, 2016)。メディアリテラシーとは、メディアコンテンツを批判的に評価する能力を指す。つまり、メディアメッセージの影響から利益を得るのは誰であるかを念頭に置いて、イメージやメッセージを受け取る力を指す。若者のメディアリテラシーのさまざまな側面とボディイメージの関係に関する調査からは、一貫した結果が得られていない（McLean, Paxton and Wertheim, 2016、Rodgers, McLean and Paxton, 2018)。しかし、メディアリテラシーの向上を目的とした介入プログラムが開発され、現時点では効果を上げている（McLean, Paxton and Wertheim, 2016、Gordon et al., 2020、McLean et al., 2017)。

第７節　メディアがボディイメージに影響する　メカニズムを説明する

　メディア利用によるボディイメージへの影響を調査する手がかりとして、経路とメカニズムを説明する概念的枠組みがある。仮説とはいえそれらのメカニズムは実証的に検証され、ある程度の裏付けを得ている。したがって、メディアの利用がボディイメージに影響する方法と理由を理解することに役立つであろう。

社会文化的理論

　社会文化的理論によると、メディアによって設定された理想の容姿とそれに付随する期待を自分自身の基準として採用し（理想の容姿の内面化）、容姿を比較して好ましくない結果が得られると身体不満足感が生まれる（Keery, Van den Berg and Thompson, 2004）。理想の容姿の内面化と容姿の比較が、メディアの利用や曝露とボディイメージの関係の媒介因子として働くという考えは、横断研究だけでなく（Keery, Van den Berg and Thompson, 2004、Knauss, Paxton and Alsaker, 2008）、長期的研究や実験的研究によっても裏付けられている（Hargreaves and Tiggemann, 2004、Rodgers, McLean and Paxton, 2015）。

　重要なことは、メディアの影響は、子どもの対人環境も含めて広い社会文化的背景の内に存在していることである。メディアメッセージは友人や親によって伝達され、増幅される可能性がある反面、緩衝される可能性もある（Nathanson and Botta, 2003）。たとえば、友人同士の会話とメディアメッセージの内面化は経時的に強化し合い、子ども向けテレビへの曝露とボディイメージ成果の関係の媒介因子として機能することが示されている（Rousseau and Eggermont, 2017）。また、親が固定観念的な強い性規範を有していると、子ども向けテレビへの曝露が青少年男子のボディイメージ関連の変数に及ぼす影響が最も大きくなることが判明している（Rousseau, Rodgers and Eggermont, 2018）。

客体化説

　客体化説は、メディアにおいて性的対象化され客体化されたイメージに曝され、自分の体を外面化された評価的観点からみるようになることが（自己客体化）、ボディイメージ懸念を生むと考える（Fredrickson and Roberts, 1997）。メディア曝露と自己客体化の間には横断的（Vandenbosch et al., 2015）及び経時的（Vandenbosch and Eggermont, 2016）関連性があることも示唆されている。したがって、性的対象化されたイメージは子どもや青少年のボディイメージに対して有害であると考えられ、客体化説は今後の調査にとって有用な枠組みを提供する。

第8節　結び

　まとめると、子どものメディア利用は、非現実的な理想の容姿への曝露とそれに伴う社会的期待、及びメディアにおける個人の性的対象化を介して、ボディイメージと関連すると考えられる。増加しつつある青少年によるソーシャルメディアの利用も、同様の経路でボディイメージと関連していることが示されている。しかし、ソーシャルメディアには双方向性などの固有の特徴があり、そのためまだ十分に説明されていない経路がほかにも存在する可能性がある。重要なことは、これらの関係の質が個人特性、メディアコンテンツ、メディア形式によって左右されることである。これらの要素が調節因子として働くことはすでに報告されている。したがって、青少年をメディアの影響から守るプログラムを普及させるとともに（Richardson and Paxton, 2009）、メディアコンテンツ、特に青少年をターゲットとするコンテンツの変化を促すことが重要である（Bell, Rodgers and Paxton, 2017）。

参考文献・資料

Ata, R. and J. Thompson (2010), "Weight bias in the media: A review of recent research", *Obesity Facts*, Vol. 3/1, pp. 41-46, http://dx.doi.org/10.1159/000276547.

Bell, M., R. Rodgers and S. Paxton (2017), "Towards successful evidence-based universal eating disorders prevention: The importance of zooming out", *Eating Behaviors*, Vol. 25, pp. 89-92, http://dx.doi.org/10.1016/j.eatbeh.2016.10.012.

Boyd, H. and S. Murnen (2017), "Thin and sexy vs. muscular and dominant: Prevalence of gendered body ideals in popular dolls and action figures", *Body Image*, Vol. 21, pp. 90-96, http://dx.doi.org/10.1016/j.bodyim.2017.03.003.

Clark, L. and M. Tiggemann (2008), "Sociocultural and individual psychological predictors of body image in young girls: A prospective study", *Developmental Psychology*, Vol. 44/4, pp. 1124-1134, http://dx.doi.org/10.1037/0012-1649.44.4.1124.

Clark, L. and M. Tiggemann (2006), "Appearance Culture in Nine- to 12-Year-Old Girls: Media and Peer Influences on Body Dissatisfaction", *Social Development*, Vol. 15/4, pp. 628-643, http://dx.doi.org/10.1111/j.1467-9507.2006.00361.x.

Damiano, S. et al. (2015), "Dietary restraint of 5-year-old girls: Associations with internalization of the thin ideal and maternal, media, and peer influences", *International Journal of Eating Disorders*, Vol. 48/8, pp. 1166-1169, http://dx.doi.org/10.1002/eat.22432.

Dion, J. et al. (2016), "Correlates of body dissatisfaction in children", *The Journal of Pediatrics*, Vol. 171, pp. 202-207, http://dx.doi.org/10.1016/j.jpeds.2015.12.045.

Dittmar, H., E. Halliwell and S. Ive (2006), "Does barbie make girls want to be thin? The effect of experimental exposure to images of dolls on the body image of 5- to 8-year-old girls", *Developmental Psychology*, Vol. 42/2, pp. 283-292, http://dx.doi.org/10.1037/0012-1649.42.2.283.

Dohnt, H. and M. Tiggemann (2006), "The contribution of peer and media influences to the development of body satisfaction and self-esteem in young girls: A prospective study", *Developmental Psychology*, Vol. 42/5, pp. 929-936, http://dx.doi.org/10.1037/0012-1649.42.5.929.

Eisenberg, M. et al. (2014), "A content analysis of weight stigmatization in popular television programming for adolescents", *International Journal of Eating Disorders*, Vol. 48/6, pp. 759-766, http://dx.doi.org/10.1002/eat.22348.

Fredrickson, B. and T. Roberts (1997), "Objectification theory: Toward understanding women's lived experiences and mental health risks", *Psychology of Women Quarterly*, Vol. 21/2, pp. 173-206, http://dx.doi.org/10.1111/j.1471-6402. 1997.tb00108.x.

Gordon, C. et al. (2020), "A cluster randomized controlled trial of the SoMe social media literacy body image and wellbeing program for adolescent boys and girls: Study protocol", *Body Image*, Vol. 33, pp. 27-37, http://dx.doi.org/10.1016/j. bodyim.2020.02.003.

Groesz, L., M. Levine and S. Murnen (2001), "The effect of experimental presentation of thin media images on body satisfaction: A meta-analytic review", *International Journal of Eating Disorders*, Vol. 31/1, pp. 1-16, http://dx.doi.org/ 10.1002/eat.10005.

Hargreaves, D. and M. Tiggemann (2004), "Idealized media images and adolescent body image: "comparing" boys and girls", *Body Image*, Vol. 1/4, pp. 351-361, http://dx.doi.org/10.1016/j.bodyim.2004.10.002.

Harriger, J. et al. (2018), "Appearance-related themes in children's animated movies released between 2004 and 2016: A content analysis", *Body Image*, Vol. 26, pp. 78-82, http://dx.doi.org/10.1016/j.bodyim.2018.06.004.

Harrison, K. and B. Bond (2007), "Gaming magazines and the drive for muscularity in preadolescent boys: A longitudinal examination", *Body Image*, Vol. 4/3, pp. 269-277, http://dx.doi.org/10.1016/j.bodyim.2007.03.003.

Harrison, K. and V. Hefner (2006), "Media Exposure, current and future body ideals, and disordered eating among preadolescent girls: A longitudinal panel study", *Journal of Youth and Adolescence*, Vol. 35/2, pp. 146-156, http://dx.doi.org/ 10.1007/s10964-005-9008-3.

Hayes, S. and S. Tantleff-Dunn (2010), "Am I too fat to be a princess? Examining the effects of popular children's media on young girls' body image", *British Journal of Developmental Psychology*, Vol. 28/2, pp. 413-426, http://dx.doi.org/10.1348/ 026151009x424240.

Herbozo, S. et al. (2004), "Beauty and thinness messages in children's media: A content analysis", *Eating Disorders*, Vol. 12/1, pp. 21-34, http://dx.doi.org/ 10.1080/10640260490267742.

Holland, G. and M. Tiggemann (2016), "A systematic review of the impact of the use of social networking sites on body image and disordered eating outcomes", *Body Image*, Vol. 17, pp. 100-110, http://dx.doi.org/10.1016/j.bodyim.2016.02.008.

Keery, H., P. Van den Berg and J. Thompson (2004), "An evaluation of the Tripartite Influence Model of body dissatisfaction and eating disturbance with adolescent girls", *Body Image*, Vol. 1/3, pp. 237-251, http://dx.doi.org/10.1016/j.bodyim.2004.03.001.

Keeton, W., T. Cash and T. Brown (1990), "Body image or body images?: Comparative, multidimensional assessment among college students", *Journal of personality assessment, 54(1-2)*, pp. 213-230.

Kim, H., J. Ahn and D. Lee (2016), "Thin female characters in children's television commercials: A content analysis of gender stereotype", *American Communication Journal, 18(2)*.

Knauss, C., S. Paxton and F. Alsaker (2008), "Body dissatisfaction in adolescent boys and girls: Objectified body consciousness, internalization of the media body ideal and perceived pressure from media", *Sex Roles*, Vol. 59/9-10, pp. 633-643, http://dx.doi.org/10.1007/s11199-008-9474-7.

Levine, M. and S. Murnen (2009), ""Everybody knows that mass media are/are not [pick one] a cause of eating disorders": A critical review of evidence for a causal link between media, negative body image, and disordered eating in females", *Journal of Social and Clinical Psychology*, Vol. 28/1, pp. 9-42, http://dx.doi.org/10.1521/jscp.2009.28.1.9.

Malacane, M. and N. Martins (2016), "Sexual socialization messages in television programming produced for adolescents", *Mass Communication and Society*, Vol. 20/1, pp. 23-46, http://dx.doi.org/10.1080/15205436.2016.1203436.

McCabe, M. and L. Ricciardelli (2005), "A prospective study of pressures from parents, peers, and the media on extreme weight change behaviors among adolescent boys and girls", *Behaviour Research and Therapy*, Vol. 43/5, pp. 653-668, http://dx.doi.org/10.1016/j.brat.2004.05.004.

McCabe, M. and L. Ricciardelli (2001), "The structure of the perceived sociocultural influences on body image and body change questionnaire", *International Journal of Behavioral Medicine*, Vol. 8/1, pp. 19-41, http://dx.doi.org/10.1207/s15327558ijbm0801_02.

McCabe, M. and L. Ricciardelli (2003), "Sociocultural influences on body image and body changes among adolescent boys and girls", *The Journal of Social Psychology*, Vol. 143/1, pp. 5-26, http://dx.doi.org/10.1080/00224540309598428.

McKinley, N. and J. Hyde (1996), "The objectified body consciousness scale",

Psychology of Women Quarterly, Vol. 20/2, pp. 181-215, http://dx.doi.org/10.1111/j.1471-6402.1996.tb00467.x.

McLean, S., H. Jarman and R. Rodgers（2019）, "How do "selfies" impact adolescents' well-being and body confidence? A narrative review", *Psychology Research and Behavior Management*, Vol. Volume 12, pp. 513-521, http://dx.doi.org/10.2147/prbm.s177834.

McLean, S., S. Paxton and E. Wertheim（2016）, "The role of media literacy in body dissatisfaction and disordered eating: A systematic review", *Body Image*, Vol. 19, pp. 9-23, http://dx.doi.org/10.1016/j.bodyim.2016.08.002.

McLean, S. et al.（2017）, "A pilot evaluation of a social media literacy intervention to reduce risk factors for eating disorders", *International Journal of Eating Disorders*, Vol. 50/7, pp. 847-851, http://dx.doi.org/10.1002/eat.22708.

McLean, S., E. Wertheim and S. Paxton（2018）, "Preferences for being muscular and thin in 6-year-old boys", *Body Image*, Vol. 26, pp. 98-102, http://dx.doi.org/10.1016/j.bodyim.2018.07.003.

Mingoia, J. et al.（2019）, "The relationship between posting and photo manipulation activities on social networking sites and internalization of a tanned ideal among australian adolescents and young adults", *Social Media + Society*, Vol. 5/1, p. 205630511882041, http://dx.doi.org/10.1177/2056305118820419.

Nathanson, A. and R. Botta（2003）, "Shaping the effects of television on adolescents' body image disturbance", *Communication Research*, Vol. 30/3, pp. 304-331, http://dx.doi.org/10.1177/0093650203030003003.

Neumark-Sztainer, D. et al.（2006）, "Does body satisfaction matter? Five-year longitudinal associations between body satisfaction and health behaviors in adolescent females and males", *Journal of Adolescent Health*, Vol. 39/2, pp. 244-251, http://dx.doi.org/10.1016/j.jadohealth.2005.12.001.

Paxton, S. and S. Damiano（2017）, "The development of body image and weight bias in childhood", in *Advances in Child Development and Behavior*, Elsevier, http://dx.doi.org/10.1016/bs.acdb.2016.10.006.

Piran, N.（2017）, *Journeys of embodiment at the intersection of body and culture: The developmental theory of embodiment*, Academic Press.

Presnell, K., S. Bearman and E. Stice（2004）, "Risk factors for body dissatisfaction in adolescent boys and girls: A prospective study", *International Journal of Eating Disorders*, Vol. 36/4, pp. 389-401, http://dx.doi.org/10.1002/eat.20045.

Ricciardelli, L. et al. (2009), "Body image in preadolescent boys", in *Body image, eating disorders, and obesity in youth: Assessment, prevention, and treatment*, American Psychological Association

Richardson, S. and S. Paxton (2009), "An evaluation of a body image intervention based on risk factors for body dissatisfaction: A controlled study with adolescent girls", *International Journal of Eating Disorders*, pp. NA-NA, http://dx.doi.org/10.1002/eat.20682.

Rodgers, R. (2015), "The relationship between body image concerns, eating disorders and internet use, part II: An integrated theoretical model", *Adolescent Research Review*, Vol. 1/2, pp. 121-137, http://dx.doi.org/10.1007/s40894-015-0017-5.

Rodgers, R., J. Campagna and R. Attawala (2019), "Stereotypes of physical attractiveness and social influences: The heritage and vision of Dr. Thomas Cash", *Body Image*, Vol. 31, pp. 273-279, http://dx.doi.org/10.1016/j.bodyim.2019.01.010.

Rodgers, R. and R. DuBois (2016), "Cognitive biases to appearance-related stimuli in body dissatisfaction: A systematic review", *Clinical Psychology Review*, Vol. 46, pp. 1-11, http://dx.doi.org/10.1016/j.cpr.2016.04.006.

Rodgers, R., S. McLean and S. Paxton (2018), "When seeing is not believing: An examination of the mechanisms accounting for the protective effect of media literacy on body image", *Sex Roles*, Vol. 81/1-2, pp. 87-96, http://dx.doi.org/10.1007/s11199-018-0973-x.

Rodgers, R., S. McLean and S. Paxton (2015), "Longitudinal relationships among internalization of the media ideal, peer social comparison, and body dissatisfaction: Implications for the tripartite influence model", *Developmental Psychology*, Vol. 51/5, pp. 706-713, http://dx.doi.org/10.1037/dev0000013.

Rodgers, R., S. Paxton and H. Chabrol (2009), "Depression as a moderator of sociocultural influences on eating disorder symptoms in adolescent females and males", *Journal of Youth and Adolescence*, Vol. 39/4, pp. 393-402, http://dx.doi.org/10.1007/s10964-009-9431-y.

Rodgers, R., S. Paxton and S. McLean (2013), "A Biopsychosocial model of body image concerns and disordered eating in early adolescent girls", *Journal of Youth and Adolescence*, Vol. 43/5, pp. 814-823, http://dx.doi.org/10.1007/s10964-013-0013-7.

Rousseau, A. and S. Eggermont (2017), "Tween television and peers: Reinforcing social agents in early adolescents' body surveillance and self-objectification", *Journal of Research on Adolescence*, Vol. 28/4, pp. 807-823, http://dx.doi.org/ 10.1111/jora.12367.

Rousseau, A., S. Eggermont and E. Frison (2017), "The reciprocal and indirect relationships between passive Facebook use, comparison on Facebook, and adolescents' body dissatisfaction", *Computers in Human Behavior*, Vol. 73, pp. 336-344, http://dx.doi.org/10.1016/j.chb.2017.03.056.

Rousseau, A., R. Rodgers and S. Eggermont (2018), "A short-term longitudinal exploration of the impact of TV exposure on objectifying attitudes toward women in early adolescent boys", *Sex Roles*, Vol. 80/3-4, pp. 186-199, http:// dx.doi.org/10.1007/s11199-018-0925-5.

Saiphoo, A. and Z. Vahedi (2019), "A meta-analytic review of the relationship between social media use and body image disturbance", *Computers in Human Behavior*, Vol. 101, pp. 259-275, http://dx.doi.org/10.1016/j.chb.2019.07.028.

Schooler, D. (2008), "Real women have curves", *Journal of Adolescent Research*, Vol. 23/2, pp. 132-153, http://dx.doi.org/10.1177/0743558407310712.

Slater, A. et al. (2017), "More than just child's play?: An experimental investigation of the impact of an appearance-focused internet game on body image and career aspirations of young girls", *Journal of Youth and Adolescence*, Vol. 46/9, pp. 2047-2059, http://dx.doi.org/10.1007/s10964-017-0659-7.

Slater, A. and M. Tiggemann (2016), "Little girls in a grown up world: Exposure to sexualized media, internalization of sexualization messages, and body image in 6–9 year-old girls", *Body Image*, Vol. 18, pp. 19-22, http://dx.doi.org/10.1016/j. bodyim.2016.04.004.

Spiel, E., S. Paxton and Z. Yager (2012), "Weight attitudes in 3- to 5-year-old children: Age differences and cross-sectional predictors", *Body Image*, Vol. 9/4, pp. 524-527, http://dx.doi.org/10.1016/j.bodyim.2012.07.006.

Stice, E. et al. (2017), "Risk factors that predict future onset of each DSM–5 eating disorder: Predictive specificity in high-risk adolescent females", *Journal of Abnormal Psychology*, Vol. 126/1, pp. 38-51, http://dx.doi.org/10.1037/ abn0000219.

Tiggemann, M. and J. Miller (2010), "The internet and adolescent girls' Weight satisfaction and drive for thinness", *Sex Roles*, Vol. 63/1-2, pp. 79-90, http:// dx.doi.org/10.1007/s11199-010-9789-z.

Tiggemann, M. and A. Slater (2016), "Facebook and body image concern in adolescent girls: A prospective study", *International Journal of Eating Disorders*, Vol. 50/1, pp. 80-83, http://dx.doi.org/10.1002/eat.22640.

Trekels, J. and S. Eggermont (2017), ""I can/should look like a media figure": The association between direct and indirect media exposure and teens' sexualizing appearance behaviors", *The Journal of Sex Research*, Vol. 55/3, pp. 320-333, http://dx.doi.org/10.1080/00224499.2017.1387754.

Trekels, J. and S. Eggermont (2016), "Beauty is good: the appearance culture, the internalization of appearance ideals, and dysfunctional appearance beliefs among tweens", *Human Communication Research*, Vol. 43/2, pp. 173-192, http://dx.doi.org/10.1111/hcre.12100.

Trekels, J. et al. (2018), "How social and mass media relate to youth's self-sexualization: Taking a cross-national perspective on rewarded appearance ideals", *Journal of Youth and Adolescence*, Vol. 47/7, pp. 1440-1455, http://dx.doi.org/10.1007/s10964-018-0844-3.

Tylka, T. and N. Wood-Barcalow (2015), "What is and what is not positive body image? Conceptual foundations and construct definition", *Body Image*, Vol. 14, pp. 118-129, http://dx.doi.org/10.1016/j.bodyim.2015.04.001.

Tzoutzou, M., E. Bathrellou and A. Matalas (2020), "Body weight of cartoon characters in children series is associated to food consumption, attractiveness, and physical activity engagement", *International Journal of Behavioral Medicine*, http://dx.doi.org/10.1007/s12529-020-09911-7.

Vandenbosch, L. and S. Eggermont (2016), "The interrelated roles of mass media and social media in adolescents' development of an objectified self-concept", *Communication Research*, Vol. 43/8, pp. 1116-1140, http://dx.doi.org/10.1177/0093650215600488.

Vandenbosch, L. et al. (2015), "Sexualizing reality television: Associations with trait and state self-objectification", *Body Image*, Vol. 13, pp. 62-66, http://dx.doi.org/10.1016/j.bodyim.2015.01.003.

Want, S. (2009), "Meta-analytic moderators of experimental exposure to media portrayals of women on female appearance satisfaction: Social comparisons as automatic processes", *Body Image*, Vol. 6/4, pp. 257-269, http://dx.doi.org/10.1016/j.bodyim.2009.07.008.

Ward, L., J. Moorman and P. Grower (2018), "Entertainment media's role in the sexual socialization of western youth", in *The Cambridge Handbook of Sexual Development*, Cambridge University Press, http://dx.doi.org/10.1017/9781108116121.021.

第8章

薬物使用による認知能力の向上

セバスチャン・ザットラー

　本章では、子どもの認知能力の向上をねらいとする、医学的には不要な処方薬の使用を検証する。このいわゆる「認知増強薬」は、倫理的及び社会的懸念を生んでいる。広く普及しているとまではいえないものの、無視できない数の子どもたちが副作用の恐れに直面している。また、そのような薬剤の投与や摂取を迫られているように感じる親子もいる。まずこの行為を定義し、影響を説明したのちに、この行為が倫理的に肯定されるものか、否定されるものかを論じる。次に、この現象の普及状況を概観し、それに対する親や子の考え方、そのような薬の使用の決定に影響を及ぼす因子について検討する。最後に、危険性の高い使用を避ける方法と、研究における重大な空白領域を指摘する。

第1節 ┃ 序論

　10歳の子どもの親を想像してほしい。子どもの学校の成績に不満を感じて、医者へ連れていき、成績の悪さが病気のせいかどうか調べてもらう。しかし医者は、子どもはどこも悪くないと明言した。不満を抱えた親はインターネットで検索して、子どもの学校の成績を上げるために薬を飲ませる話を見つけた。親は、医学的に必要のない薬を処方してくれるという噂の医者を探し当て、薬の処方を求めた。

　この短いエピソードは「認知増強薬（PCE）」、一般的には「スタディエイド」「スマートドラッグ」「ホームワークドラッグ」と呼ばれる薬物の利用を説明している。本章は子どもにおけるPCEの使用を取り上げて、1）PCEとは何か、2）倫理的にどのように議論されているか、3）判明している普及度はどの程度か、4）使用の推進因子と緩和因子、5）リスクのある使用を防ぐ方法、6）今後の研究課題について論じる。本章でいう「子ども」とは18歳以下を指すが、一部のテーマについてはデータが不足しているため、18歳以上を対象とする研究も取り上げる。

第2節 ┃ 認知増強薬（PCE）とは何か、それは効くのか

　認知の増強は、短期及び長期記憶、集中力、意思決定力、覚醒などの認知機能を高めることを目的として行われる（Bostrom and Sandberg, 2009、Greely et al., 2008、Sahakian et al., 2015、Sattler, 2016）。「健康な人」の「正常な」「自然な」「平均的な」機能を超える増強を指すことも多い。つまり、「健康の維持や回復に必要な程度を超えた」介入を指すことも多い（Juengst, 1998, p. 29）。しかし、「正常」「自然」「平均」「健康」「健全」などの基準は変化するため、注意や学習能力などの認知的処理の境界線やグレーゾーンは移動する。もしかしたら、使用者の拡大をねらう製薬業界によって、意図的に移動させられ

ているのかもしれない。

　広く定義すると、認知の増強方法には、物質の使用、運動、瞑想、遺伝子の改変、記憶増進法、脳刺激がある（Coates McCall et al., 2019、Dresler et al., 2013）。処方薬の摂取は現在最も頻繁に議論されている増強方法であり（Nagel, 2019、O'Connor and Nagel, 2017、Sahakian et al., 2015、Schelle et al., 2014）、この章の論題でもある。PCEには、モダフィニル（商品名プロビジル®）、メチルフェニデート（リタリン®）、アンフェタミン - デキストロアンフェタミン（アデラール®）、及びドネペジル（アリセプト®）、β遮断薬（インデラル®）などの処方薬の認可外使用が含まれる。これらの薬品は、注意欠陥多動障害（ADHD）、睡眠障害、認知症、高血圧などの疾患を治療するために開発され、適応症への使用が認可されたものであって、PCEとしての使用は意図されていない。たとえば、ADHDと診断された子どもにこれらの薬品を使用することは、彼らを落ち着かせ、集中力を高める助けとなる。

　倫理的に問題があるため、これらの薬品が「健康な」子どもに及ぼす影響を調査した研究は（我々の知るかぎりでは）存在しない。しかし、年長者を対象とした研究やメタ分析によって、そのような薬品の使用が「健康な」人々の認知機能を増強することが示されている（Battleday and Brem, 2015、Caviola and Faber, 2015、Repantis, Laisney and Heuser, 2010、Smith and Farah, 2011）。効果の大きさは低〜中程度であり、薬のタイプ、用量、服用者の特性（薬剤への応答性など）、使用状況（取り組む課題など）、増強させたい認知機能によって異なる。効果は客観的に証明できず、主観的に知覚されるだけのこともある（つまり、プラセボ効果が存在する可能性がある）。したがって、ユーザーの期待が実際の効果を多少上回っていることもありうる。健康な大学生を対象とした予備研究によると、アデラールの投与後に一部の機能（注意力など）は向上し、一部の機能（ワーキングメモリー）は低下した（Weyandt et al., 2018）。

第3節 ┃ PCEをめぐる議論

　PCEは道徳的に受け入れられるものだろうか。それは人格にどのような影響を及ぼすのか。家庭教師を雇うことやコーヒーを飲むこととは違うのか。合法的にあるいは違法に誰が利益を得るのか。誰が害を受けるのか。このような疑問は答えることが難しく、長期的なPCEの使用について激しい倫理的議論が行われている。PCEに賛成するか、反対するか、受け入れるべきか、拒むべきかに関する一般的な議論もあれば、子どもに限定した議論もある。主張は次のカテゴリーに分けることが可能である（Dubljević, Sattler and Racine, 2018、Racine, Sattler and Boehlen, Under review）。

- **動作主関連の議論**：PCEは（非）使用者（つまり動作主）の特性や動機とどのように関連しているか
- **行為関連の議論**：PCEは正しい行いか、誤った行いか
- **結果関連の議論**：PCEは（非）使用者などに「良い」結果をもたらすのか、「悪い」結果をもたらすのか

　複数のカテゴリーにまたがる主張もあるが、本章では、子どものPCE利用の賛否をめぐる6つの一般的な主張に焦点を当てる（表8.1）。

表8.1　子どもの認知増強薬（PCE）利用に対する賛成意見と反対意見

	動作主関連	行為関連	結果関連
賛成	PCEは自信を高める。人類が次の段階に達することを助ける。	PCEは他の増強手段と等しいものであり、許されるべきである。成熟した青年には、PCEの利用を決定する自主性が与えられるべきである。	認知機能が高まる。社会的不平等が減少する。
反対	PCEは一般に価値があるとみられる人格特性に対する疑念を生む。対処や学習などのメタスキルの発達を抑制する。	PCEは公正を欠く不正行為である。正当な理由によって法的に禁止されている。	効能が未知であるため費用便益比が低い。有害な副作用のリスクがある。PCEの使用を強制する社会的圧力が発生する。

注：これは数多くの文献を著者が概括したものである。詳細はグラフら（Graf et al., 2013）などを参照されたい。

動作主関連の議論

　PCEは人間が「より優れた存在」になり、現在考えられている限界を乗り越えることを助ける手段とみられてきた。たとえば、人間はどれほど記憶できるのだろうか、どれほど集中していられるのだろうか、どれほど効率よく意思決定を行い、困難な環境に適応できるのだろうか（Bostrom and Sandberg, 2009）。良い記憶力を持つことは一般に価値があるとみられ、使用者にとって好ましい。そして実際に、人類の主要な特徴は、よりよい健康管理、ワクチン、食物によって歴史を通じて変化してきた。PCEをめぐるひとつの希望は、主体的に行動し複雑な判断を行う人間の能力を増幅させる可能性であり、その投与によって自信が向上するなど、使用者に利する性格特性の変化が生じる可能性である（Flanigan, 2013）。

　しかし、PCEは人格特性に対する疑念を生み、人格をむしばむ可能性がある。なぜなら、PCEの使用者にとっては、成功や失敗をもたらしたものが薬なのか人間なのかがあやふやになるからである（Graf et al., 2013）。PCEに反対するひとつの主張として、PCEが子どもの人格の他の要素を負の方向に変化させる可能性が挙げられる。つまり、薬に頼る子どもは、危機の克服などのメタスキルの訓練が不足すると考えられる。結果として自信、主体性、自律性が低下して、成長や達成が阻まれる可能性がある（Racine, Sattler and Boehlen, Under review、Sattler, 2016、Walcher-Andris, 2006）。

行為関連の議論

　PCEによる認知機能の増強は、家庭教師を雇ったりコーヒーを飲んだりすることと同じであり、認められるべきだという主張がある（Flanigan, 2013）。しかし、使用が負の結果を伴い、一般に承認されている他の選択肢が存在する以上、法的にも倫理的にもコーヒーや家庭教師と同等にみなすことはできない（Gaucher, Payot and Racine, 2013）。処方薬を合法的に手に入れるには処方箋が必要であると定められているのもこれが理由である（ただし、処方薬の構成要素は国によって違いがある）。

　PCEの支持者は、成熟した青少年には自分で決定する権利が与えられるべきであり、医学的自律が与えられるべきであると主張する（Flanigan, 2013）。

リスクと効果を理解する能力は年齢を重ねて成熟するとともに向上する。したがって、青少年はリスクの高い行動をとる傾向があるとはいえ、リスクが受容可能かどうかを自分で決定できるはずだとみなされる。確かに、医者には患者の自律を認める義務がある。しかし、健康に関する決定が、確立されたレベルを下回る場合は介入しなければならない（Forlini, Gauthier and Racine, 2013、Gaucher, Payot and Racine, 2013）。

　PCEには成績を向上させる可能性があるため、PCEの利用は公平を欠く不正行為だと非難されてきた（Schermer, 2008）。PCEによる達成は、純粋な努力による達成とは区別される。さらに、PCEを利用する者と利用しない者がいると、成績の公平な評価が困難になる可能性がある。ただし、親の人的資本や社会関係資本によって、子どもの人生にはスタート条件からすでに格差が存在することは知っておくべきである（Bostrom and Sandberg, 2009）。したがって、何をもって「不正行為」とするのかを明確に定義しなければならない。たとえばアメリカのデューク大学は、学生の疑問に答えて、不正行為のひとつとして「学業成果を向上させるための処方薬の不正使用」を大学の方針として挙げた（Duke University, 2019, p. 16）。しかしPCEの支持者は、一部の学校が全学生にコンピュータを提供しているのと同じく、全学生が合法的にPCEを利用できるならば、成績を向上させる他の方法と何ら違いがないと主張する（Greely et al., 2008、Kayser, Mauron and Miah, 2005）。恵まれない学生には補助金付きで利用させるべきだと主張する学者さえ存在するが（Bostrom and Sandberg, 2009）、その支払いを誰がするのか、どのようにその手はずを整えるのかは示されていない。

結果関連の議論

　子どものPCE利用に賛成する人々は、たとえプラセボ効果であっても、認知機能の向上、勉強の楽しさ、ウェルビーイングの向上などのプラスの結果を期待する（Flanigan, 2013）。確かに、そのような向上は社会的にも意味を持つかもしれない。なぜなら、「頭の回転が速く、賢明で創造的な」人間は、差し迫った社会的経済的問題の解決を助ける可能性があるからである（Bostrom and Sandberg, 2009, p. 328、Beddington et al., 2008）。また、健康ではあるが

恵まれない子どもたちにPCEを与えることで、不十分な教育や学校教育を埋め合わせるべきであるともいわれる（特に、必要な政策変更に社会が乗り出さない場合）（Bostrom and Sandberg, 2009、Flanigan, 2013、Ray, 2016）。しかし、社会的不平等を医療問題に置き換えての治療はおそらく有効ではなく（以下参照）、社会的スティグマなどのさらなる問題を招く（Ketchum and Repantis, 2016、Sattler and Singh, 2016、Warren, 2016）。

　子どものPCE利用を批判する人々は、費用便益比の低さを指摘する（Graf et al., 2013、Sattler and Singh, 2016）。健康な若者に対するメリットを示す臨床エビデンスはごく限られており、逆に、短期的及び長期的健康成果を損なう可能性がある。有害な副作用には、頭痛、不眠、異常心拍、高血圧、精神病が含まれる（Storebø et al., 2015、Volkow et al., 2009、Winder-Rhodes et al., 2010）。医師の管理下でなければそのような副作用はいっそう発生しやすく、重症化しやすいと考えられる。その原因として、過剰摂取や鼻腔内投与（乱用リスクの高さと関連する）、あるいは投与が推奨されない他の疾患の存在（心不全、甲状腺ホルモン亢進症など）などがある（Weyandt et al., 2018）。このような副作用のリスクを冒すことは、治療目的であればともかく、完全な健常者に対して容認されるべきかどうか疑問である。

　さらに、成長過程にある子どもの身体と脳は成人よりも脆弱な可能性があり、PCEの利用には特に注意を払わねばならない（d'Angelo, Savulich and Sahakian, 2017）。また、副作用のリスクは、社会が担う医療システムのコストとなる可能性がある。このような負の結果が想定されるため、医師は、薬剤の不適切な使用に関する問い合わせを拒む義務があり、監督せずに、無資格の親に子どもへのPCE投与を行わせると法的制裁を受ける。そのため、事態の予防と監視が肝心である（Gaucher, Payot and Racine, 2013、Graf et al., 2013、Maslen et al., 2014）。

　結果関連の議論では、個人によるPCEの利用が、社会に負の結果をもたらしかねないことが強調されている。すなわち、学校などで競争が激化し、後れを取るまいとPCEの利用を間接的に強制する圧力が生じ、親や子が選択の自由を制限される可能性がある（Graf et al., 2013、Sattler and Singh, 2016）。そのような圧力はPCEが普及するにつれて増大し、「ついていく」ために薬を使

用するように促す圧力も増す。子どもの意思決定能力はまだ発達途上にあり、親や友人からの直接的及び間接的強制に対して抵抗できないことを考えるとこの状況は問題である。さらに、子どもはPCEの（健康）成果についても自由に評価する力を持たない可能性がある（Gaucher, Payot and Racine, 2013）。誰もが学業向上のためにPCEを利用し始めたら、相対的に利益を得る者はいなくなり、全員が負の結果だけを負うことになる（Jane and Vincent, 2017）。

第４節 ▎ PCEはどの程度普及しているのか

　処方薬の誤用や乱用は「アメリカにおいて、特に青少年の間で最も急速に拡大しつつある薬物問題のひとつである」（Conn and Marks, 2014, p. 257）。この警告は特にPCEを名指ししているわけではないが、子どものPCEの利用も増加傾向にあると考えられている（O'Connor and Nagel, 2017、Singh and Kelleher, 2010）。以下では、子どもにおけるPCEの普及を検証した研究を概括する。

　このような傾向はアメリカだけのことではない。しかし、共通の定義と評価方法が欠如しているせいもあり、各国の普及率を比較することは難しい。さらに、PCE普及率の推定にはさまざまなタイプのデータが利用される。たとえば、1）PCE普及率のおおよその指標となる処方率などの公的データ、2）医療的には不要であるにもかかわらず、成績向上のために子どもに処方薬を与えることを是認する、あるいは積極的に与える親／保護者に関する情報、3）そのような行動への関与について問われた子どもの自己報告が利用されている。ただし、すべての調査が認知増強を動機とする薬剤使用を対象としているわけではなく、「ハイになる」などの動機も含まれている。

公的データ

　国際麻薬統制委員会（International Narcotics Control Board, 2019）によると、過去10年にわたって、メチルフェニデート（通常はADHDの治療のために処方される）の製造、取引、ストック、消費が各地で増加している。消費量

が多いのは、北欧（アイスランドなど）、北アメリカ、その他の欧州地域である。たとえばドイツにおけるADHDの診断数は、2004年には子ども1,000人当たり21人であったが、2013年には39人に増加した。この時期には、総処方量と患者1人当たりの1日用量のどちらも増加している（Langner et al., 2019）。増加理由のひとつとして、ADHDの診断率の上昇や、親や医師のADHDに対する意識の高まりがある。しかし増加傾向の貢献因子として、認知増強も含めた過剰診断（Bruchmüller, Margraf and Schneider, 2012）を除外することはできない（Gaucher, Payot and Racine, 2013、Graf et al., 2013）。たとえ意図したことではなくとも、このような処方量の急増は薬剤の共有、売買、交換につながり、ひいては乱用の可能性を高める。

親の自己報告によるPCE行動

　認知パフォーマンスの向上のために、親が子どもに処方薬を投与する実測普及率は、十分に調査されていない。アメリカのある研究によると、13 ～ 17歳の子ども（ADHD治療の精神刺激薬を処方されていない）を持つ親の1%は、子どもが「スタディエイド」を使用していると考えており、4%はよくわからないとしている（C.S. Mott Children's Hospital National Poll on Children's Health, 2013）。しかし、特に青少年の場合は、親が子どもの行動をよく知らない可能性もある。もうひとつの実験研究では、健康な子どもの成績を上げるために薬を与えるかという問いに対して、場合によっては中程度の、しかし実質的には前向きの姿勢が示された（Sattler et al., under review）。

子どもの自己報告によるPCE行動

　やや古いメタ分析によると、処方薬の医療外使用の年間普及率は、アメリカの小学生で5 ～ 10%であった（Wilens et al., 2008）。近年の研究によると、同じくアメリカの12 ～ 17歳は、2018年に119万6,000人（4.8%）が心理療法を乱用しており、そのうち36万9,000人（1.5%）が精神刺激薬を乱用していた（Substance Abuse and Mental Health Services Administration, 2019）。PCEに利用される2つのアンフェタミン薬（リタリンとアデラール）の医療外使用の年間普及率も調査されている。それによると、リタリンの使用は8年生、10

年生、12年生において2009年から2018年にかけて減少しているが、アデラールの使用はより高い水準で安定している（Johnston et al., 2019）。2012年、イギリスの14〜18歳を対象とした調査において、集中、記憶、専心を向上させる目的で服薬したことがあるかという問いに、経験があると回答した子どもは1％であった（Clemence et al., 2013）。より新しいスイスの研究では、調査対象となった高校生（18歳以下）の4.3％が、PCEを目的として処方薬を使用したと回答した（Liakoni et al., 2015）。ドイツの16のグラマースクールの生徒（18〜21歳）を対象とする小規模調査において、PCEを目的として最初にメチルフェニデートを使用した年齢を回答させると、その平均値は16.58歳であった（Franke et al., 2011）。頻繁に薬を入手する先としては、処方箋を有する友人が挙げられている（Garnier-Dykstra et al., 2012など）。

第5節 ┃ PCEの利用に影響する態度や考え方

　子どものPCE利用に対する理解を深めるには、利用を推進または抑止する態度や考え方を検証する必要がある。子どもに関する調査はまだ始まったばかりである。しかし、18歳以上の子どもを持つ親や大学生に対する調査によって、PCEの推進力と抑止力になりうる因子が指摘されており、これらは子どもにも当てはまる可能性がある。以下では、PCEの推進因子と抑止因子を、1）親や保護者と、2）子どもや青少年について検討する（表8.2）。

表8.2　子どもの認知増強薬（PCE）利用の推進因子と抑止因子

	親や保護者	子どもや青少年
推進因子	子どもへの利益の期待（自信の向上など）、親への利益の期待（ステータスの獲得など）、PCE利用者からの社会的圧力	利益の盲信、ストレス、友人による感化
抑止因子	健康への短期的及び長期的な負の影響、公平性の侵害、競争激化の懸念	社会的支援、リスク回避、道徳的な拒絶

親

　子どものPCE利用について直接的及び間接的決定における重要な関係者のひとりは親である（Arria and DuPont, 2010）。親は、学校の内外を問わず、

子どもにパフォーマンス目標を達成させようとしてPCEの利用に乗り出す（Arria and DuPont, 2010、Sattler et al., under review）。動機としては、子どもの未来を最高のものにしたい、将来金銭的な利益を得るために成績を上げたい、親子ともども社会的地位を獲得したい、成績が悪い子どもという烙印を消したいなどが考えられる。子育てに関する最近の研究では、徹底的な子育て（intensive parenting）への移行と親の競争心が取り上げられているが（Doepke, Sorrenti and Zilibotti, 2019、Nadesan, 2002、Wall, 2010、Ulferts, 2020）、これもまた、教育がもたらす収益の増加、認知能力の重要性の高まり、不平等の拡大と関連しているかもしれない（Autor, 2014）。徹底的な子育てには多くの側面がある。たとえば、宿題の支援や家庭教師の雇用など、学業の成功を支えるための親子のかかわりの増加などが含まれる（Borra and Sevilla, 2019、Gershuny and Harms, 2016、Wells et al., 2016）。認知能力の増強を支援することも、あまり頻繁には発生しないがその一面かもしれない。なぜなら、親の目から見ると先に挙げた目標の達成に役立つからである（Arria and DuPont, 2010、Sattler et al., under review参照）。最近のアメリカの研究はその証拠として、マキャベリアニズムのパーソナリティ特性（自己中心的で、金銭や成功に対する外発的な指向性）を持つ親は、そのような特性を持たない親と比べて、子どもに利益をもたらす手段として処方薬を使用する傾向のあることを示した（Sattler and Linden, under review）。特に、金銭的利得の増加が予測されると、マキャベリアニズムの親は進んで利用する。

　この種の行動をとる親が増えると、感化作用や強制作用が発生する（Maher, 2008）。北アメリカを主とする国際的調査の回答者（子どもがいるかどうかは示されていない）の約3分の1が、認知能力の増強を目的としてクラスメイトが処方薬を摂取していたら、同じようにせざるをえないと感じるだろうと回答している。不利益を恐れることによるそのような間接的な強制作用は、3～9歳の子どもを持つ親（Ball and Wolbring, 2014）と25歳以下の子どもを持つ親（Forlini and Racine, 2009）を対象としたカナダの2つの質的研究においても観察されている。一部の親は、処方薬の安全性と有効性が確認されれば、子どもの自信、ウェルビーイング、独立心を向上させる手段として検討すると回答している（Ball and Wolbring, 2014）。

　しかし、アメリカの大学生（18 〜 26歳）を対象とした質的研究では、成績の向上を目的とした処方薬の使用を親が容認するだろうと回答した生徒はほとんどいなかった（Cutler, 2014）。また、ドイツの親（子どもが5 〜 18歳）を対象とした調査では、医師の管理下であればPCEの利用を認めると回答した親は少数派であり、他の親は、医師がそのようなことを行えば法的行動を起こすと回答した（Hiltrop and Sattler, under review）。しかしカナダの研究では、認知能力増強のために処方薬を使用するかどうかは個人の選択にゆだねられるべきであると複数の親が回答し、また、その結果に対しては生徒自身が責任を負うべきであると述べた（Forlini and Racine, 2009）。

　親はPCEの利用を促す場合もあれば、リスク回避や道徳的呵責によって抑止する場合もある。また、料金や医師との予約など、PCEを利用するためのリソースやアクセスも親の制御下にある。この問題を扱った数少ない研究はどれも、親の大多数がPCEに対して否定的態度であることを示している（Ball and Wolbring, 2014、Forlini and Racine, 2009、Hiltrop and Sattler, under review）。その理由としては、短期的及び長期的に有害な副作用（脳への悪影響など）への恐れや、一部の子どもだけがそのような薬品を摂取することによる不公平が挙げられた（Forlini and Racine, 2009、Hiltrop and Sattler, under review）。彼らはPCEの利用を、カンニング、スポーツにおけるドーピング、ある種の自己欺瞞になぞらえた。

　一部の子どもがPCEを利用すると、成績の公平な評価は確かに難しくなるだろう――ただし、高い教育を受けた親から子どもへの人的資本の移転など、すでに多くの因子が、そのような評価を困難にしていることを指摘する親もいる（Hiltrop and Sattler, under review）。また、PCEが教育環境の競争を激化させることを心配する親もいる。PCEを利用しなければ不利になるため、必然的に利用を迫られることになるからである（Ball and Wolbring, 2014、Forlini and Racine, 2009）。このような否定的見解と軌を一にして、回答者の85％以上が、16歳以下の健康な子どものPCEの利用を規制するべきであると考えている（Maher, 2008）。また、PCE利用がこれ以上拡大すれば教師や医師が介入するべきであると考えるだけでなく、学校や政治家も行動を起こして、成績向上への期待などのPCEの推進因子を修正する責任があると考えて

いる（Hiltrop and Sattler, under review）。多くの親はそのような政策的対応を要求するとともに、子どもにPCEを強いる親に対して否定的である（Ball and Wolbring, 2014、Hiltrop and Sattler, under review）。

子どもと青少年

　子どもはPCEをどう考えているのだろう。子どもをPCEへと向かわせるものは何だろう。引き留めるものは何だろう。これらの問題はまだ十分に調査されていない。しかし、年長の生徒（大学生など）を対象とした研究から、PCEの利用にはさまざまな因子が影響することが示されている。ここでは、それらの因子の一例を示すにとどめる。たとえばアメリカの大学生を対象とした研究によると、処方薬の使用（乱用）は勉学における認知能力の増強を期待して行われることが最も多い。この動機は、大学の2回生以後に増加する（Garnier-Dykstra et al., 2012、体系的レビューはFaraone et al., 2020を参照）。イングランドの大学生によると、PCEを利用する動機は必ずしもトップクラスの成績を収めることではなく、「ついていくこと」や落ちこぼれないことも挙げられている（Vargo and Petróczi, 2016）。これは、アメリカのハイスクールの最上級生を対象とした調査にも表れている。つまり、（勉学以外の動機も含めて）勉学のために処方薬を使用する生徒よりも、使用しない生徒のほうが成績の平均点が高い（Teter et al., 2020、Faraone et al., 2020参照）。興味を引くことは、前者のグループ、特に勉学のためだけに処方薬を利用する生徒は高学歴の親を持つ傾向が高いことである。

　薬の効果とリスクの低さが認識または説明されると、PCEの利用や将来の利用への意欲は特に高まる（Kinman, Armstrong and Hood, 2017、Sattler et al., 2013、Sattler and Wiegel, 2013）。興味深いことに、調査対象となったイギリスの14 ～ 18歳の45%は、そのような薬品の摂取は、集中、記憶、専心の向上に大いにあるいはかなり有効であるという期待を抱いていたが（Clemence et al., 2013）、ドイツの大学生は副作用の可能性が非常に高いと予測していた（Sattler and Wiegel, 2013）。また、アメリカの大学生に関する調査では、精神刺激薬を使用すると、非使用者と比べて成績を有意に向上させるという結果は得られなかった（Arria et al., 2017）。これらの結果は、薬剤の効果がしばしば

過大評価されており、客観的に観察可能というよりも主観的に認識されるものであることを示唆しているのかもしれない。それでもなお、ドイツの（大）学生対象の研究によると、薬がストレスの対処に役立つと期待されているようである（Sattler, 2019、Wolff and Brand, 2013を参照）。しかし、社会的支援を経験すると、ストレスの影響がある程度緩和され、PCEを利用する可能性が低下した。したがって、社会的支援は重要なリソースであり、人間関係が重要な働きをすると考えられる。ところが欧州の複数の研究によると、PCEの利用に対して仲間の賛同が得られたり、仲間の利用が疑われたりすると、PCEの利用が増加する可能性がある（Helmer et al., 2016、Maier et al., 2013、Ponnet et al., 2015、Singh, Bard and Jackson, 2014）。

　また、人格などの個人的な特性も影響する。たとえば、自分自身を、リスク行動をとりがちであると考える学生、テスト不安を抱く学生、やるべきことを先送りにする学生は、PCEを利用する可能性が高かった（Ponnet et al., 2015、Sattler and Wiegel, 2013）。しかし大多数の学生は、道徳的な反感を示してPCEの利用を思いとどまっている（Sattler et al., 2013）。性差に関しては、大学生を対象とする複数の研究によって（Champagne, Gardner and Dommett, 2019、Singh, Bard and Jackson, 2014）、男子学生は女子学生よりもPCEを利用する可能性が高いことが示されている。子どもにおけるPCE利用の推進や抑止と相関または因果関係にある因子はほかにも多く考えられるため、さらに調査する必要がある。

第6節　｜　リスクのあるPCEの使用を減らすための方策

　PCEは、子どもの生活において健康、ウェルビーイング、成長などの多くの側面と関連する重要な問題である。したがって政策立案者の目的に応じて、このような行動の発生率を減らす、あるいは少なくともリスクの高い使用を減らす方策を探ることが不可欠である。そのような方策には、親や子どもは当然として、医師や教師も含まれるべきである。以下では、3つの可能な方策を簡単に説明する。

薬に対する過大な期待を修正し、薬に頼らない代替戦略を話し合う

　親が子どもの成績を上げたいと考え、子どもも同じことを望んでいる場合は、啓発活動を行うとよい。1）まず、薬の効能が誤解されており、健康人にはしばしば限られた効果しかなく、逆に健康を損なう可能性があること、2）次に、PCEの普及率が過大評価され、それが間接的な強制作用や感化作用を生んでいること（Faraone et al., 2020、Stock et al., 2013、Weyandt et al., 2018）、3）さらに、成績を向上させるには、薬品以外にリスクの低い選択肢があることを伝える。たとえば、十分な睡眠や栄養をとること、記憶術や瞑想の利用、運動やニューロフィードバック（脳の活動に対してリアルタイムでフィードバックを行い、それによって脳機能の調整を助けるテクニック）を利用することができる（Dresler et al., 2013、Gruzelier, 2009）。このような方法は、総合的な健康やウェルビーイングに複数のプラスの「副作用」を及ぼす可能性がある。こうした啓発活動をカリキュラムに組み込めば、現在PCEを利用していない親子も啓発することができる。また、学業に苦しんでいる学生や薬品を乱用するリスクのある学生（テスト不安がある、カンニングの経験があるなど）には、問題解決の方策、支援、個人的なメッセージを与える必要がある（Sattler and Wiegel, 2013、Weyandt et al., 2018）。

物質乱用と物質関連問題をスクリーニングし評価する

　職務上、物質乱用と物質関連問題を観察しうる関係者は教師と医師である。教師は、生徒と頻繁に交流することによって、PCEの徴候や、それに伴う副作用（苛立ち、悲哀、食欲減退など）に気づく可能性がある。そのような場合には、親や学校の心理カウンセラーなどに連絡を取るとよい。医師もまた重要である。医師は薬の番人である。PCE目的で処方箋が要求されることは少なくないが、中にはその求めに応じる医師もいる（Hotze et al., 2011）。病歴の理解において、医療外の処方薬の使用はひとつの徴候とみなすべきである。ADHDの治療など医療目的で処方箋を受け取る患者には、薬の分配を強要される可能性とその危険性について知らせ（法的に処罰される可能性があり、使用者の死を招く危険性もある）、そのような経験がないか尋ねるべきである。さらに、毎週の服用量と飲み残しの量を確認する。（プロフィールチェックリ

ストなどを利用して）薬物乱用の他のリスク因子がないか調べ、物質使用障害が疑われる場合は毒物検査を実施する（DeSantis, Anthony and Cohen, 2013、Faraone et al., 2020、McCabe et al., 2019、Weyandt et al., 2018）。結果をみて、処方箋の出し方を再考するとよいだろう（医療以外の代替療法を検討するなど）。こうしたことを可能にするには、教師にも医師にも研修の場と支援を与え、物質乱用が疑われる場合はオープンに話し合える環境を設ける必要がある。

教育機関はPCE利用を不正行為とする方針を掲げ、政府は規制政策を確立する

　先に述べたように、デューク大学はPCE利用を不正行為とする方針を掲げている。PCEの利用を禁じる学校や大学の方針は、PCE利用の重要な決定因子（道徳的な容認）を修正するだけでなく、PCE利用の誘惑を退ける（Sattler et al., 2013）。また、一般的な規制によって、薬物の入手を困難にすることも有効であろう。アイルランドとイギリスの大学生を対象とした調査では、PCEに関心があっても実際の利用に至らない原因として、入手の困難さがしばしば挙げられている（Singh, Bard and Jackson, 2014）。処方箋なしで処方薬を入手可能にするイニシアチブも存在するが、ここに述べたような状況も考慮に入れるべきであろう。さらに、そのような薬品が闇市場で取引されることで新たなリスクが生じる問題も認識するべきである。

子どものPCE利用に関する研究の空白領域と未来の方向

　近年、PCEの影響、普及率、態度、使用理由に関する研究は着実に増加している。しかし、子どもを対象とする研究は事情が異なる。この現象に対する理解を深め、どのような懸念が現実化しているのかを倫理的議論の場に伝え、適切な予防方策を構築し、政策立案者に助言するには、次のことについて知らねばならない。すなわち、1）健常者におけるこれらの薬品の働き、2）正確な普及率、3）関係者の態度（一般大衆の意向も反映する）と意思決定、4）予防方策と規制の有効性である。以下で、今後の研究において優先するべきことを4点挙げる。

PCEの効能とリスクに関する知識を増やす

　子どもによるPCEの利用は実際に発生しているが、まだわかっていないことが多い。健康な子どもにおける薬の効能の調査は、倫理的理由で実施することができない。しかし、年長者への研究を生かして、子どもへの影響を解明することは可能である（直接移行できないとしても）。このような研究を進めるには、標本数を拡大し、個人による効果のばらつきを理解し、副作用と長期的影響について体系的に調査し、薬の働き（直接的な認知機能の向上だけでなく期待効果や動機づけ効果の役割も含めて）を詳細に調べることが必要である（d'Angelo, Savulich and Sahakian, 2017、Weyandt et al., 2018）。また、それらの研究結果が実生活にどのように転移されるかも考える必要がある。さらに、脳刺激装置などの他の認知能力向上手段との比較も考えられる（Farah, 2015）。

正確な普及率を推定する

　現在のデータでは、各国の子どものPCE利用の普及率を正確にとらえることは不可能である。しかし複数の研究者が、将来的に普及率が高まると予測している（O'Connor and Nagel, 2017、Vargo and Petróczi, 2016）。政策による規制や予防イニシアチブは現状に関する知見を条件とするだけでなく、マクロレベルでの変化（教育制度内部の対立など）を視野に収めることも必要である。そのためには、1) 代表性の高い大規模調査によって、2) 長期的な調査を行い、3) 標本数を十分に増やして脆弱なグループを含め（あるいはオーバーサンプリングして）、4) さまざまな年齢層の子ども（年齢に応じた調査方法をとる）と親を対象とし、5) 利用の動機として認知能力の増強に特に焦点を当てることが必要である（共通の定義を利用する）。

関係者の態度と意思決定に対する理解を深める

　親や子がPCEについて信じていることを深く理解する必要がある。また、PCEの利用を決定した理由と決定プロセスを知る必要がある。観察から得られた情報に基づいて介入方策と政策を開発し、調整するにはこれが不可欠である。たとえば、薬の機能の認識や、心理的、生理的、法的、社会的なリスクに

関する認識（誤解）、個人特性（完璧主義、競争心など）、さらに、友人の賛同や疑似体験などの社会的背景の役割についても理解しなければならない（Faraone et al., 2020、Hiltrop and Sattler, under review、Schepis et al., 2020）。子どものPCE利用における医師の役割についてはほとんど知られていない。しかし、すでに明らかにしたように、親が医師のもとを訪れて処方箋や助言を求めるという点では、医師も重要な関係者である。したがって、子ども－親－医師の三者関係も調査する必要がある。この空白領域を埋めるにはやはり質の高いデータが必要である。

予防方策と規制の効果を評価する

予防方策の設計や規制改正への重要な一歩はエビデンスの収集であるが、介入方策や政策を実施したのちは、適切に設計された有効性評価を実証的に行う必要がある。現在、そのような評価は限られている（Faraone et al., 2020）。特に物質関連の予防方策（物質の危険性について知らせるなど）の評価には、対照群を含む実験デザイン（被験者内実験であれ被験者間実験であれ）を利用すればよい。これは、高リスク群を対象として一般的な保護因子（学習方法、自己効力感、健康リテラシーの向上など）に照準を合わせた介入にも利用できる。介入には、ソーシャルメディアを介したキャンペーン、カリキュラムに基づくアプローチ、友人関係を介した介入などの多様な方法を利用するとよい。

第７節 ┃ 結び

子どものPCE利用はまだ限られているように思われるが、各地の数字を合わせると、自発的かどうかは別として、数百万人の子どもがPCEを利用しているとみられる。彼らには副作用のリスクがあり、人格や脳の発達に長期的な影響が生じる可能性がある。また、倫理的社会的問題（成績評価の際の公平さなど）も引き起こしている。

大多数の専門家は、子どもにはPCEの利用を勧められない、子どもにとって最良の方法ではないと主張する（Gaucher, Payot and Racine, 2013）。PCE

は、子ども自身が実験し、創造を体験し、健全なアイデンティティを発達させ、服従や生産性を強制されることのない開かれた未来を手に入れる権利を奪う可能性がある。これに並んで、完璧さの価値と完璧さを追求する姿勢を考え直すべきであるという主張もある。人間には向上する権利があるというならば、向上しない権利もあるはずである。これは、子ども時代や青年期において何を大切にするべきかという問題もはらんでいる（Nagel, 2019）。

　これらの問題に答えを出すには子どもたちの声にも耳を傾けなければならない。興味深いことに、親を対象とする複数の調査結果には倫理学者と同じ懸念が示されており、子どもに対して喜んでPCEを利用する親はごくわずかとみられる。とすると、社会的因子や風潮が、親や子のPCE利用に対する姿勢にどのように影響しているのかが問題になる。利用の賛同を促進する因子として、教育がもたらす収益の増加、認知能力の重要性の増大、不平等の拡大が考えられる。したがって、問いに対する答えは、各地の発展状況や文化的背景によって異なるであろう。問いに対する答えと、子どものPCEの利用についてまだ判明していないことへの答えを見つけるには、心理学者、社会学者、薬理学者、小児科医、教師、倫理学者などによる分野横断的な努力と多様な手法によるアプローチが必要である（Nagel, 2019）。教育分野においては、1）一部の子どもは他の手段と並んですでにPCEを利用しており、それが成績評価を困難にする可能性、2）教育現場の現状（特に成績に対する圧力）がそのような行動を促進する可能性、3）PCEの利用自体が競争を激化させる可能性があり、4）教師はリスクの高い物質乱用を発見し、予防することと、リスクの低い代替的方法や支援方法を見つける手助けにおいて重要な役割を担う。

謝辞

Francesca Gottschalk、Tracey Burns、Simona Petruzzella、Kati Hiltropから寄せられた本稿の草稿に対する貴重なアドバイスに感謝する。本研究はドイツ研究振興協会の助成（SA 2992/2-1）による。本稿で提示した意見は必ずしもドイツ研究振興協会の見解を反映するものではない。また、製薬部門の公的及び私的関係者による支援は受けていない。

参考文献・資料

Arria, A. et al. (2017), "Do college students improve their grades by using prescription stimulants nonmedically?", *Addictive Behaviors*, Vol. 65, pp. 245-249, http://dx.doi.org/10.1016/j.addbeh.2016.07.016.

Arria, A. and R. DuPont (2010), "Nonmedical prescription stimulant use among college students: Why we need to do something and what we need to do", *Journal of Addictive Diseases*, Vol. 29/4, pp. 417-426, http://dx.doi.org/10.1080/10550887.2010.509273.

Autor, D. (2014), "Skills, education, and the rise of earnings inequality among the "other 99 percent"", *Science*, Vol. 344/6186, pp. 843-851, http://dx.doi.org/10.1126/science.1251868.

Ball, N. and G. Wolbring (2014), "Cognitive enhancement: Perceptions among parents of children with disabilities", *Neuroethics*, Vol. 7/3, pp. 345-364, http://dx.doi.org/10.1007/s12152-014-9201-8.

Battleday, R. and A. Brem (2015), "Modafinil for cognitive neuroenhancement in healthy nonsleep-deprived subjects: A systematic review", *European Neuropsychopharmacology*, Vol. 25/11, pp. 1865-1881, http://dx.doi.org/10.1016/j.euroneuro.2015.07.028.

Beddington, J. et al. (2008), "The mental wealth of nations", *Nature*, Vol. 455/7216, pp. 1057-1060, http://dx.doi.org/10.1038/4551057a.

Borra, C. and A. Sevilla (2019), "Competition for university places and parental time investments: evidence from the United Kingdom", *Economic Inquiry*, Vol. 57/3, pp. 1460-1479, http://dx.doi.org/10.1111/ecin.12761.

Bostrom, N. and A. Sandberg (2009), "Cognitive enhancement: Methods, ethics, regulatory challenges", *Science and Engineering Ethics*, Vol. 15/3, pp. 311-341, http://dx.doi.org/10.1007/s11948-009-9142-5.

Bruchmüller, K., J. Margraf and S. Schneider (2012), "Is ADHD diagnosed in accord with diagnostic criteria? Overdiagnosis and influence of client gender on diagnosis", *Journal of Consulting and Clinical Psychology*, Vol. 80/1, pp. 128-138, http://dx.doi.org/10.1037/a0026582.

C.S. Mott Children's Hospital National Poll on Children's Health (2013), *One in Ten Teens Using "Study Drugs," but Are Parents Paying Attention?*, C.S. Mott Children's Hospital.

Caviola, L. and N. Faber (2015), "Pills or push-ups? Effectiveness and public

perception of pharmacological and non-pharmacological cognitive enhancement",
Frontiers in Psychology, Vol. 6, http://dx.doi.org/10.3389/fpsyg.2015.01852.

Champagne, J., B. Gardner and E. Dommett (2019), "Modelling predictors of UK
undergraduates' attitudes towards smart drugs", *Trends in Neuroscience and
Education*, Vol. 14, pp. 33-39, http://dx.doi.org/10.1016/j.tine.2019.02.001.

Clemence, M. et al. (2013), *Wellcome Trust Monitor Wave 2*, Tracking Public Views
on Science, Research and Science Education.

Coates McCall, I. et al. (2019), "Owning ethical innovation: Claims about commercial
wearable brain technologies", *Neuron*, Vol. 102/4, pp. 728-731, http://dx.doi.org/
10.1016/j.neuron.2019.03.026.

Conn, B. and A. Marks (2014), "Ethnic/racial differences in peer and parent
influence on adolescent prescription drug misuse", *Journal of Developmental &
Behavioral Pediatrics*, Vol. 35/4, pp. 257-265, http://dx.doi.org/10.1097/dbp.
0000000000000058.

Cutler, K. (2014), "Prescription stimulants are "a okay": Applying neutralization
theory to college students' nonmedical prescription stimulant use", *Journal of
American College Health*, Vol. 62/7, pp. 478-486, http://dx.doi.org/10.1080/07448
481.2014.929578.

d'Angelo, L., G. Savulich and B. Sahakian (2017), "Lifestyle use of drugs by healthy
people for enhancing cognition, creativity, motivation and pleasure", *British
Journal of Pharmacology*, Vol. 174/19, pp. 3257-3267, http://dx.doi.org/10.1111/
bph.13813.

de Wit, H. (ed.) (2014), "Robust resilience and substantial interest: A survey of
pharmacological cognitive enhancement among university students in the UK
and Ireland", *PLoS ONE*, Vol. 9/10, p. e105969, http://dx.doi.org/10.1371/journal.
pone.0105969.

DeSantis, A., K. Anthony and E. Cohen (2013), "Illegal college ADHD stimulant
distributors: Characteristics and potential areas of intervention", *Substance Use
& Misuse*, Vol. 48/6, pp. 446-456, http://dx.doi.org/10.3109/10826084.2013.778281.

Doepke, M., G. Sorrenti and F. Zilibotti (2019), "The economics of parenting", *Annual
Review of Economics*, Vol. 11/1, pp. 55-84, http://dx.doi.org/10.1146/annurev-
economics-080218-030156.

Dresler, M. et al. (2013), "Non-pharmacological cognitive enhancement",
Neuropharmacology, Vol. 64, pp. 529-543, http://dx.doi.org/10.1016/j.neuropharm.

2012.07.002.

Dubljević, V., S. Sattler and E. Racine (2018), "Deciphering moral intuition: How agents, deeds, and consequences influence moral judgment", *PLOS ONE 13*.

Duke University (2019), *Duke Community Standard in Practice: A Guide for Undergraduates. 2019-2020*, Duke University, https://registrar.duke.edu/sites/default/files/bulletins/dcs_guide/2019-20/index.html.

Farah, M. (2015), "The unknowns of cognitive enhancement", *Science*, Vol. 350/6259, pp. 379-380, http://dx.doi.org/10.1126/science.aad5893.

Faraone, S. et al. (2020), "Systematic review: Nonmedical use of prescription stimulants: Risk factors, outcomes, and risk reduction strategies", *Journal of the American Academy of Child & Adolescent Psychiatry*, Vol. 59/1, pp. 100-112, http://dx.doi.org/10.1016/j.jaac.2019.06.012.

Flanigan, J. (2013), "Adderall for all: A defense of pediatric neuroenhancement", *HEC Forum*, Vol. 25/4, pp. 325-344, http://dx.doi.org/10.1007/s10730-013-9222-4.

Forlini, C., S. Gauthier and E. Racine (2013), "Should physicians prescribe cognitive enhancers to healthy individuals?", *Canadian Medical Association Journal*, Vol. 185/12, pp. 1047-1050, http://dx.doi.org/10.1503/cmaj.121508.

Forlini, C. and E. Racine (2009), *Autonomy and Coercion in Academic 'Cognitive Enhancement' Using Methylphenidate: Perspectives of Key Stakeholders*, Neuroethics 2(3).

Franke, A. et al. (2011), "Non-medical use of prescription stimulants and illicit use of stimulants for cognitive enhancement in pupils and students in Germany", *Pharmacopsychiatry*, Vol. 44/02, pp. 60-66, http://dx.doi.org/10.1055/s-0030-1268417.

Garnier-Dykstra, L. et al. (2012), "Nonmedical use of prescription stimulants during college: Four-year trends in exposure opportunity, use, motives, and sources", *Journal of American College Health*, cf a systematic review by Faraone et al 2020, pp. 226-234, http://dx.doi.org/10.1080/07448481.2011.589876.

Gaucher, N., A. Payot and E. Racine (2013), "Cognitive enhancement in children and adolescents: Is it in their best interests?", *Acta Paediatrica*, Vol. 102/12, pp. 1118-1124, http://dx.doi.org/10.1111/apa.12409.

Gershuny, J. and T. Harms (2016), "Housework now takes much less time: 85 years of US rural women's time use", *Social Forces*, Vol. 95/2, pp. 503-524, http://dx.doi.org/10.1093/sf/sow073.

Graf, W. et al. (2013), "Pediatric neuroenhancement: Ethical, legal, social, and neurodevelopmental implications", *Neurology*, Vol. 80/13, pp. 1251-1260, http://dx.doi.org/10.1212/wnl.0b013e318289703b.

Greely, H. et al. (2008), "Towards responsible use of cognitive-enhancing drugs by the healthy", *Nature*, Vol. 456/7223, pp. 702-705, http://dx.doi.org/10.1038/456702a.

Gruzelier, J. (2009), "A theory of alpha/theta neurofeedback, creative performance enhancement, long distance functional connectivity and psychological integration", *Cognitive Processing*, Vol. 10/S1, pp. 101-109, http://dx.doi.org/10.1007/s10339-008-0248-5.

Helmer, S. et al. (2016), "Personal and perceived peer use and attitudes towards the use of nonmedical prescription stimulants to improve academic performance among university students in seven European countries", *Drug and Alcohol Dependence*, Vol. 168, pp. 128-134, http://dx.doi.org/10.1016/j.drugalcdep.2016.08.639.

Hiltrop, K. and S. Sattler (under review), "Parents' perceptions and ethical assessment of nonmedical drug use to enhance performance in healthy children and adolescents: Evidence from qualitative interviews".

Hotze, T. et al. (2011), "Doctor, would you prescribe a pill to help me … ? A national survey of physicians on using medicine for human enhancement", *The American Journal of Bioethics*, Vol. 11/1, pp. 3-13, http://dx.doi.org/10.1080/15265161.2011.534957.

International Narcotics Control Board (2019), *Report of the International Narcotics Control Board for 2019*, https://www.incb.org/incb/en/publications/annual-reports/annual-report-2019.html.

Jane, E. and N. Vincent (2017), "Cognitive enhancement: A social experiment with technology", in I. van de Poel, L. Asveld, A. (ed.), *New Perspectives on Technology in Society Experimentation Beyond the Laboratory*, Routledge, London.

Johnston, L. et al. (2019), *Monitoring the Future National Survey Results on Drug Use 1975-2018: Overview, Key Findings on Adolescent Drug Use*, Ann Arbor: Institute for Social Research. The University of Michigan.

Juengst, E. (1998), "What does enhancement mean?", in Parens, E. (ed.), *Enhancing Human Traits: Ethical and Social Implications*, Georgetown University Press.

Kayser, B., A. Mauron and A. Miah (2005), "Viewpoint: Legalisation of performance-enhancing drugs", *The Lancet*, Vol. 366, p. S21, http://dx.doi.org/10.1016/s0140-6736(05)67831-2.

Ketchum, F. and D. Repantis (2016), "Securing opportunities for the disadvantaged, or medicalization through the back door?", *The American Journal of Bioethics*, Vol. 16/6, pp. 46-48, http://dx.doi.org/10.1080/15265161.2016.1170237.

Kinman, B., K. Armstrong and K. Hood (2017), "Perceptions of risks and benefits among nonprescription stimulant consumers, diverters, and non-users", *Substance Use & Misuse*, Vol. 52/10, pp. 1256-1265, http://dx.doi.org/10.1080/10826084.2016.1273954.

Langner, I. et al. (2019), "Potential explanations for increasing methylphenidate use in children and adolescents with attention-deficit/hyperactivity disorder in Germany from 2004 to 2013", *Journal of Clinical Psychopharmacology*, Vol. 39/1, pp. 39-45, http://dx.doi.org/10.1097/jcp.0000000000000980.

Maher, B. (2008), "Poll results: look who's doping", *Nature*, Vol. 452/7188, pp. 674-675, http://dx.doi.org/10.1038/452674a.

Maslen, H. et al. (2014), "The regulation of cognitive enhancement devices: Extending the medical model", *Journal of Law and the Biosciences*, Vol. 1/1, pp. 68-93, http://dx.doi.org/10.1093/jlb/lst003.

McCabe, S. et al. (2019), "Sources of nonmedical prescription drug misuse among US high school seniors: Differences in motives and substance use behaviors", *Journal of the American Academy of Child & Adolescent Psychiatry*, Vol. 58/7, pp. 681-691, http://dx.doi.org/10.1016/j.jaac.2018.11.018.

Mendelson, J. (ed.) (2013), "To dope or not to dope: Neuroenhancement with prescription drugs and drugs of abuse among Swiss University Students", *PLoS ONE*, Vol. 8/11, p. e77967, http://dx.doi.org/10.1371/journal.pone.0077967.

Nadesan, M. (2002), "Engineering the entrapreneurial infant: Brain science, infant development toys, and governmentality", *Cultural Studies*, Vol. 16/3, pp. 401-432, http://dx.doi.org/10.1080/09502380210128315.

Nagel, S. (2019), *Shaping Children: Ethical and Social Questions That Arise When Enhancing the Young*, Springer.

O'Connor, C. and S. Nagel (2017), "Neuro-enhancement practices across the lifecourse: Exploring the roles of relationality and individualism", *Frontiers in Sociology*, Vol. 2, http://dx.doi.org/10.3389/fsoc.2017.00001.

Ponnet, K. et al. (2015), "Predicting students' intention to use stimulants for academic performance enhancement", *Substance Use & Misuse*, Vol. 50/3, pp. 275-282, http://dx.doi.org/10.3109/10826084.2014.952446.

Racine, E., S. Sattler and W. Boehlen (Under review), "Cognitive enhancement: Unanswered questions about human psychology and social behavior", *Health*.

Ray, K. (2016), "Not just "study drugs" for the rich: Stimulants as moral tools for creating opportunities for socially disadvantaged students", *The American Journal of Bioethics*, Vol. 16/6, pp. 29-38, http://dx.doi.org/10.1080/15265161.2016.1170231.

Repantis, D., O. Laisney and I. Heuser (2010), "Acetylcholinesterase inhibitors and memantine for neuroenhancement in healthy individuals: A systematic review", *Pharmacological Research*, Vol. 61/6, pp. 473-481, http://dx.doi.org/10.1016/j.phrs.2010.02.009.

Sahakian, B. et al. (2015), "The impact of neuroscience on society: Cognitive enhancement in neuropsychiatric disorders and in healthy people", *Philosophical Transactions of the Royal Society B: Biological Sciences*, https://doi.org/10.1098/rstb.2014.0214.

Sattler et al. (2013), "The rationale for consuming cognitive enhancement drugs in university students and teachers", *PLoS ONE*, Vol. 8/7.

Sattler, S. (2019), "Nonmedical use of prescription drugs for cognitive enhancement as response to chronic stress especially when social support is lacking", *Stress and Health*, Vol. 35/2, pp. 127-137, http://dx.doi.org/10.1002/smi.2846.

Sattler, S. (2016), "Cognitive enhancement in Germany: Prevalence, attitudes, terms, legal status, and the ethics debate", in F. Jotterand and V. Dubljević. (ed.), *Cognitive enhancement: Ethical and policy implications in international perspectives*, OUP, Oxford.

Sattler, S. et al. (2013), "Impact of contextual factors and substance characteristics on perspectives toward cognitive enhancement", *PLoS ONE*, Vol. 8/8, p. e71452, http://dx.doi.org/10.1371/journal.pone.0071452.

Sattler, S. and P. Linden (under review), "Unhealthy parenting strategies: Situational (dis-) incentives, Machiavellian personality, and their interaction on misuse of ADHD medication for healthy children".

Sattler, S. et al. (under review), "Why parents abuse prescription drugs to enhance the cognitive performance of healthy children: The influence of peers and social media".

Sattler, S. and I. Singh (2016), "Cognitive enhancement in healthy children will not close the achievement gap in education", *The American Journal of Bioethics*, Vol. 16/6, pp. 39-41, http://dx.doi.org/10.1080/15265161.2016.1170240.

Sattler, S. and C. Wiegel (2013), "Cognitive test anxiety and cognitive enhancement: The influence of students' worries on their use of performance-enhancing drugs", *Substance Use & Misuse*, Vol. 48/3, pp. 220-232, http://dx.doi.org/10.3109/10826084.2012.751426.

Schelle, K. et al. (2014), "Attitudes toward pharmacological cognitive enhancement: A review", *Frontiers in Systems Neuroscience*, Vol. 8, http://dx.doi.org/10.3389/fnsys.2014.00053.

Schepis, T. et al. (2020), "Prescription drug misuse: Taking a lifespan perspective", *Substance Abuse: Research and Treatment*, Vol. 14, p. 117822182090935, http://dx.doi.org/10.1177/1178221820909352.

Schermer, M. (2008), "On the argument that enhancement is "cheating"", *Journal of Medical Ethics*, Vol. 34/2, pp. 85-88, http://dx.doi.org/10.1136/jme.2006.019646.

Singh, I. and K. Kelleher (2010), "Neuroenhancement in young people: Proposal for research, policy, and clinical management", *AJOB Neuroscience*, Vol. 1/1, pp. 3-16, http://dx.doi.org/10.1080/21507740903508591.

Smith, M. and M. Farah (2011), "Are prescription stimulants "smart pills"? The epidemiology and cognitive neuroscience of prescription stimulant use by normal healthy individuals", *Psychological Bulletin*, Vol. 137/5, pp. 717-741, http://dx.doi.org/10.1037/a0023825.

Stock, M. et al. (2013), "The prototype/willingness model, academic versus health-risk information, and risk cognitions associated with nonmedical prescription stimulant use among college students", *British Journal of Health Psychology*, Vol. 18/3, pp. 490-507, http://dx.doi.org/10.1111/j.2044-8287.2012.02087.x.

Storebø, O. et al. (2015), "Methylphenidate for attention-deficit/hyperactivity disorder in children and adolescents: Cochrane systematic review with meta-analyses and trial sequential analyses of randomised clinical trials", *BMJ*, p. h5203, http://dx.doi.org/10.1136/bmj.h5203.

Substance Abuse and Mental Health Services Administration (2019), *Key Substance Use and Mental Health Indicators in the United States: Results from the 2018 National Survey on Drug Use and Health*.

Teter, C. et al. (2020), "Nonmedical use of prescription stimulants among US high school students to help study: Results from a national survey", *Journal of Pharmacy Practice*, cf. Faraone et al 2020, pp. 38-47.

Ulferts, H. (2020), "Why parenting matters for children in the 21st century: An evidence-based framework for understanding parenting and its impact on child development", *OECD Education Working Papers*, No. 222, OECD Publishing, Paris, https://dx.doi.org/10.1787/129a1a59-en.

Vargo, E. and A. Petróczi (2016), "It was me on a good day": Exploring the smart drug use phenomenon in England", *Frontiers in Psychology*, Vol. 7, http://dx.doi.org/10.3389/fpsyg.2016.00779.

Volkow, N. et al. (2009), "Effects of modafinil on dopamine and dopamine transporters in the male human brain", *JAMA*, Vol. 301/11, p. 1148, http://dx.doi.org/10.1001/jama.2009.351.

Vrana, K. (ed.) (2015), "The use of prescription drugs, recreational drugs, and "soft enhancers" for cognitive enhancement among Swiss secondary school students", *PLOS ONE*, Vol. 10/10, p. e0141289, http://dx.doi.org/10.1371/journal.pone.0141289.

Walcher-Andris, E. (2006), "Ethische Aspekte des pharmakologischen „cognition enhancement" am Beispiel des Gebrauchs von Psychostimulanzien durch Kinder und Jugendliche", *Ethik in der Medizin*, Vol. 18/1, pp. 27-36, http://dx.doi.org/10.1007/s00481-006-0411-4.

Wall, G. (2010), "Mothers' experiences with intensive parenting and brain development discourse", *Women's Studies International Forum*, Vol. 33/3, pp. 253-263, http://dx.doi.org/10.1016/j.wsif.2010.02.019.

Warren, K. (2016), "Promoting stimulants to increase educational equality: Some concerns", *The American Journal of Bioethics*, Vol. 16/6, pp. 52-54, http://dx.doi.org/10.1080/15265161.2016.1170235.

Wells, R. et al. (2016), "Socioeconomic disparities in the use of college admission-enhancing strategies among high school seniors from the 1990s to 2000s", *Teachers College Record*, Vol. 118.

Weyandt, L. et al. (2018), "Neurocognitive, autonomic, and mood effects of adderall: A pilot study of healthy college students", *Pharmacy*, Vol. 6/3, p. 58, http://dx.doi.org/10.3390/pharmacy6030058.

Wilens, T. et al. (2008), "Misuse and diversion of stimulants prescribed for ADHD: A systematic review of the literature", *Journal of the American Academy of Child & Adolescent Psychiatry*, Vol. 47/1, pp. 21-31, http://dx.doi.org/10.1097/chi. 0b013e31815a56f1.

Winder-Rhodes, S. et al. (2010), "Effects of modafinil and prazosin on cognitive and physiological functions in healthy volunteers", *Journal of Psychopharmacology*, Vol. 24/11, pp. 1649-1657, http://dx.doi.org/10.1177/0269881109105899.

Wolff, W. and R. Brand (2013), "Subjective stressors in school and their relation to neuroenhancement: a behavioral perspective on students' everyday life "doping"", *Substance Abuse Treatment, Prevention, and Policy*, Vol. 8/1, http://dx.doi.org/10.1186/1747-597x-8-23.

第9章

デジタルネイティブの神話

レベッカ・アイノン

　「デジタルネイティブ」は、デジタルに強い存在として若者を説明する数多くの言葉のひとつにすぎない。彼らはテクノロジーを理解し、利用する方法が旧世代とは明らかに異なっているとされる。20年前に広がったこの言葉は、若い世代に対する見方や、教育方法や支援方法に大きな影響を及ぼしている。若者とテクノロジーの関係をこのような枠に当てはめる方法は、実証的根拠も不十分なまま使われ続けるどころか、ますます力を増している。本章は、この用語の背後に潜む問題と、それが一部の若者、特に、すでに社会的に不平等な環境にある若者に負の影響を及ぼすことを示す。

第1節 ┃ 序論

　本章は5部構成である。まず、デジタルネイティブの概念を詳説する。次に、若者のテクノロジーの利用に関する実証的エビデンスを検証して、デジタルネイティブの概念と照らし合わせることで、この言葉の大前提が不正確で、科学的根拠に基づいていないことを示す。続いて、デジタルネイティブの概念を利用し続けることは、子どもや青少年にとって有害であることを示す。オンラインサービスは、若者はデジタルに強いという想定に従って提供されているため、新たなテクノロジーを利用するために受け取ることのできる支援や、一般的な政策立案の点で不利である。さらに、エビデンスによる裏付けがないにもかかわらず、なぜこのような見方が存続しているのか、その理由を探る。最後に、今後の研究と教育制度を前進させるための提案を行う。

第2節 ┃ デジタルネイティブとデジタル移民

　「デジタルネイティブ」という言葉は、ネット世代やグーグル世代、あるいはミレニアル世代などの言葉とならんで、若者の生活におけるテクノロジーの重要性を強く主張する。新たなテクノロジーは若者世代の生活の決定的な特徴とみなされ（Prensky, 2001、Oblinger and Oblinger, 2005、Palfrey and Gasser, 2011）、コミュニケーション、社会的交流、創造、学習などの方法が根本的に変化したと考えられている。「彼らは別の生き物である。あなた方が育ってきた方法とは大きく異なる方法で学び、働き、書き、交流する」（Palfrey and Gasser, 2011）。「彼らはきわめて自然にテクノロジーになじんでいる」（Tapscott, 2008）。

　デジタルネイティブの概念の核は、若者を「コンピュータ、ビデオゲーム、インターネットなどのデジタル言語のネイティブスピーカー」とみる姿勢である（Prensky, 2001）。この点において、彼らは旧世代、すなわち、テクノロジ

ーの言語を彼らと同じようには使いこなせない「デジタル移民」とは根本的に異なっている。デジタルネイティブを支援するには教育変革が不可欠であるが、彼らを教え導くのはデジタル移民世代であることを考えるとこれは大きな問題である（Prensky, 2001）。

　デジタルネイティブの概念にはプラスの点とマイナスの点が含まれる。プラスの点として、旧世代に、若者や彼らのテクノロジーの利用への理解を促すことが挙げられる。つい最近まで、彼らの経験や視点は研究者から無視されていた。彼らが真の意味で研究対象となったのは、子ども社会学などが登場した1960年代のことである。加えて、デジタルテクノロジーは社会的及び文化的人工物であり、人々の使い方や考え方と関連づけて理解する必要がある。したがって、研究者、政策立案者、教師、その他の関係者に、若者によるテクノロジーの利用の考察を促すこと自体は良いことである。

　また、デジタルネイティブという概念には多少の真実も含まれている。すなわち、インターネットなどの新しいテクノロジーの利用は、旧世代よりも若い世代に多くみられる。テクノロジーの利用者と最大の受益者を説明するモデルにおいて、年齢はかなり強い因子である。また、各世代の構成員は共通の文化を介して互いにつながっているが、大多数の若者の場合、テクノロジーが共通文化の一角を成すことは間違いない（Jenkins, 2009）。実際、多くの若者にとってテクノロジーは、生活の多様な側面において自律感と制御感を経験する重要な手段のひとつである（Buckingham, 2008、Davies and Eynon, 2013）。

　しかし、若い人々をこのような仕方で概念化することには多くの問題もある。デジタルネイティブは、若者について考察し理解しようとするひとつの概念であるが、そう主張するだけの正確さを欠いている。根本的な問題のひとつは定義である。すなわち、デジタルネイティブとはどのような人を指すのか。この場合、最大の根拠は彼らが生まれた時代である。しかし、この概念がかなり以前から論じられていることを考えると、このようなとらえ方は問題である。実際、彼らの主張に従えば（Prensky, 2001）、1980年以後に生まれた者は全員デジタルネイティブである。多様な年齢とライフステージにある人々が含まれ、人口のかなりの割合を占める。したがってこの用語はほとんど意味をなさない。今や多くの親や教師が、若い世代のデジタルネイティブと同程度にテ

クノロジーに習熟していることになる（Jones and Czerniewicz, 2010）。

　定義に関する問題のほかにも、「デジタルネイティブ」という言葉が若者とテクノロジーの関係を本質主義的にとらえているという問題もある。これは若者に関する極端に簡易化したとらえ方のひとつであり、若者とテクノロジーの関係を、子どもは無力でありテクノロジーによって搾取される可能性があるというディストピア的観点から枠付けするか、子どもは大人と異なり、テクノロジーを利用する能力を生まれつき有しており、その利用に秀でているというユートピア的観点からとらえている（Buckingham, 2008）。これらの見方は何年も前から流布し、共存している。たとえば、1980年から2000年にかけてイギリスのメディア界や政界では、若者と新しいテクノロジーをめぐる6つの言説の存在が確認されている（Selwyn, 2003）。そのなかには、子どもはテクノロジーを利用する能力を生来備えているとみる「生まれつきのコンピュータユーザー（デジタルネイティブ）」という見方もあれば、子どもは専門家であり教師は新人であるため、子どもは大人にテクノロジーの利用方法をそれとなく示すお手本であるとする「成熟したコンピュータユーザー」という見方もある。さらに、無垢の子どもが望まないコンテンツに曝される「犠牲者としてのコンピュータユーザー」という見方もある（Selwyn, 2003）。

　同様のテーマは、今日の若者をめぐる多くの一般的及び政治的なとらえ方にも見出される。実際、デジタルネイティブの概念は今も消えていない。それどころか、教育の未来の方向や、公的サービスや社会的支援を提供する方法をめぐって、さらに拡大しているとみられる。デジタルネイティブの概念は一種の短絡的な主張と化しており、若者は、大人が気づいて関与できる以上のことを自分の力で自主的に行うことができるため、フォーマルな教育は若者の足かせにしかならないという考えを生んでいる。また、若者を支援するイニシアチブはすべて、彼らと意味のある方法でつながるためにはテクノロジーを利用する必要があるとも考えられている。

第3節 ┃ 神話の嘘を暴く

　デジタルネイティブへの批判は特に新しいものではなく（Bennett and Maton, 2010、Facer and Furlong, 2001、Valentine, Holloway and Bingham, 2002、Helsper and Eynon, 2010）、その根拠として、若者のテクノロジーの利用をめぐる実証的エビデンスが挙げられている。まず、さまざまな世代のデータを分析することによって、旧世代と新世代の違いは根本的なものではなく、デジタルネイティブの神話が示唆するほど明確なものではないことが明らかにされた。たとえば、イギリスの代表標本による調査データを分析すると、若い世代には、「デジタルネイティブ」ならではと思われるある種の特性が見出された（Helsper and Eynon, 2010）。例として、自宅にさまざまなデバイスがある、何かにつけてまずインターネットに頼る、インターネットにおける自己効力感が高い、マルチタスクを行う、宿題などの特定の活動のためにインターネットを多用するなどがある。しかし、これらのパターンを説明する変数は世代だけではなく、教育、経験、性別も重要な役割を占めていた。一言でいえば、インターネットなどの新たなテクノロジーとの関係には幅があり、そのどこかにそれぞれの人を位置付けることが可能であるが、世代による明確な区別は存在しなかった（Helsper and Eynon, 2010）。

　デジタルネイティブの概念が科学的な裏付けを持たないとする根拠は、明らかな世代差が存在しないことだけではない。実証的研究は実態をより詳細かつ公平にとらえており、均質と思われるこの世代が、実はそれぞれの時代と環境においてデジタルテクノロジーとかかわっていることを示している。各国で進められている研究に従うと、若者と若者のテクノロジーの利用は均質なひとつの集団とみなすことができない。それどころか、若者がテクノロジーを利用する理由と方法に関しては大きなばらつきが存在する。たとえば、創造、コミュニケーション、参加、情報収集、娯楽などの活動に関与するレベルに違いがあり、テクノロジーへのアクセスやデジタルスキルのレベルにも差がある。さらに、成長に伴って幅広い社会的文化的側面を反映するようになり、10代でテ

クノロジーの利用に大きな変化がみられる。さらに、若者がテクノロジーから得られる社会的、経済的、教育的利益も大きく異なっている（Davies and Eynon, 2013、Davies and Eynon, 2018、Facer and Furlong, 2001、Eynon and Malmberg, 2011、Hooft Graafland, 2018、Livingstone and Helsper, 2007、Livingstone et al., 2019、Ito, 2013）。

　テクノロジーへの関与におけるこのような差異は、各国について長年にわたり調査されてきた。たとえば、19の欧州諸国の9～16歳の子ども2万5,000人以上を対象として行われた最新のEU Kids Online調査では、インターネットへのアクセスと利用について重要なパターンが見出された。2017年秋から2019年夏に収集された調査データによると、若者がインターネットにアクセスする方法は多様であったが、すべての調査対象国でスマートフォンが最も多用されていた。また最も一般的な活動は、ビデオや音楽の視聴、社会的交流、ゲームであったが（図9.1）、パターンは国によって大きく異なっていた。年齢差も存在し、15～16歳はそれ以下の年齢層よりも、（頻度においても範囲においても）オンライン活動を多く行う傾向にあった。19か国の若者の操作的スキルと社会的スキルは一貫してかなり高かったが、情報ナビゲーションスキルと創造的スキルにはかなりのばらつきがあった（Smahel et al., 2020）。

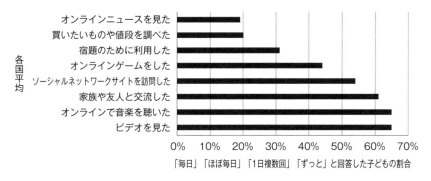

注：調査対象国はチェコ、クロアチア、エストニア、フランス、ドイツ、イタリア、リトアニア、マルタ島、ノルウェー、ポーランド、ポルトガル、ルーマニア、セルビア、スロバキア、スペイン、スイス。
資料：Smahel et al., 2020

図9.1　日常的にオンライン活動を行う子ども（9～16歳）の割合

　後述のように、これらの違いの原因は多面的であり、個人や地域の背景だけでなく、教育制度の性質、ブロードバンド環境、法律制度、文化的期待などのマクロレベルの因子とも関連している（Smahel et al., 2020）。デジタルネイティブの主張者は若者を均質の存在として提示するが、これらの違いはその主張と真っ向から対立しており、若者のテクノロジー利用の支援方法において大きな違いを生む可能性がある。

第4節　「デジタルネイティブ」概念のリスク

　デジタルネイティブの概念と各国の調査結果は大きく乖離している。以下ではその乖離に伴う3つの問題に焦点を当てる。すなわち、デジタルネイティブの概念が教育者や親／保護者に及ぼす影響、若者の間に存在するデジタル不平等の黙殺、テクノロジーが社会で担う役割をめぐる現状の容認である。以下で順に取り上げる。

ネットワーク化時代の子どもの支援

　すでに述べたように、テクノロジーのアクセスと利用に明らかな世代差は存在しない。インターネット利用に関する研究によると（Helsper and Eynon, 2010）、成人（親や教師）は、望めば若者と「同じようにテクノロジーの言語を話す」ことができる。テクノロジーを利用する理由と方法には違いがあるとしても、これは、ある方法によるテクノロジーの利用や理解が根本的に不可能であることを示しているわけではなく、人々のライフステージ、社会的背景、興味に起因する差異である（Helsper and Eynon, 2010）。

　加えて、多くの研究によって、学校や親／保護者が、若者のデジタル経験において重要な役割を果たすことが示されている。たとえば、テクノロジーへのアクセスの支援、デジタルスキルの発達の支援、テクノロジーへの関心や関与を深めることに役立つ支援ネットワークの提供などが挙げられる（Boyd, 2014、Philip and Garcia, 2013）。もちろんこのような支援は、新たなテクノロジーを最大限に利用することを可能にするだけでなく、インターネットや関連

テクノロジーのリスクを回避して、身を守ることも可能にする（Livingstone et al., 2019）。

　しかし、多くの親、保護者、教師は、テクノロジーの利用に関して子どもに与えられるものは何もないと考え、それどころか若者のほうを専門家とみなす傾向にある。デジタルネイティブの概念は、若者を支援するはずの人々、それが可能な人々の力を大きく抑制する（Bayne and Ross, 2011、Helsper and Eynon, 2010）。重要なことは、社会としてどのようなテクノロジーの利用や関与を若者に求めるのか、また、その実現に向けて教育制度をいかに発展させるべきかを決定することである。しかるべき議論の欠如とデジタルネイティブ神話の信仰は、若者に負の影響を及ぼす。実際、特に学校が傍観者的な態度をとることは、すでにある種の社会的疎外を経験している若者に重大な影響を及ぼす。

デジタル不平等

　若者のテクノロジーの利用とそこから得られる利益には常に差があり、格差はある程度まで社会経済的因子によって説明される。恵まれない環境にある若者は、概して十分な質のアクセスを持たず（デバイスの有無、デバイスの適切性、自宅のインターネット回線の質など）、支えてくれる人も少なく（親や保護者も高いデジタルスキルを持っていないことが多い）、スキルが低い傾向にある（十分なアクセスを持たず、適切な支援を得られなければ、スキルを育むことは難しい）。

　テクノロジーを有効に利用できない若者はますます不利になる。たとえば在学中も、インターネットにアクセスできなければオンラインで出された宿題ができないかもしれない。また、テクノロジーを有効に利用するスキルも持っていない可能性がある。さらに、デジタルネイティブは一定のスキルレベルに達しているという想定の下に、必要な範囲のスキルが学校で教えられていないケースもある（Davies and Eynon, 2018）。学校外では、友人のネットワークや市民活動から疎外され、若者への支援はオンラインで提供されることが多いために付加的な支援サービス受け取る機会を逃すことも少なくない（Robinson, 2009、Eynon and Geniets, 2015、Helsper, 2017、Boyd, 2014）。

　研究者らがこれらの不平等の存在を明らかにしたのは数十年前であった（Facer and Furlong, 2001、Valentine, Holloway and Bingham, 2002）。しかし、そのような若者の存在は、デジタルネイティブの神話を奉じる政策立案者の目にはみえていなかった。2020年、新型コロナウイルス感染症のパンデミックを防ぐために多くの国で学校が閉鎖された。ここに至ってようやく、新たなテクノロジーへのアクセスと利用をめぐって、各国内にも各国間にも多くの重大な不平等が存在することが人々の目に明らかになった。問題の規模は衝撃的なものであった。

　今、これらの不平等への対処が求められている。一般的には、ノートパソコンやインターネット接続などのかたちで、アクセスの提供を重視するべきだと信じられている。しかしそれでは不十分であり（Sims, 2013）、広範な教育的観点から検討することが必要である。デジタルスキルの発達を学校が支援しないことは、不平等の再生産につながる（Boyd, 2014）。たとえばEU Kinds Online調査によると、子どもはオンラインで負の出来事を経験すると、教師や他の専門職ではなく、親や友人と話すことで対処する傾向がある（Smahel et al., 2020）。したがって、親や友人のデジタルリテラシーが低いと、たとえオンラインの世界に入ることができたとしても、学校以外でデジタルリテラシー育成の助けを得ることができない。

　また、デジタル不平等に対処する政策は社会的変革の観点からも検討することが必要である。大多数の若者にとって、自宅でテクノロジーを利用できない理由は物質的リソースの不足である。たとえ自宅にノートパソコンがあっても、食費や暖房費にも事欠き、適切な医療や仕事の機会を得られない問題は根絶されない。デジタル不平等は、社会的不平等の他の指標と非常に強い相関関係にある。より大きな社会的構造を念頭において若者とテクノロジーの問題に立ち向かうことが重要であり、これは次のリスクと関連している。

現状の容認

　デジタルネイティブの神話は、若者のテクノロジーの利用を、テクノロジーに対する無批判な決定論的モデルに従って無反省に称賛した。そのモデルにおいて、あらゆるテクノロジーは人々の心を躍らせ、未来の社会を推進する因子

として位置づけられている。これは現状の絶対的な容認とテクノロジーを決定的因子とみなす姿勢につながるが、このような見方は若者にとっても若者を支援する人々にとっても役に立たない。

　テクノロジーを「良いもの」として受け入れる姿勢は、国際電気通信連合（ITU）の次のような声明に反映されている。「情報通信技術（ICT）は教育を向上させ、若者の失業率を低下させ、社会経済の発展を促す。ただし、このような変化をもたらすICTの力を利用するには、若者がICTへのアクセスを持ち、それを自分の利益のために利用できる幅広いデジタルスキルを身につけている必要がある」（ITU, 2020）。要するに、テクノロジーは良いものであり、若者にはそれを生かす十分な能力がありさえすればよいということである。

　ところが若者自身は、テクノロジーによる利益を盲信していない。2018年、ピューリサーチセンターがアメリカの10代のテクノロジー利用について調査した結果、次のことが見出された。「ソーシャルメディアは彼らの生活のほぼいたるところに存在する。にもかかわらず、プラットフォームが若者に及ぼす最終的な影響に関しては意見の一致がみられない。10代の大半（45％）は、ソーシャルメディアが自分たちにプラスの影響もマイナスの影響も及ぼさないと考えている。31％は、ソーシャルメディアが及ぼす影響は主にプラスであると考えており、24％は主にマイナスであると考えていた」（Anderson and Jiang, 2018）。さらに、過半数の若者は、専ら社交や娯楽に関連する狭い範囲のアプリやプラットフォームを利用しており、インターネットの消費者としてのみ行動している（Davies and Eynon, 2018）。

　インターネットを利用する若者の行動をめぐって大きな懸念が存在する。すなわち、生涯を通じて追跡可能なデジタルデータが生み出され、それが企業によって営利的に利用されることである（Lupton and Williamson, 2017）。若い人々のオンライン活動（学習や教育も含む）に関するデータの収集、蓄積、処理における企業やサードパーティの関与は、増加の一途をたどっている。ビッグデータの利用とその道徳的規範について、現在、世界規模で議論が進行中であるが、そこには子どもの権利も組み込まれるべきである（Berman and Albright, 2017、Livingstone and Third, 2017、Lupton and Williamson, 2017）。新たに発生したこれらの問題について、若者によるテクノロジーの利

用だけでなく、より広い技術的、商業的、法的、政治的環境において、社会全体で考えることが重要である。

　同時に、若者の「自己責任」を声高に主張する声も聞かれる。言い換えると、新自由主義の論理に従って、より大きな社会的構造を黙殺し、「第四次産業革命」で成功できるかどうかは自己責任とする見方である。たとえば、地球規模の不平等の高まりを憂う声が存在するにもかかわらず、問題解決に利用される典型的な方法は、社会的公正を支える幅広い介入ではなく、教育を介し、個人を焦点としている。このような姿勢は、学校におけるプログラミング学習も含めて教育の多様な側面に見て取ることができる（Hope, 2015、Reveley, 2016）。プログラミング学習は、個人と社会が保証された成功へ向かう方法として促進されているが、万人に等しい機会をもたらしはしない。すべての若者が、同一水準の経済的、社会的、文化的、政治的リソースを所有しているわけではない。この違いは、たとえテクノロジーの利用、スキル、アクセスが同一に思われても、新たなテクノロジーから受け取ることのできる機会に明らかに影響する（Davies and Eynon, 2018）。

　デジタルネイティブの神話は、テクノロジー、教育、若者、社会の関係を批判的に反省する障壁となる。私たちはそのように不公平な社会で暮らして現状を受け入れることを望むのか、あるいは未来の世代のために別の社会を希求するのか。

第5節　┃　デジタルネイティブの神話が消えない理由

　デジタルネイティブの神話を裏付ける実証的なエビデンスは限られているにもかかわらず、この用語は一般的な会話でも政策談話でもよく利用されている。インターネットで少し検索するだけで、無数のレポート、ブログ、政策声明が見つかる。デジタルネイティブという用語が利用されているだけでなく、若者は全員デジタルに強いという見方に立脚して、教育、雇用、ウェルビーイングに関するあらゆるテーマが語られている。

　この分野に対する人々の関心を体系的に調査すると、テクノロジーを若者の

決定因子とみる姿勢は姿を消すことなく執拗に残っている（Judd, 2018）。Google Trends検索の分析によると（Judd, 2018）、デジタルネイティブへの相対的関心度は、2005年前後から大きく低下していないことがわかる（図9.2）。

　デジタルネイティブの神話が持つ影響力は大きい。したがって、この言葉に代表される若者のとらえ方がいっこうに消えない理由を考察することが重要である。簡単に言うと、この言葉を存続させることで誰が利益を得るのだろうか。

　大勢の受益者が存在するかもしれないにせよ、最も突出した受益者は商業部門である（Selwyn, 2003）。デジタルネイティブの神話は、親や保護者に子どもの宿題用にデジタルデバイスを買い与えることを促す。しかし、支援のためのテクノロジーの購入はここで終わらない。正当化はさらに進み、テクノロジーはより大きな社会問題の解決策とみなされるようになる。たとえば、テクノロジーの利用は教育改革を行うために必要であると主張される。あるいは、社会的流動性を促進するには、出世の手段としてオンラインの機会を提供することが必要であると主張される。

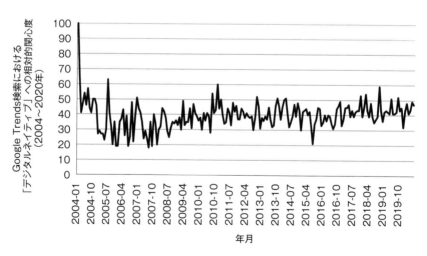

注：Googleによると「数値は所与の地域と期間におけるグラフの最高点に対する相対的な関心度を表す」。100はグラフの最高点を示し、50はその半分を意味する。0は十分なデータが存在しないことを意味する。

図9.2　「デジタルネイティブ」への相対的関心度の推移

　デジタルネイティブの神話には、実証的なエビデンスだけで立ち向かえるものではない。この比喩表現そのものを直接問いただす必要がある。そのためには、ネイティブと移民をめぐって「この比喩に暗示されている根本的な差別」（Bayne and Ross, 2011）と、先に述べた、市場主導によるテクノロジーの本質主義的なとらえ方（Bayne and Ross, 2011）を検証することも必要である。「デジタルネイティブという言葉は写実的言辞ではなく、（近）デジタル未来の形成に権力を行使し、コントロールすることを求める人々が用いる言説としてとらえる必要がある」（Selwyn, 2009）。したがって、若者を対象とする研究においては、デジタルネイティブの主張を意図せず補強して事態を悪化させないことが重要である。デジタルネイティブという言葉を容認することによって合法化し、その神話に従って課題を設定することがあってはならない。

第6節　今後の課題：未来の研究と政策形成に向けて

　言説を変化させる重要な方法のひとつは、若者の生活におけるテクノロジーの役割と未来の設計に関する議論に多様な人々を関与させることである（Bijker, and Pinch, 2012）。以下では、未来の研究と政策立案においてこの目標の達成を助けるであろう重要なテーマを挙げる。

教育政策と実践

　今日までの研究が示すように、若者のテクノロジー利用の支援者として教師は重要な役割を負う。したがって、その役割を認識することが大切である。若者がみな専門家とは限らない。そして、教育のどの領域でも同じであるが、若者の探求を支援するのは大人の役目である。現在の道をこのまま進んで同じ行動パターンをとるのか、あるいは、あらゆる年齢層の若者を支える介入を積極的に行うのかを決める必要がある（Smahel et al., 2020）。

　これは、学校が社会で担う役割をめぐるより大きな問題と関連する。学校は、相互に関連する3つの機能を持つ（Biesta, 2015）。まず、「何事かをなしうる知識とスキル及び性質」を証明する資格を若者に獲得させること。次に、

若者が「特定の社会的、文化的、政治的秩序に組み込まれる（つまり社会化する）」方法を意図的にあるいは非意図的に推進すること。最後に、若者が「思考と行動において自律性と独立性を持つ（つまり主観化する）」ことを助けることである。学校における若者とテクノロジー利用の重視は、そのほとんどが資格とスキルを媒体として達成されるため、主観化と社会化はなおざりにされがちである。しかし、学校教育が持つそれらの重要な側面は、テクノロジーとの関係において無視されるべきではない（Jenkins, 2009）。

　これら３つの役割を実現するには、批判的なデジタルリテラシーの課題を授業に組み込む必要がある。それによって、テクノロジー、学習、日常生活の現状を問い直し、心身ともに成人へと移行することが可能になる。しかしこのような動きは、多くの国でみられるプログラミング学習の必要性を焦点とした、より狭いデジタルスキルに関する課題とは対照的なものになるだろう（Davies and Eynon, 2018）。実際、多くの人々が、若者が求めるものやフォーマルな教育において学ぶ必要があるものと、学校によって提供されるものとが大きく乖離していることを問題視している（Wallis and Buckingham, 2016、Morgan, 2016、Biesta, 2015）。デジタルスキル政策と関連し、若者の立場に立った教育課題が必要である。これを実現する方法はいくつもある。たとえば、人工物の生産と倫理観を結合させ、現代社会にみられる力関係と不平等に注目させるような「批判的デジタルデザイン」イニシアチブの支援が挙げられる。また、日常生活でテクノロジーに関与する際に個人が意味を見出す方法を学習のリソースとみなして、主体性とアイデンティティの発達を助けるなどの個人への支援もある（Pangrazio, 2014）。

　ほかにも検証する必要のある問題が存在する。それは、テクノロジーの課題の設定者と、現状が若干の民間企業によって支配されていることにかかわる問題である。特に重大な問題は、データに対する若者の権利とプライバシーの権利である。先述のように、これは学校の内外を問わず、特に政策立案者にとって重要な問題である。実際に、ビッグデータが利用される他の領域とは異なり、教育は特に若齢者に対する特別な配慮を必要とする分野である（Clayton and Halliday, 2017）。学習と教育がどこでどのように誰の手によって発生するかを検証するには、より全体論的なアプローチが必要であり、学習にかかわる

すべての機関（フォーマルな学習機関だけでなく）に説明責任を持たせるとともに、すべての若者の権利、ニーズ、経験を認める必要がある。

研　究

　若者とテクノロジーに関する現在の理解には多くの空白領域がある。第一に、若者のテクノロジー経験をとらえる現在のデータは、そのほとんどが従来の社会科学の手法（聞き取り調査、アンケート、記録日誌など）によって収集されている。既存のアプローチは、若者のテクノロジー経験とテクノロジーの価値づけを測定している。しかしその補完として、若者が実際にテクノロジーを利用して何をしているのかを追跡できる、ソーシャルデータ学による手法を利用した研究はほとんど存在しない。たとえば多くの若者が、YouTube や TikTok などのソーシャルネットワークサイトを、交流の場や、関心事を知る場として利用している。これらのプラットフォームを利用すると、痕跡としてデジタルの足跡（デジタルフットプリント）が残る。たとえば、閲覧回数、コンテンツ、コメント、費やした時間は、そのようなサイトを所有する企業によって追跡可能である。企業は利益の増大のためにこの種の大規模なデジタルフットプリントを利用する。しかし、研究者がこの種のデータを利用すれば、テクノロジーの習得と関与に関する経時的な知見を得られる可能性があり、社会科学者によって収集される自己報告による尺度の補完として役立つだろう。実際、若者とデジタル世界の経験に関する研究のかなりの部分は横断的データに基づいているため、テクノロジーの利用が社会、教育、健康にどのような経時的影響を及ぼすかを把握することは難しい。デジタルフットプリントはこの問題への取り組みに役立つと考えられる。確かに、企業によるそのようなデータの利用には重大な倫理的懸念がある。しかし、そのような懸念があるからといって、研究者と若者が協働してこの領域における確固とした道徳的規範を確立できないということはない。これは、テクノロジーと若者の関わりについてさらなる知見をもたらすことに役立つであろう。

　第二に、この分野の一部では、非常に優れた研究が行われているとはいうものの、世界規模でみると調査が不足している地域がある（Holloway and Livingstone, 2013、Hooft Graafland, 2018、Livingstone et al., 2019）。若者に関

する研究の圧倒的多数は、欧州と北アメリカを主な対象としており、低〜中所得国の経験に注目した研究はほとんど存在しない（Livingstone et al., 2019）。しかし、状況は変わりつつある。たとえば、ユニセフ、ロンドン大学経済政治学部、EU Kinds Online は、世界各地のテクノロジー経験をとらえるために、協働で Global Kids Online プロジェクトに乗り出した。現在、アルゼンチン、ブラジル、ブルガリア、チリ、ガーナ、モンテネグロ、セルビア、南アフリカ、フィリピン、ウルグアイが参加しており、アルバニアとカナダで実地調査が進行中である（Livingstone et al., 2019）。

　また、年少者に関する研究も数が限られている。インターネットも含めて新たなテクノロジーの利用はますます低年齢化しているにもかかわらず、それが社会、健康、教育にどのような影響を及ぼすかはほとんど知られていない（Holloway and Livingstone, 2013、Livingstone et al., 2019）。しかし、これもまた変化しつつある。たとえば、オーストラリア研究会議による最長7年間の資金プログラムであるセンターオブエクセレンス「デジタル時代の子ども」は0〜8歳の子どもと家族の経験を焦点としている。

　第三に、「デジタル時代の若者」に関する研究の多くは、より広範な若者学や子ども社会学の研究者らと十分な交流がないままに行われている。この分野の研究のかなりの部分は概してきわめて実証的であり、理論面への取り組みはまれである。しかし、子どものデジタル行動を理解するには理論的な研究に立脚することが重要である（Beckman, Bennett and Lockyer, 2019、Selwyn, 2012、Sims, 2013、Robinson, 2009、Livingstone and Sefton-Green, 2016）。理論的研究に立脚することによって、デジタルネイティブの神話を批判して、やがて強固な代替案を生み出して提供することが可能になる。実際、若者とテクノロジーをめぐる議論の多くは歴史的基盤を持たない。それを克服するには理論的な研究を増やすことが必要であり、デジタルネイティブに代わる有意味な概念の誕生が期待される（Bennett and Maton, 2010、Selwyn, 2012）。

第7節 | 結び

　デジタルネイティブの神話は実証的エビデンスに合致しない。若者はテクノロジーを非常に多様な方法で利用し、多様な態度や経験を有している。確かに、若者はデジタル世界との関連において際立った文化的背景を持つといえるかもしれない。だからといって、大人が若者のテクノロジーの利用を導けないわけではない。この世界で有意味な働きをするために必要な幅広い能力や知識の育成と同じである。デジタルネイティブの神話は人々の関心を引き、政策立案者にとって反応しやすいテーマである。しかしそれは、若者とテクノロジーの関係を概念化する適切な方法でもなければ、彼らを教育し支援する適切な介入を示唆するものでもない。それどころか、大多数には直接的な害を及ぼさないとしても、すでに何らかのかたちで社会的不平等を経験している者に対しては負の影響力しか持たない。デジタルネイティブの神話を再考し、エビデンスに基づいて教育制度を進化させ、若者への支援を広げる新たな方法を見出す必要がある。

参考文献・資料

Anderson, M. and J. Jiang (2018), *Teens Social Media and Technology 2018*, Pew Research Center, https://www.pewresearch.org/internet/2018/05/31/teens-social-media-technology-2018/.

Bayne, S. and J. Ross (2011), "'Digital native' and 'digital immigrant' discourses", in *Digital Difference*, SensePublishers, Rotterdam, http://dx.doi.org/10.1007/978-94-6091-580-2_12.

Beckman, K., S. Bennett and L. Lockyer (2019), "Reproduction and transformation of students' technology practice: The tale of two distinctive secondary student cases", *British Journal of Educational Technology*, Vol. 50/6, pp. 3315-3328, http://dx.doi.org/10.1111/bjet.12736.

Bennett, S. and K. Maton (2010), "Beyond the 'digital natives' debate: Towards a more nuanced understanding of students' technology experiences", *Journal of*

Computer Assisted Learning, Vol. 26/5, pp. 321-331, http://dx.doi.org/10.1111/j.1365-2729.2010.00360.x.

Berman, G. and K. Albright（2017）, *Children and the Data Cycle: Rights and Ethics in a Big Data World*, https://www.unicef-irc.org/publications/907/.

Biesta, G.（2015）, *Good Education in an Age of Measurement: Ethics, Politics, Democracy*, Routledge.（『よい教育とはなにか：倫理・政治・民主主義』ガート・ビースタ著、藤井啓之／玉木博章訳、白澤社、現代書館（発売）、2016年）

Bijker, W., H. and T. Pinch（2012）, The Social Construction of Technological Systems: New Directions in the Sociology and History of Technology, The MIT Press, https://muse.jhu.edu/book/19813.

Boyd, D.（2014）, *It's Complicated: The Social Lives of Networked Teens*, Yale University Press, https://www.jstor.org/stable/j.ctt5vm5gk.（『つながりっぱなしの日常を生きる：ソーシャルメディアが若者にもたらしたもの』ダナ・ボイド著、野中モモ訳、草思社、2014年）

Clayton, M. and D. Halliday（2017）, "Big data and the liberal conception of education", *Theory and Research in Education*, Vol. 15/3, pp. 290-305, http://dx.doi.org/10.1177/1477878517734450.

Davies, C. and R. Eynon（2013）, *Teenagers and Technology*, Routledge.

Davies, H. and R. Eynon（2018）, "Is digital upskilling the next generation our 'pipeline to prosperity'?", *New Media & Society*, Vol. 20/11, pp. 3961-3979, http://dx.doi.org/10.1177/1461444818783102.

Eynon, R. and A. Geniets（2015）, "The digital skills paradox: How do digitally excluded youth develop skills to use the internet?", *Learning, Media and Technology*, Vol. 41/3, pp. 463-479, http://dx.doi.org/10.1080/17439884.2014.1002845.

Eynon, R. and L. Malmberg（2011）, "Understanding the online information-seeking behaviours of young people: The role of networks of support", *Journal of Computer Assisted Learning*, Vol. 28/6, pp. 514-529, http://dx.doi.org/10.1111/j.1365-2729.2011.00460.x.

Facer, K. and R. Furlong（2001）, "Beyond the myth of the 'cyberkid': Young people at the margins of the information revolution", *Journal of Youth Studies*, Vol. 4/4, pp. 451-469, http://dx.doi.org/10.1080/13676260120101905.

Helsper, E.（2017）, "A socio-digital ecology approach to understanding digital inequalities among young people", *Journal of Children and Media*, Vol. 11/2, pp.

256-260, http://dx.doi.org/10.1080/17482798.2017.1306370.

Helsper, E. and R. Eynon（2010）, "Digital natives: Where is the evidence?", *British Educational Research Journal*, Vol. 36/3, pp. 503-520, http://dx.doi.org/10.1080/01411920902989227.

Holloway, D. and S. Livingstone（2013）, *Zero to eight. Young children and their internet use Zero to Eight*, LSE, London: EU Kids Online, http://www.eukidsonline.net（accessed on 16 March 2018）.

Hooft Graafland, J.（2018）, "New technologies and 21st century children: Recent trends and outcomes", *OECD Education Working Papers*, No. 179, OECD Publishing, Paris, https://dx.doi.org/10.1787/e071a505-en.

Hope, A.（2015）, "Governmentality and the 'selling' of school surveillance devices", *The Sociological Review*, Vol. 63/4, pp. 840-857, http://dx.doi.org/10.1111/1467-954x.12279.

Ito, M.（2013）, *Hanging Out, Messing Around, and Geeking Out: Kids Living and Learning with New Media*, The MIT Press, Cambridge, https://library.oapen.org/handle/20.500.12657/26060.

ITU（2020）, *Youth and Children*, https://www.itu.int/en/ITU-D/Digital-Inclusion/Youth-and-Children/Pages/Youth-and-Children.aspx.

Jenkins, H.（2009）, *Confronting the Challenges of Participatory Culture: Media Education for the 21st Century*, MIT Press.

John D. and Catherine T. MacArthur Foundation Series on Digital Media and Learning（ed.）（2008）, *Youth, Identity, and Digital Media*, London: MIT Press.

Jones, C. and L. Czerniewicz（2010）, "Describing or debunking? The net generation and digital natives", *Journal of Computer Assisted Learning*, Vol. 26/5, pp. 317-320, http://dx.doi.org/10.1111/j.1365-2729.2010.00379.x.

Judd, T.（2018）, "The rise and fall（?）of the digital natives", *Australasian Journal of Educational Technology*, Vol. 34/5, http://dx.doi.org/10.14742/ajet.3821.

Livingstone, S. and E. Helsper（2007）, "Gradations in digital inclusion: Children, young people and the digital divide", *New Media & Society*, Vol. 9/4, pp. 671-696, http://dx.doi.org/10.1177/1461444807080335.

Livingstone, S. et al.（2019）, "Comparative global knowledge about the use of digital technologies for learning among young children", in *The Routledge Handbook of Digital Literacies in Early Childhood*, Routledge, http://dx.doi.org/10.4324/9780203730638-6.

Livingstone, S. and J. Sefton-Green (2016), "The Class: Living and learning in the digital age'. Online resource. Parenting for a digital future", *London School of Economics and Political Science*, http://blogs.lse.ac.uk/parenting4digitalfuture/.

Livingstone, S. and A. Third (2017), "Children and young people's rights in the digital age: An emerging agenda", *New Media & Society*, Vol. 19/5, pp. 657-670, http://dx.doi.org/10.1177/1461444816686318.

Lupton, D. and B. Williamson (2017), "The datafied child: The dataveillance of children and implications for their rights", *New Media & Society*, Vol. 19/5, pp. 780-794, http://dx.doi.org/10.1177/1461444816686328.

Morgan, C. (2016), "Testing students under cognitive capitalism: Knowledge production of twenty-first century skills", *Journal of Education Policy*, Vol. 31/6, pp. 805-818, http://dx.doi.org/10.1080/02680939.2016.1190465.

Oblinger, D. and J. Oblinger (2005), *Educating the Net Generation*, http://bibpurl.oclc.org/web/9463.

Palfrey, J. and U. Gasser (2011), *Born Digital: Understanding the First Generation of Digital Natives*, ReadHowYouWant.com.

Pangrazio, L. (2014), "Reconceptualising critical digital literacy", *Discourse: Studies in the Cultural Politics of Education*, Vol. 37/2, pp. 163-174, http://dx.doi.org/10.1080/01596306.2014.942836.

Philip, T. and A. Garcia (2013), "The importance of still teaching the IGeneration: New technologies and the centrality of pedagogy", *Harvard Educational Review 83*, Vol. 2, pp. 300-319.

Prensky, M. (2001), "Digital natives, digital immigrants part 1", *On the Horizon*, Vol. 9/5, pp. 1-6, http://dx.doi.org/10.1108/10748120110424816.

Reveley, J. (2016), "Neoliberal meditations: How mindfulness training medicalizes education and responsibilizes young people", *Policy Futures in Education*, Vol. 14/4, pp. 497-511, http://dx.doi.org/10.1177/1478210316637972.

Robinson, L. (2009), "A taste for the necessary", *Information, Communication & Society*, Vol. 12/4, pp. 488-507, http://dx.doi.org/10.1080/13691180902857678.

Selwyn, N. (2012), "Making sense of young people, education and digital technology: The role of sociological theory", *Oxford Review of Education*, Vol. 38/1, pp. 81-96, http://dx.doi.org/10.1080/03054985.2011.577949.

Selwyn, N. (2009), "The digital native – myth and reality", *Aslib Proceedings*, Vol. 61/4, pp. 364-379, http://dx.doi.org/10.1108/00012530910973776.

Selwyn, N.（2003）, "'Doing it for the kids': Re-examining children, computers and the "information society"", *Media, Culture & Society*, Vol. 25/3, pp. 351-378, http://dx.doi.org/10.1177/0163443703025003004.

Sims, C.（2013）, "From differentiated use to differentiating practices: Negotiating legitimate participation and the production of privileged identities", *Information, Communication & Society*, Vol. 17/6, pp. 670-682, http://dx.doi.org/10.1080/1369118x.2013.808363.

Smahel, D. et al.（2020）, "EU Kids Online 2020 survey results from 19 countries", http://dx.doi.org/10.21953/lse.47fdeqj01ofo.

Tapscott, D.（2008）, *Grown Up Digital: How the Net Generation Is Changing Your World HC*, Mcgraw-Hill.（『デジタルネイティブが世界を変える』ドン・タプスコット著、栗原潔訳、翔泳社、2009年）

Valentine, G., S. Holloway and N. Bingham（2002）, "The digital generation?: Children, ICT and the everyday nature of social exclusion", *Antipode*, Vol. 34/2, pp. 296-315, http://dx.doi.org/10.1111/1467-8330.00239.

Wallis, R. and D. Buckingham（2016）, "Media literacy: The UK's undead cultural policy", *International Journal of Cultural Policy*, Vol. 25/2, pp. 188-203, http://dx.doi.org/10.1080/10286632.2016.1229314.

パート 4
教育政策とその実践

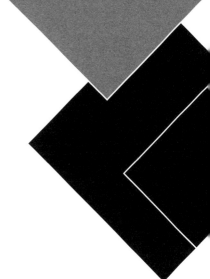

第 **10** 章

エンパワメント・
ウェルビーイング・不平等

フランチェスカ・ゴットシャルク

　子どもへのエンパワメントは世界各国で政策課題として挙げられている。情報に基づいて自身の健康とウェルビーイングに関する意思決定を行うスキルや知識を子どもに与えることは、子どもの人生の成果にとって重要である。変化を起こす主体となり、将来、周囲の環境にプラスの影響を及ぼすことを可能にする。しかし、各国は目下コロナ禍で悪化した経済的不安定への対処に追われている。その陰で、社会的不平等が子どもの健康とエンパワメントを蝕んでいる可能性がある。したがって、これはすべての子どもに平等な成果を与えるために、OECD 加盟国とパートナー国が注力すべき重要な政策領域である。

第1節 ┃ 序論

　ここ数十年で、子どもの権利とエンパワメントが世界各国の政策課題に挙げられるようになった。国連子どもの権利条約（1989年）では、子どもが自身にかかわる問題の行為者となることの重要性と、それが期待されることが謳われている。これは、子どもが意思決定を行う際は大人が対話に参加し、子どもの考えに反応を示すべきであることを示している。

　このような変化に伴って、子どもは世間を知らない無力な存在であるという見方から、知識を身につけて、社会活動の参加者になりうるという見方に移行しつつある（Prout, 2005）。子どもは無力であり、自分にとって最良の意思決定を行いえないという見方が、今問い直されている（Bradbury-Jones, Isham and Taylor, 2018）。たとえば、コミュニティの意思決定を左右する知識を生み出すプロセスに子どもや青少年を含めれば、他者への強い責任感を育む助けになるだろう。これはコミュニティと個人の健全性を促すとともに、子どもや青少年のための研究、政策、実践の関連性を高める可能性がある（Wong, Zimmerman and Parker, 2010）。

　教育制度は生徒に力を与え、責任感と知識と熱意のある市民を育むことに重要な役割を担う。子どもたちが社会的会話に積極的に参加し、自分とコミュニティの利益を考えて意思決定できるようになることを助ける。将来に対する準備が整った子どもは、変化の主体となって周囲の環境にプラスの影響を与える。また、自分の行動が短期的及び長期的に自分や他人にどのような影響を及ぼすかを理解し予測する（OECD, 2018）。個人が個人としてだけでなく、この複雑で急速に変化する世界において市民や専門職としても成長することを助けるには、教育そのものも進化しなければならない（OECD, 2019e）。

　社会や教育制度は子どものエンパワメントにおいて進歩してきた。しかし、そのような努力の甲斐もなく、不平等はいっこうに解消されない。社会経済的不平等がはびこり、OECD加盟国の7人に1人の子どもが所得貧困に陥っている（OECD, 2019b）。またどの国にも、程度は異なるものの社会経済的地位に

よる学習成果の不平等が存在する（OECD, 2017a）。社会経済的不利益はさまざまな健康成果や行動とも負の相関関係にあり（Inchley et al., 2020）、デジタル不平等を助長して、子どもがデジタル環境で遊ぶ能力や情報を取得する権利の行使を妨げている（Burns and Gottschalk, 2019）。

　子ども時代の不平等が現在に至るも解消されていないことは、コロナ危機下の学校閉鎖によって露わになった。OECD加盟国のすべての生徒が、デジタル学習へスムーズに移行できたわけではなく、社会経済的に恵まれない背景を持つ子どもは不釣り合いに大きな不利益を被った（OECD, 2020a、本書第3章）。また、給食や運動する機会の提供など、特に恵まれない子どもへのサービス提供において学校の果たす役割が明らかになった。教育制度は将来的に、コロナ禍で強化された社会的不平等を緩和する役割を担うようになるだろう。

　本章では、教育制度下で子どもに健康やウェルビーイングについて教える方法と、デジタル包摂に焦点を当てる。健康やデジタル成果の平等をめざす各国の努力に目を向け、21世紀の子どもたち政策アンケートから得られたさまざまな事例を示し、政策の精査と開発を必要とする領域を明らかにする。

第2節　力としての知識：子どもの健康とウェルビーイングをめざす教育

　教育目標は多くの国で拡大され、ウェルビーイング、社会的発達、人間的成長の指導と支援が含まれるようになった。めざすものは、認知的、社会的、感情的スキルをバランスよく含む「全人教育」である（OECD, 2015）。健康教育とデジタルスキルの育成は現在だけでなく未来においても、情報に基づいて自らの健康、ウェルビーイング、社会的包摂の意思決定を行う力を子どもに与えることに重要な役割を果たす。

健康とウェルビーイングに関する学習

　教育は、自分や他人の健康について子どもたちに教える重要な手段となる。教育制度はさまざまな経路を介してこれを実施している（表10.1）。カリキュラムを利用して健康習慣の発達と心身の健康の向上が図られ、健康や健康習慣

に関する学習がしばしば身体教育のカリキュラムに組み込まれる。

　あるいはメキシコのように、健康リテラシーが科学、市民学、倫理学にわたって含まれることもある。またフィンランドでは、１〜６年生の環境学習に含まれる。健康リテラシーの促進には、保健体育の授業の効果的な提供を目的としたヘルス・フレームワーク（健康教育ガイドライン）も利用される。そのほか、各国の健康フレームワーク、イニシアチブ、啓発活動など、一般大衆を対象とするアプローチも含まれる。

表10.1　健康と健康行動に関する学習

国	カリキュラム／政策	目標
オーストラリア	オーストラリアン・カリキュラム：保健体育	運動スキルを獲得し、身体が動くしくみを学ぶ。運動に対する積極的な姿勢を育み、屋外のレクリエーションやスポーツの機会を尊重することを学ぶ。
チェコ	健康2020	全国民と弱者の健康リテラシーを向上させる。栄養状態の向上と肥満予防、優れた健康習慣の国民への浸透、教育における健康知識の獲得を目的とするプログラムのオンライン提供を含む。
フィンランド	健康教育	多領域の知識基盤に基づいて健康リテラシーを発達させ、人権を遵守して人間の命と尊厳を尊重する姿勢を育む。健康、ウェルビーイング、安全に関連するテーマを取り上げ、健康に関する知識、スキル、自覚、倫理的責任感を育成する。
アイルランド	ゲットアクティブアイルランド！(Get Active Ireland!) フレームワーク	身体健康リテラシーを育むプログラムを効果的に実施して、子どもたちにスキルと自信を与え、生涯にわたって身体を使ったレクリエーションやスポーツに参加させることをめざす。
ラトビア	スコラー2030(Skola 2030)	学校において健康態度と健康行動の変化を促進する。身体健康カリキュラムを改善し、健康的なライフスタイルを育む方法をより深く理解させ、家庭やコミュニティにおける健康的な環境を推進する。
メキシコ	カリキュラム	環境知識、自然科学＆テクノロジー、生物学＆化学、市民学、倫理学などの教科を通じて、さまざまな領域にわたって健康を探る。体育においても、身体に関する知識やケア方法を伝え、運動を介して活動的で健康的なライフスタイルを促進する。
プリンスエドワード島（カナダ）	プリンスエドワード島カリキュラム：保健体育	保健体育のカリキュラムを改善して、性的健康など、年長の生徒向けのカリキュラムを組み込み、今日の生徒が直面する問題に関連する内容を含める。
トルコ	体育と運動能力	適切な衛生行動やセルフケアなど、健康の基礎となる価値観を育む。心身の健康リスクから身を守る計画を工夫する。

資料：21世紀の子どもたち政策アンケート

　心身の健康教育の重要な柱のひとつはセクシュアリティ教育[1]である。適切に実施すれば、健康やウェルビーイングの成果を促進することが可能である。性交渉の開始年齢の遅延、性交渉の相手の数の減少、危険行動の抑制、コンド

ームなどの避妊具の利用増加などが期待される（UNESCO, 2018）。また、性的活動や、危険行動、性感染症／エイズの感染率の増加も抑える（Montgomery and Knerr, 2016）。しかし、危険行動を減らして安全な性行為を促進するには教育だけでは不十分である。セクシュアリティ教育は、若者に将来の性行為や生殖を学習させる広範な方策に含まれるべきものであり、健康部門と協働してコミュニティや家庭において促進されるべきものである（Montgomery and Knerr, 2016）。多くの子どもはデジタル空間も利用して、セクシュアリティも含めて健康やウェルビーイングに関する情報を求めたり、友人に相談したりしている（コラム10.1）。

コラム 10.1　セックスについて話そう（オンラインで）

　インターネットは無限に近い情報へのアクセスを可能にした。近年、若者はデジタル環境を利用して、交流したり、ゲームをしたりする。また、自分の身体、セックス、人間関係に関する重要な情報を求めたりもしている。ユネスコの調査によると、15〜18歳にとって、身体、セックス、人間関係に関する一番の情報源は友人や仲間である（UNESCO, 2020）。続いて、学校教育を押しのけてデジタル空間が第2位を占める。一部のデジタル空間は、ウェブサイト、アプリ、チャットを介してセクシュアリティ教育の場となるべく設計されている。

　この調査によると、若者は身体と身体構造、性感染症、ジェンダーアイデンティティ、性別役割、性差別など、さまざまなテーマについてデジタル情報にアクセスしている。男性や女性以外の自己同一性を持つ若者（トランスジェンダーや、男女どちらでもないとするノンバイナリーなど）や、生物学的性別（sexuality）や社会学的性別（gender）を明かしたくない若者は、そうではない若者と比べて、身体、セックス、人間関係に関連するオンラインコンテンツをよく見ていた（UNESCO, 2020）。デジタル空間の匿名性は、若者、特にLGBTQ＋の若者に、差別やスティグマとは無縁の安全な環境で支援を得て、自らのアイデンティティについて議論し、探求する機会を与える（OECD, 2020b）。

　インターネットは子どもにとって重要な情報源である。特に、「主流」のセクシュアリティ教育プログラムに含まれにくい話題の情報源となる。たとえば、ニュージーランドの教育機関評価局の2017年の評価によると、セクシュアリティ教育カリキュラムにおける内容の扱いは一様ではなく、多くの学校において取り上げ方に差があ

る。性徴や思春期などの生物学的側面は適切に含まれているが、同意による性交渉、デジタルテクノロジー、人間関係に関する側面はもっと詳細に取り上げる必要がある。インターネットやデジタルリソースがこれらの空白の一部を満たしていることは間違いない。しかし、子どもが未確認の情報や偽りの情報にアクセスし、それを共有するリスクがあるため、デジタルスキルやメディアリテラシーの育成がいっそう急がれる。

　効果的な健康・ウェルビーイングプログラムを実施するには、協力体制も重要である。たとえばベルギーのフラマン語共同体では、性的健康に関する専門機関Sensoa[2]によって学校の性教育が主導され、教職員に対して教育と訓練の機会が提供されている。教育パッケージ「シーツの間で（Tussen de lakens）」は、10〜17歳向けの性教育素材集であり、身体、避妊、性感染症、性的逸脱行動のテーマが含まれている（Ministre de l'Enseignement obligatoire et de Promotion sociale, 2013）。

　健康とウェルビーイングの教育を重視する国は多い。にもかかわらず、子どもの健康行動について多くの問題（運動不足や不健康な食習慣など）が報告されている。肥満率が上昇し、体を動かさない時間が増加している。安全な性行為の重要性もまだ十分に浸透しておらず、改善の余地がある。21世紀の子どもたち政策アンケートでは、10代の妊娠や性感染症を喫緊の政策課題として挙げている国はほとんどなかった。しかし若者自身の回答をみると、リスクのある性行動をとっていることがわかる。たとえば、欧州とカナダの青少年を対象とした調査では、15歳の4人に1人が、直近の性交渉においてコンドームやピルなどによる避妊を行っていなかった（Inchley et al., 2020）。

コラム 10.2　健康について学び、健康リテラシーを育む

　健康リテラシーとは、現代社会の健康需要を満たす個人の能力と知識を指す（Sørensen et al., 2012）。健康リテラシーを身につけるには、認知的スキル、社会的スキル、批判的な分析スキルを結びつけて、読んだものや聞いたことを分析し、統合して意思決定を行う必要がある（OECD, 2019a）。健康リテラシーの低さに関

連する重要な問題は、既存の社会経済的不平等を悪化させることである（Moreira, 2018）。逆に健康リテラシーが高ければ、生活習慣によって健康が促進／抑制されることを理解して、健康をめぐる意思決定を制御できるようになる（OECD, 2019a）。

　情報に基づく決定を行うには、健康に関する知識や能力、ツールを獲得することが重要である。しかし、健康リテラシーのスコアはかなり低い傾向にある。たとえば、2015年のPISA調査によると、OECD加盟国の15歳の生徒において、健康問題に関する新聞記事が容易に理解できる、食料品の成分表にある科学的情報を解釈できる、疾患の治療における抗生物質の役割を説明できると回答したのはわずか20％であった（OECD, 2017b）。また、成人における健康リテラシーの低さは、所得の低さ、自己報告による健康状態の悪さ、運動不足、体格指数（BMI）の高さと関連していた（HLS-EU Consortium, 2012）。健康リテラシー教育が効果を発揮するには、早期から（義務教育段階から）開始し、一生続けなければならない（Abrams, Klass and Dreyer, 2009）。

　健康リテラシーを向上させるには、各国のカリキュラムを改善し、持続的な資金源を確保して教育部門と健康部門の協力体制に出資するとともに、若者の健康リテラシーのレベルを測定する必要がある（Winkelman et al., 2016）。青少年や子どもの健康リテラシーを測定するツールはいくつも存在する。しかし、健康リテラシーの定義が異なり、十分に標準化されていないため、それらの指標は同じものを測定していないことが多い。そのため、異なる標本を利用して健康リテラシーを比較することは困難である（Okan et al., 2018）。政府と研究者は協力して、健康リテラシーという言葉によって測定がなされ、注目されているものを定義し、主流となるアプローチを確立するべきである。

　子どものエンパワメントの点からすると、学校の健康教育課題を開発する際は、モデルの開発や実施段階で子どもの声に耳を傾けることが大切である。従来の大人主導による若者と大人の関係では、子どもは同乗者としてプロジェクトに参加するのみであり、声はほとんど届かず、与えられる権限も少ない（Wong, Zimmerman and Parker, 2010）。子どもであってもスキルや知識を習得できるという事実に目をつぶって、共に学び、議論に参加する機会を与えていない。批判的な意識と問題への対処能力を育むには、大人と子どもが互いに自分の視点を提供できるオープンな対話が必要である（Wong, Zimmerman and Parker, 2010）。

デジタルスキルと包摂の促進

　デジタルテクノロジーの増加とデジタル空間と物理的空間の収斂によって、21世紀の子どもはデジタルスキルを獲得することが必要になった。リスクがつきまとうとはいうものの、デジタルツールは無限に近い機会を提供する。たとえば、かつてない量の情報へのアクセスを可能にし、個別化された学習や指導の機会を与え、コンテンツを生み出して創造的な自己表現を行う機会を与える。実際、多くの若者が健康関連のリソースを求めてインターネットを利用しており、健康をめぐる情報検索は、インターネットの一般的な利用方法のひとつである（Park and Kwon, 2018）。デジタル世界に十分に参加するには、デジタルツールへの物質的アクセスと、デジタル不平等を解消する目的で提供されるプログラム（第11章）の利用に必要な基本的なデジタルスキルを必要とする（Burns and Gottschalk, 2019）。

　デジタルスキルとメディアリテラシーがあれば、自分の心身のウェルビーイングについて情報やリソースを検索することができる。また、オンラインプラットフォームをうまく利用して、医療機関を探して予約することも、オンラインの診療記録にアクセスして管理することもできる。高水準のメディアリテラシーを有していれば、誤解を招きかねない情報や偽りの情報を選り分けて、信頼できる情報源から質の高い情報を得ることができるであろう。

コラム 10.3　メディアを賢く利用しよう

　21世紀においてメディアリテラシーは重要である。特に子どもの健康とウェルビーイングに関しては、事実と偽りを区別して、消費する情報の質を見極めるとともに、信頼に足るオンラインの情報源を見つける能力が必要である。また、基本的なレベルの科学リテラシーを育むことも大切であり、これは、知識が生み出される方法と科学的発見を解釈する方法を理解することに役立つ。一般に教育水準が高いほどそのスキルを活かして向き合えるため、科学に対する自信も大きい。科学はメディアと一体化して、市民の価値観や言説に大きな影響を及ぼす。消費者として科学とメディアに対する眼識を持つことは、健康とウェルビーイング、さらに、学校生活、市民生活、社会生活の他の側面においても、今もこれからも優れた決定を行うことに役立つ。

　現在、OECD加盟国の多くの教育制度はメディアリテラシーの育成を重視して投資している。カリキュラムを拡大し、さまざまな教育プログラムを実施し、メディアリテラシーに取り組む関係者と協力体制を築いている（Burns and Gottschalk, 2019）。メディアリテラシーに照準を合わせて、健康情報の共有を促進することに利用できるプログラムもある。たとえばカナダの非営利組織MediaSmartsは、次のようなプログラムを開発した。

- **Break the Fake（嘘を見抜け）**[1]：4つの主要なスキルを教えて、オンラインで見つけた情報が事実かどうかを確認する習慣を育む。情報は、共有する前に事実確認が不可欠であることを理解させる。
- **Check then Share（確認してから共有しろ）**[2]：ターゲットは新型コロナウイルス関連情報である。信頼できる専門家からの情報を見つけるため、専門の検索エンジンなどの具体的なツールを提供する。信頼できる情報の共有を促すことで、根拠の薄弱な情報や偽の情報に対して質の高い情報の割合を高める。

　メディアリテラシーを育成する介入方法としてゲーム化もある。これは、オンラインゲームの流行や習慣を生かしており、子どもたちの日常生活にうまく溶け込ませることが可能である。一例は**Bad News Game**[3]である。ゲームの中で、プレイヤーはねつ造ニュース界の大物になり、偽情報を広めることによってフォロワーを増やす。この種のゲームの対象は子どもに限らず、大人にとっても、オンラインで出会う偽情報や陰謀論に立ち向かう備えとなる。子どものメディアリテラシーの育成に利用できるオンラインリソースはふんだんにある。信頼に足る専門家やこのようなイニシアチブに取り組む組織と確固とした協力体制を築くことを、教育関連政策の優先課題とするべきである。

1. Break the Fake | MediaSmarts, https://mediasmarts.ca/break-fake
2. COVID-19: Check First. Share after, https://www.checkthenshare.ca/
3. Bad News, https://www.getbadnews.com/#intro

　デジタルスキルの教育は、小学校よりも中学校で重視される傾向にある。小学校以前の幼児教育や保育ではあまり行われていない（Burns and Gottschalk, 2019）。カリキュラムでは、デジタルスキルの指導と学習について、教育制度によってさまざまな手法が利用されている。図10.1に、独立した教科として、あるいは既存の教科の一部として（またはその両方において）、いかに多様な

スキルが組み込まれているかを示した。一般的には、デジタルスキルは既存の教科に組み込まれるか、それに加えて独立した教科や単位として提供されるかのどちらかである。カリキュラムの見直しをすでに行った、あるいは現在行っている最中の国もあれば、既存のカリキュラムを通じてデジタルスキルを組み込んでいる国もある。デジタル空間における操作、必要不可欠の情報、社会的スキルを理解させることは、利用可能なリソースを有効に活用し、健康とウェルビーイングに関する知見を得て、適切な決定を行う助けとなるであろう。

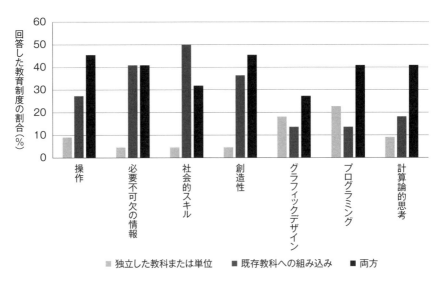

注：学校で教えられているデジタルスキルの種類とその実施方法。
資料：21世紀の子どもたち政策アンケート

図10.1　デジタルスキルを指導と学習に組み込む方法

　デンマーク教育省は、義務教育において3年間の実験を開始した。2018年から2021年にかけて6,800万デンマーク・クローネを投資して、デジタルテクノロジーの倫理、安全性、結果を焦点として、社会におけるテクノロジーと自動化の重要性を検証することを目的としている。注目すべきデジタルスキルとして、計算論的思考／情報科学、ネットワークとアルゴリズムの知識、プログラミング、抽象化、パターン認識、データのモデル化などが含まれている。

> ## コラム 10.4　特別な支援を要する子どもへの教育とテクノロジー
>
> 　ユニセフは、インクルーシブ教育を「これまで疎外されていた子どもたち、つまり障害のある子どもや少数言語を話す子どもに対して、普通学校の教育制度において真の学習機会」を提供することと定義している（UNICEF, 2017）。
>
> 　ベルギーのフラマン語共同体におけるADIBibプロジェクト[1]は、文章によるコミュニケーションが困難な（重度の書字障害と読字障害）小学生と中学生を対象として、彼らを社会生活に十分に参加させ、よりよい学業成果を達成させることをめざしている。2017年末に開始されたもうひとつのプログラムは、ディスレクシアの子どもが利用できるソフトウェア（文字を音声に起こすソフト）の普及をめざす。65万ユーロを投じてソフトの普及を図り、生徒、親、学校を支援する。
>
> 　学校制度は統合とインクルージョンに向けて進んでいる。特別な支援を要する子どもに機会を提供するプログラムだけでなく、この領域における教員の職能開発も急がれる（OECD, 2019d）。さらに、学校長の教育的リーダーシップも、インクルーシブ教育の準備水準を高める助けとなりうる。2013年のTALIS（国際教員指導環境調査）によると、職能開発が必要であるという回答は、教育的リーダーシップが強い学校で最も少なかった（Cooc, 2018）。
>
> 1. Gratis digitale bibliotheek voor lees- en schrijfproblemen| Eureka ADIBib, https://www.adibib.be/

第3節　すべての子どもたちの平等の追求：健康とデジタルの不平等に取り組む

　子どもの健康とウェルビーイングの成果に影響する因子は多い（第2章参照）。社会経済的地位は、多くの身体的健康の傾向の重要な媒介因子である。物質的不利益がもたらす因子と、リスクの高い有害な生活行動を行う可能性の間には基礎的な関係が存在する。したがって、社会経済的地位はその代理尺度となる（Aston, 2018）。一例を挙げると、身体活動を安全に行いうる設備（庭園や緑地など）が近くにない地域で暮らすと、運動することが減る（Schalkwijk et al., 2017）。その環境因子（低コスト住宅が並ぶ剥奪地域に多くみられる）は、定期的な運動の重要性に関する親の知識や教育とは無関係に、身体活動と関連している（Schalkwijk et al., 2017）。

表10.2　子どもの健康行動・成果と富裕度の関係

家庭の富裕度に基づく傾向（欧州とカナダ）

	恵まれない家庭環境の生徒よりも恵まれた家庭環境の生徒のほうが：
健康な食習慣（毎日朝食をとる、家族で食事をする、野菜と果物を毎日食べる）	高い
1日に2回の歯磨き	高い
身体活動への参加	高い
過体重／肥満	低い
負のボディイメージ	低い
主観的健康	高い
アルコール飲料の摂取	高い
家族と友人からの支援	高い

注：欧州とカナダにおける2017/18年度の「学齢期の子どもの健康行動調査」の結果。
資料：Inchley et al., 2020

　教育制度が子どもの格差に目を向けて、より平等な成果の達成をめざすには、さまざまな社会的差異を考慮に入れ、必要に応じてプログラムを提供しなければならない。平等な教育成果の実現に有効なアプローチとして、幼児教育や保育への投資、参加の障壁の除去、質の保証が挙げられる。さらに、成績の悪い生徒に対する専門的な支援方法を見出して提供すること、恵まれない地域の学校を支援することも重要である（OECD, 2017a）。また、社会的地位や環境に伴う、学歴に対する他の障壁に対処することも必要である。健康な食事と運動の機会を提供するだけでなく、ウェルビーイングについて、他では利用できないサービスを提供することも、教育の成功と子どものウェルビーイングの実現のカギを握る。以下では、優先度の高い政策領域を取り上げ、子どもの機会と成果を向上させるために各国が実施しているプログラムとその実践について説明する。

子どもの栄養と食料不足に対処する

　子どもの食習慣と栄養状態には多くの因子が影響している。たとえば、年齢、社会経済的地位、フードセキュリティ、食嗜好や食味、さらに、販売方法などの因子がある。コストは、健康的な食事を妨げる要素のひとつである。食費と食事の質を系統的に分析したレビューによると、質の低い食事はカロリー当たりのコストが安く、社会経済的地位の低い人々によって選択される傾向に

あった。また、栄養価の高い食料を低コストで入手できる状態にあっても、食味と文化的な受容可能性が低所得の消費者による購入に影響していた（Darmon and Drewnowski, 2015）。

　良い食材を幅広く選択できることと、親が健全なモデルを示すことは、子どもの食事傾向の決定に重要な役割を担う（Scaglioni et al., 2018）。また、なじみのない食材であっても、繰り返し曝されると拒んでいた食材も好むようになる（Wardle et al., 2003）。健康な食習慣を促進するために食事に含まれる野菜と果物の量を増やすと、それらの食材の摂取量を増やし、食事で消化される食べ物のカロリー濃度を下げることに役立つ。しかし、野菜や果物が嫌いな子どもは割り当て分も食べようとしない（Mathias et al., 2012）。食べ物を拒むことには機会費用が存在し、廃棄食品にかかるコストは恵まれない家庭にとって高くつく。そのため、たとえ健康効果が低くても、より口当たりの良い「問題のない」食品に頼ることが増える。

　フードセキュリティは、OECD加盟国の多くの子どもにかかわる問題である。価格の手ごろさ、在庫、可用性、安定供給に依存しており（Ashby et al., 2016）、貧困と関連し、地域の状況からも影響を受ける（Pereira, Handa and Holmqvist, 2017）。子ども時代の食料不足は、感情、行動、学業における問題など多くの成果と関連している。これらの成果は、成長過程のどの段階（幼児期、学童期など）で食料が不足したかにもよる。そして、用量依存性であること、つまり食料不足の期間が長いほど、影響も大きくなる可能性が示されている（Shankar, Chung and Frank, 2017）。これらは子どもが適切な量の健康的な食事をとることを妨げる障害物の一部にすぎない。食と栄養の重要性に関する教育を行って、健全な選択能力を育む必要がある。教育制度は、子どもたちの健全な食事の実現に大きな役割を担っている。

政策と実践

　子どもの栄養状態の向上を目的とする多くのイニシアチブが存在する。人口全体のレベルでは、糖分の多い食品やジャンクフードなどに課税するなどの金銭的なディスインセンティブが実施されているが、これは子どもによる消費を減らすことにも利用できるだろう（UNICEF, 2019）。各国の教育制度も表10.3

表10.3　食と栄養をめぐる政策と実践

学校の内外における食と栄養問題への取り組み例

政策のねらい	例
給食	・一律無料の昼食プログラム（フィンランド、スウェーデン） ・ニーズに基づく昼食の提供（アイルランド） ・親の所得水準に応じて昼食費用を徴収（フランス） ・ニーズに基づく無料の朝食プログラム（カナダ、フランス）
食料不足	・休校中の食料不足を解消するため、100万英ポンドを投資する（スコットランドの「食事と健康的な体重提供計画」）
学校における健康的な食環境の確立	・健康的な食環境のガイドラインをオンラインで提供する（ニュージーランド） ・食事と栄養の専門知識のある教員を雇用してガイドラインを提供する（日本） ・オンラインで子ども／家庭／教員に向けて健康的な食事に関するヒントとアイディアを提供する（オーストラリア、ベルギーのフランス語共同体、スコットランド） ・学校における健康的な食事計画の開発のために、人的支援と金銭的支援を申請する方法を公表する（ベルギーのフランス語共同体） ・学校で販売／提供される食事の規則とガイドラインを提供する（チェコ、ベルギーのフラマン語共同体、スコットランド） ・子どもを食品販売戦略から保護する（チェコ） ・栄養に関心を持ち、健康的な食事を規範とする環境へ文化的に移行することをめざす（カナダ）
カリキュラム	・健康教育やその他の関連分野に栄養学習を組み込む（カナダ、アイルランド）
協力体制／多部門によるアプローチ	・食品業界と協力して、学校の食の方針を開発する（ベルギーのフラマン語共同体） ・親、保育者、教育関係者、ユースワーカー、健康管理者などに、照準を合わせた情報を提供する（スコットランド） ・不健康な食事や不適切な栄養の問題に対処するため、教育ネットワーク、健康サービス、ソーシャルサービス、コミュニティネットワークの間の補完的サービスを提供する（カナダのケベック州） ・学校の食環境責任者を雇い、栄養価が高く手ごろな価格の地元の食材を提供するさまざまな方法を調査する（カナダのプリンスエドワード島）

資料：21世紀の子どもたち政策アンケート

に示すような多彩なアプローチを利用している。無料あるいは補助金付きの食事など、食事の提供を焦点とするアプローチでは、健康的な食事をする機会を増やし、不健康な食事の提供を減らすことをめざしている。また、健康的な食事について啓発を行うなど、行動変容や情報の普及を焦点とするものもあり、学校や家庭で実施するためのガイドラインや指針を提供している。もちろん、統合的アプローチをとる場合もある。協力体制を生かし、食の入手可能性と栄養の向上をめざして、教育制度から教室に至るまでさまざまなレベルで実施されている。食と栄養が、健康リテラシーに関する指導と学習のプロセスに組み

込まれることも多い。

　学校での栄養摂取について効果的な公私の協力体制の一例が、ベルギーのフラマン語共同体に見出される。2016年、教育省は食品業界と協力して、学校でバランスの良い健康的な飲料やスナックを提供することに乗り出した。水、牛乳、新鮮な果物を増やして、ソフトドリンクの消費（すでに効果が出つつある）や不健康な食料の消費を減らすことをめざしている。目標は2021年までに、脂肪に富む糖分ゼロ飲料やスナックの提供を開始することである。これまでのところ、このイニシアチブはある程度成功している。健康生活研究所（Flemish Institute for Healthy Living）による650校以上を対象とした調査によると、2017/18年度、10校に7校の小中学校は、甘味料を利用したソフトドリンクの提供を中止していた。また、2015年以来、学校における不健康な飲料やスナックの提供は有意に減少していた。ただし、大多数（90％）の小学校ではケーキ、チョコレート、キャンディの提供が中止されていたが、45％の中学校ではまだ提供されていた。

コラム10.5　コロナ禍における給食の重要性

　学校での食事は、子どもの健康に重要な役割を担っている。子どもは小中学校を通して平均7,590時間を学校で過ごし、少なくとも1日1食を学校でとる（OECD, 2019a）。アメリカの子どもは、1日の栄養必要量の最大3分の2を学校での食事やスナックで賄っており、しかもそれらは、学校の外で食べるものよりも健康的な食品であることが多い（Dunn et al., 2020）。栄養価の高い食事を学校で提供することは、特に恵まれない生徒の健康を支えることに役立つ。学校で健康的な食事が提供されることは、生徒の心身のウェルビーイングだけでなく、学習の支えとなり成績を向上させる。

　2020年4月、コロナ禍による学校閉鎖のさなか、給食を食べる機会を奪われた子どもは3億6,900万人に上った（World Food Programme, 2020）。この問題への各国の対応はさまざまであった。たとえばイギリスでは、医療従事者や警官など「キーワーカー」の家庭の子どものために、学生食堂が再開されるまでスーパーマーケットの商品引換券が渡された。コロンビアでは、意思決定権限者が地方当局に派遣され、地域のキャパシティとニーズに応じたプログラムの施行に努めた。コ

スタリカは当初学生食堂を開いていたが、閉鎖後は家庭へのフードバスケットの分配拠点として利用した（WFP, UNICEF and FAO, 2020）。

　世界各地でコロナ感染が「再燃」している。全国規模や地域レベルの学校閉鎖に備えて、子どもたちが引き続きフードプログラムを利用できるように配慮する必要がある。感染者との接触によって、あるいは陽性診断されたことによって、隔離生活を余儀なくされた、給食プログラムに頼る子どもたちに手を差し伸べることも重要である。

　スコットランドでは、栄養情報や食料提供の向上を目的として、戦略的協力体制が構築されている。この多面的アプローチには、親に適切な助言と支援を与えられるように、最前線のスタッフ（健康管理職、教職員、ユースワーカーなど）を教育することも含まれている。さらに、学校や当局に健康とウェルビーイングの支援を提供することも含まれる。たとえば、食事や牛乳の無料提供を拡大する、学校における栄養所要量に関する規則や指針を改訂する、食料の提供と食教育を向上させることをめざす。これらの努力にもかかわらず、生徒の回答をみると、健康的な食事を選択し、生涯にわたる健康的な食習慣を確立するにはさらなる支援と指導が必要である。もうひとつのイギリスのイニシアチブFood Dudes[3]はウェールズで開発され、アイルランドで調整され実施されている[4]。このイニシアチブは、子どもに多くの果物や野菜を食べさせることを目的としている。ポジティブな役割モデルを形成し、何度も味見させて慣れさせ、食べたらご褒美を与えるという手法を利用している。

学校における健康支援とサービスの提供

　多くのOECD加盟国の学校は、ほかでは必ずしも利用できない重要な健康サービスや情報を提供する場所として機能している。青少年は予防的ケアを利用する手段を持たないことが多く、他の年齢層よりもプライマリヘルスケアの利用率が低い（Rand and Goldstein, 2018、American Academy of Pediatrics, 2016）。102か国を検証した結果、半数以上の国において、専門の健康管理職による健康サービスが学校で提供されていることが明らかになった（Baltag, Pachyna and Hall, 2015）。最も多く実施されている介入は、「ワクチン接種、

性と生殖教育、視覚検査、栄養検査、栄養教育」であった（Baltag, Pachyna and Hall, 2015）。特に、低所得の若者や健康保険が利用できない若者に対して、学校の健康センターや健康介入はほかでは得られない健康医療のリソースとなる（Boonstra, 2015）。表10.4に、加盟国の教育制度によって、子どもの健康支援のために学校で提供されるプログラムや政策を挙げた。

表10.4　学校で提供される健康サービス

公平な健康成果を促進するために学校で提供されるプログラムや政策例

国／地域	政策	目標
カナダ	「学校の健康のための全カナダジョイントコンソーシアム」	学校の健康を支援するために、省庁、機関、部門などの協力体制を強化する。健康部門と教育部門が効率よく効果的に協力する能力を構築する。国を挙げて学校の健康を図る利点を伝え、国レベルで支援を促進する。
ベルギーのフラマン語共同体	健康的な生活研究所による「健康的な学校プロジェクト」	アルコール他の薬物問題協会と協力して、3年ごとに小中学校の健康方針を調査する。さまざまなテーマ（栄養、喫煙、運動不足、運動、メンタルヘルス、環境、人間関係、性など）をめぐって学校の健康方針を設定させる。各校は自校の状況を評価して優先事項を決定し、行動計画を作成して取り組み、評価と調整を行う。教育、環境介入、規則や約束事の制定、ケアや指針の提供などを介してこれを実現する。
メキシコ	「あなたの学校の健康」	保健省と教育省の協力の下で予防と健康管理を強化しつつ、子どもや若者の健康的な生活様式を促進する。この計画の柱として専門家を学校へ派遣し、生徒の健康の観察とカウンセリングに携わらせ、健康習慣の促進を図る。専門家の援助が必要な生徒は、健康センターに紹介して継続的にケアを受けさせる。
カナダのニューブランズウィック	「健康支援サービス政策」	健康支援サービスを生徒に提供するために必要な基準と手順を示す。サービスは公立学校制度によって提供されるが、親、公的教育制度、健康管理専門職が責任を共有する。
スコットランド	「ヘッドスペース」	メンタルヘルスに重点を置いて、生徒が専門家による支援を受けられるようにする。このプログラムによって、一般開業医への紹介や、子どもや青少年のためのメンタルヘルスサービスへの紹介が減少したと報告されている。

資料：21世紀の子どもたち政策アンケート

学校で健康介入や健康プログラムを実施する方法には3つの段階がある（Costello, Egger and Angold, 2005）。

1）すべての学校と教室を対象とする一律介入

2）健康問題が発生しやすい高リスク群を対象とする選択介入

3）健康問題の徴候を示す生徒に対する治療介入

　学校で実施される介入の多くは、健康行動や態度の変容もねらいとしている。危険行動に向かう態度を変化させて健康行動を意識させ、教職員を健康行動の役割モデルとして健康的な学校環境を構築する（Aston, 2018）。そのほかにも、健康とウェルビーイングに必要な物（生理用品など）を利用できるようにすることや（コラム 10.6）、フランスのような避妊具の提供（2008年以後、すべての高等学校にコンドームの自動販売機の設置義務がある）も含まれる。介入やサービスを広く効果的に実施するには、教育部門と健康部門の協力体制を形成する必要がある。

コラム 10.6　生理は誰のもとにも訪れる

生理の貧困問題を緩和する重要性

　生理の話題は今日に至るまでタブーとされている。近年、その覆いを取り除く努力が世界的に行われ、生理と生理衛生を日の当たる場所へ出すべく啓発活動が進められている。多くの社会には生理を「恥（スティグマ）」とみなす文化が今も残っているが、その解消に向けた取り組みも行われている。かつて生理用品は非課税の生活必需品ではなく、ぜいたく品として付加価値税の対象であったが、オーストラリア、カナダ、コロンビア、ドイツなど、「タンポン税」を廃止する国が相次いだ。これは、「生理の平等」へ向かう正しい一歩であった。しかし、多くの社会では今もタブー視されており、世界の多くの女性が、金銭的な理由で適切な衛生用品を利用できない「生理の貧困」に苦しんでいる。非衛生的な物を使用することによる健康問題は言うまでもなく、生理の貧困は女生徒が学校に通うことを妨げ、不利益を持続させる可能性がある（Sommer et al., 2015）。生理の貧困は、低～中所得国の問題としてとらえられがちである。しかしOECD加盟国においても女子生徒が学校へ行けない問題は実際に存在し、対処が模索されている。

　ニュージーランドでは2021年に、260万ドルを投じて生理の貧困に苦しむ若い女性を支援する政策が施行される予定である。教育省が無料の衛生用品を学校で提供する。2019年の調査によると、初経を迎えた9～13年生（12～18歳）の12％が、費用の点で生理用品の購入が困難であると回答していた。不平等の影響が特に大きかったのは、先住民族であるマオリ族と太平洋諸島出身の学生、及び恵まれないコミュニティ出身の学生であった（Youth, 2019、2020）。2018年、スコットランドは世界で初めて、学校や大学における衛生用品の無料提供を開始した。

> プログラムには520万英ポンドが投資され、受益者である生徒は、学校で生理用品を簡単に入手できて非常に助かっていると回答した。また、生徒自身のイニシアチブと関与によって、生理につきまとう恥の意識を減じるオープンな議論の糸口が開かれた（Scottish Government, 2019）。

　学校での健康介入は、若者の健康成果にプラスの影響を及ぼすことができる。たとえば、アメリカの学校健康センターでは性的健康サービスが提供されている。これは若者の生殖健康の成果を向上させ（10代の性感染症罹患率の低下など）、生徒からも肯定的にとらえられている（McCann et al., 2020）。メンタルヘルスサービスの提供も、生徒のメンタルヘルスの向上や学業の向上と関連している（Fazel et al., 2014）。介入を継続させるには、学校長がそれに努め、関与する教職員（教師も健康管理職も）がプログラムの知識を持ち、実施意欲を有している必要がある。生徒の関与や利用できるリソースも重要である（Herlitz et al., 2020）。特に、恵まれない環境にある学校ではリソースが障壁になる。

みんなで運動：学校の内外で身体活動を促進する

　政策的に注目されているにもかかわらず、子どもや若者の運動は近年多くの国で減少している。学齢期の子どもの健康行動調査（2017/18年度）によると、回答者の中で推奨基準の運動量（1日60分、中～高強度の運動）を満たす者は19％にすぎなかった（Inchley et al., 2020）。子どもの運動には多くの因子が関与する。たとえば、高い社会経済的背景を有する家庭の子どもは、恵まれない子どもよりも運動することが多く、男子は女子よりも1日当たりの運動量が多い（Inchley et al., 2020）。スポーツに参加する機会は、相対的に恵まれた環境にあるかどうかによっても左右される。多くの欧州諸国で「みんなのスポーツ（Sports for All）」イニシアチブが推進されているにもかかわらず、総合的にみて、恵まれない人々は参加機会が少ない（Vandermeerschen et al., 2016）。教育は保護因子であり、教育水準が高い人ほど身体活動に参加することが多い（Costa-Font and Gil, 2013）。年齢も運動への参加に影響するが、年齢が上がるほど（特に学齢期に達すると）身体活動への参加は概して減少する

傾向にある（Farooq et al., 2017、Reilly, 2016）。

　背景や人口特性にかかわりなく、多くの子どもは推奨基準の運動量を満たしていない。各国共通のおおよその指針として、学齢期の子どもには、1日60分以上の中～高強度の運動が推奨されている（Konstabel et al., 2014）。不十分な身体活動は肥満や過体重（Konstabel et al., 2014）、メンタルヘルス（Biddle and Asare, 2011）などの健康成果に影響するだけではない。身体活動は学業成果と正の相関関係を示している（Kari et al., 2017、Erwin et al., 2012）。幼い頃の身体活動、特に中～高強度の身体活動は、運動能力の発達、身体の健康、骨や骨格の健康と関連している（Carson et al., 2017）。幼少期であっても学齢期であっても、目安としては多く運動するほど良い健康成果が得られると考えられる（Carson et al., 2017、Janssen and LeBlanc, 2010）。5～17歳の場合は、1日30分の運動から効果が確認され、1日60分以上行えば効果が高まる（Janssen and LeBlanc, 2010）。人口全体のレベルでみると、身体活動の推奨基準を満たす人々は運動不足の人々よりも死亡率が低い（Long et al., 2015）。

政策と実践

　多くの国で、学校における生徒の身体活動やスポーツの量を増やす努力が行われている。プログラムはすべての学校を対象として、すべての生徒に運動量の増加や身体活動への参加を促す。恵まれない生徒にとっては、スポーツや身体活動に参加する唯一の機会となることもある。

　プログラムの有効性を判断するには評価する必要がある。たとえば、ルクセンブルク大学は、「賢い運動（Clever Move）」イニシアチブの成果を調査した。その結果、生徒の70％が、授業時間に運動を組み込むほうが従来の授業よりも楽しいと考えていることが判明した。また、フィンランドでは「運動する学校（Schools on the Move）」プログラムが評価された。このプログラムは2010年から2012年にかけて試験導入され、2018年8月の時点で90％以上の基礎自治体と88％の総合学校で採用されている。各校は以下の項目について自己評価することが求められる。休み時間に生徒が外で過ごしているか、過度の座学を防ぐため時間割に休憩時間を設けているか、駐輪場とヘルメットの保管場所が確保されているか、地域の組織と協力して身体活動の機会を設けている

表10.5　子どもの運動を促進するイニシアチブ

国	イニシアチブ	目標
オーストラリア	「スポーツ2030：国家スポーツ計画」	身体活動への参加と実施、及び運動を介した予防を含む長期的戦略である。オーストラリアン・カリキュラムと協働し、授業時間に身体活動を含めることを推奨する。
ベルギーのフラマン語共同体	学校における健康政策を強化する「行動計画」	学校での運動を促進し、スポーツに優しいインフラを構築する。医療コンサルタントMOEV (https://www.moev.be/) と協働して運動の推進をめざし、生徒、親向けの実用的な情報と、マウンテンバイク、フットボール、水泳などの組織化された活動（多くは無料）を幅広く提供する。MOEVは、学校による運動方針の開発と健康方針への組み込みを助ける。
カナダ	分散プログラム	州や準州単位で、それぞれの方針やカリキュラムに立脚して学校における身体活動の増加に取り組んでいる。1週間に所定の体育の授業時間を確保する。または必修授業として実施する。
フィンランド	「運動する学校 (Schools on the Move)」	学校や基礎自治体を対象として、学校のある日に、体育の授業以外で身体活動を増やす個別計画を実施する。
アイルランド	政府通達0013／2016	学校と教育部門が、若者のウェルビーイングのさまざまな要素に貢献することを介して「健康なアイルランド（Healthy Ireland）」の推進において担う役割に関する情報を伝える。身体活動と健康的な食事の重要性を強調する。
アイルランド	「アクティブスクールフラッグ（Active School Flag）」プログラム	体育カリキュラム、身体活動、協力体制の3つの柱から構成される。アイルランドの学校では「アクティブスクールウィーク（Active School Week）」プログラムも採用されており、多くの学校で年間の行事カレンダーに含まれている。充実した身体教育と身体活動が行われる学校コミュニティに対して「Active School Flag」が与えられる。
ラトビア	「クラス全体でスポーツ (Sporto visa klase)」	社会におけるスポーツの役割を強化し、子どもたちに日々運動させて、身体活動が健康に及ぼす影響を観察させる。2014年に正式に開始され、2～6年生は週に2回の体育の授業を必修とする。週に3回の選択授業も提供して、子どもたちに毎日運動する機会を与える。水泳、サッカー、総合的な体力の育成などさまざまな活動が提供されている。
ルクセンブルク	「賢い運動（Clever Move）」	運動推進校を「賢い運動」モデル校として認定する。1日当たり最大15～20分間、授業中に身体を動かす時間を設ける。
ポルトガル	「スクールスポーツ（Ｄｅｓｐｏｒｔｏ Escolar）」	すべての生徒を対象としてスポーツや身体活動を推進する。健康的な習慣と、規律、尊敬、団結、勇気などの価値観の重要性を伝える。教職員への研修も行う。
カナダのケベック州	「学校で運動しよう！（À l'école, on bouge!)」	就学前教育と初等教育において、子どもが1日当たり最低60分の運動を行うことを支援する。これを実施する学校は、非営利団体であるグラン・デフィ・ピア・ラヴォア（Grand Défi Pierre Lavoie）が実施する「Force 4」プログラムに登録され、構造変革を促すインセンティブとして、組織面と活動面で3年間の支援を受けることができる。
スイス	「学校の運動 (School Moves)」	学校での運動を推進する。生徒の必要に応じて、授業中に動的あるいは静的な運動時間を設ける。また、教育や学習のプロセスに運動を組み込むことを重視する。

資料：21世紀の子どもたち政策アンケート

か、教職員と生徒が共に身体活動の促進に携わっているかどうかを評価する。プロジェクトのために、2016年から2018年において2,100万ユーロの予算が組まれた。また、スポーツクラブとの協力体制、カリキュラムの刷新、スポーツ用品や器具の購入のために追加の助成金が割り当てられている。

　教育制度が身体活動において平等な成果を促進するには、

- 放課後の運動やスポーツクラブに、無理のない費用であるいは助成金付きで参加できるようにする。
- 屋内外に、レクリエーションに利用できる安全なスペースを確保し、授業中の休憩時間、休み時間、放課後の利用を促す。
- 特別な支援を要する子どもも利用できるようにプログラムを調整する。
- 恵まれない生徒や特別な支援を要する子どもも含めて、プログラムの開発や実施の際に子どもの意見に耳を傾ける。

　運動や食事などを照準とする有効な介入であっても、限定的な効果しか持たないことが多い（Russ et al., 2015、Jago et al., 2015）。プログラムを成功させるには次のような媒介因子を考慮に入れる必要がある。たとえば、生徒を関与させること（自主的な行動であると感じられるとプログラムが成功する可能性が高まる）、教職員が健康的な食事と身体活動の役割モデルとなること、親やコミュニティのメンバーを関与させること、適切なリソースを提供することが挙げられる（Jago et al., 2015）。また、介入は早期に開始するべきである。身体活動への参加は早くも7歳で減少しはじめ（Farooq et al., 2017）、それと同時に体を動かさない時間が増える（Reilly, 2016）。

　長期間持続する効果的な行動変容を生み出すには、子どもにとって納得のいく変化を促し、学校内外の生活に関するプログラムの開発と実施に彼らの意見を取り入れることが重要である。さらに、それらの介入の成果を測定し、進歩を評価する継続的な努力を行う必要がある。このようにすることで責任の所在が明らかになり、貴重なリソースの効果的な利用を促すことができる。効果や普及を容易に測定できるプログラム（給食の提供数など）はともかくとして、行動変容を焦点とする介入は評価が難しい。

コラム 10.7　教室内での運動

　体育の授業が、学校で体を動かすことを楽しむ唯一の機会である必要はない。体育以外の授業でもじっとしている時間を減らし、運動量を増やすことを目的として、「TAKE 10！」などのプログラムが考案され実施されている。これは勉強中の集中度の向上や、学校がある日の運動量の増加と関連していることが示されており、心身の健康促進プログラムとして利用することができる（Kibbe et al., 2011）。

　指導と学習のプロセスに身体活動を組み込むと、学業成績がやや向上し、授業を楽しむ気持ちを高める可能性がある。ただし、近年の系統的メタ分析によって、無作為化比較試験を利用した研究の数が限られていることが指摘された。また、認知能力や注意力の尺度を含めた研究もほとんど存在しない（Bedard et al., 2019）。

　「身体化された学習（embodied learning）」などの教育法は、意識的に身体を利用して学習する生徒は、机やコンピュータに向かう生徒よりも学習への関与が大きいと考え、体育やダンスを学問的な課題や主要科目に組み込む（Paniagua and Istance, 2018）。自己表現や美的感覚に基づく創造的な身体活動は、学問的な活動よりも学習者を関与させる度合いが高い。

　政策的イニシアチブによって、学校がある日に運動を組み込む国もある。たとえばデンマークの小学校では、1日当たり平均45分間運動させることが校長の義務とされている[1]。教師はさまざまな方法で運動を組み込むことができる。従来の授業時間に短時間の運動を含めてもよいし、運動や身体活動を行う時間を決めて実施してもよい。地元のスポーツ団体と協力してもよいし、運動場、体育館、教室、屋外のどこで実施してもよい。

1. Bevægelse | Børne- og Undervisningsministeriet, https://www.uvm.dk/folkeskolen/laering-og-laeringsmiljoe/bevaegelse

デジタル不平等に取り組む

　子どもは健康関連の情報を求めて、ウェブサイト、アプリ、ゲームなどを介してインターネットに向かう。このような行動は健康成果にプラスの影響を及ぼす可能性があり、特にメンタルヘルスへの影響が大きいことが示されている（Liverpool et al., 2020）。しかし、デジタル機器の利用可能性やスキルのレベルなどのデジタル不平等によって（Burns and Gottschalk, 2019）、健康情報の検索や介入への参加が制限される可能性がある。

　デジタル不平等の解消は容易ではない。デジタル機器の利用可能性は向上しているものの、スキルや態度、利用の不平等は残っており、過去10年で拡大しているケースもある。これらの問題はOECD加盟国の教育制度にとって優先度の高い政治課題である。特に今はコロナ禍のため、指導と学習のプロセスでデジタル教育とデジタル機器の利用が増大している（第3章参照）。教育制度はこれまで以上にデジタル不平等への対処を迫られており、それらの不平等の根底に潜む因子に取り組むには、政府のさまざまな部門の協調的努力が不可欠である。

第4節 ┃ 結び

　子どもには、自分や周囲の人々の健康について、情報に基づく意思決定を行う力を与えなければならない。その点で重要な役割を担うのが教育制度である。必要なスキルを育み、重要なテーマ（健康、デジタルスキル、ウェルビーイングなど）を指導と学習のプロセスに組み込む必要がある。そのようにすることで、子どもたちはインターネットで情報を探し、その正しさを確認したり、頼るべき相手を見出したりする力を身につける。また、平等な健康成果の実現をめざすプログラムの提供も不可欠である。特に、コロナ後の世界では、多くの子どもがコロナ禍によって悪化した恵まれない環境で生きていくことを強いられる。健康的な食事、プライマリヘルスケア、デジタル世界への平等な参加を実現するには、数多くの障壁を乗り越えなければならない。

　子どものスキル、能力、健康ニーズの向上をめざして多くの努力がなされ、大きな進歩が得られたことは確かである。しかし、まだ多くの国に成長の余地がある。健康と教育成果の改善が必要な生徒を対象として、平等を実現させるプログラムを開発しなければならない。これは、教育政策と健康政策の最優先課題である。また、健康介入の実施において各校が抱える問題に目を向ける必要がある。スタッフへのサポートの不足、リソースや施設の不足、イニシアチブがもたらす過剰負担、学校の自主的姿勢の欠如、政府主導の学業優先など、数え上げればきりがない（Christian et al., 2015）。これは特に、恵まれない地

域の学校や、大勢の恵まれない生徒を抱える学校にとって重大な問題である。効果的でコスト効率のよい学校ベースのプログラムを開発して実施するには、教育部門、健康部門、政策立案者の間の強い協力体制が必要になる。

注

1. ユネスコによると、包括的なセクシュアリティ教育とは、「カリキュラムに基づいた、性の認知的、感情的、身体的、社会的側面に関する指導と学習のプロセスである。子どもや若者に、自分の健康、ウェルビーイング、尊厳について理解させ、敬意に満ちた社会的及び性的関係を育ませる。自らの選択が自分や他者のウェルビーイングにどのように影響するかを考え、自分の権利を守ることを理解し、生涯を通してそれを実現することを可能にする知識、スキル、態度、価値観を与えることを目的とする」(UNESCO, 2018, p. 16)。

2. Sensoa - Seksueel gezond met Sensoa, https://www.sensoa.be/

3. Food Dudes: encouraging healthy eating in children internationally | Bangor University, https://www.bangor.ac.uk/research/impact-stories/food-dudes.php.en

4. Food Dudes, https://www.fooddudes.ie/

参考文献・資料

Abrams, M., P. Klass and B. Dreyer (2009), "Health literacy and children: Introduction", *Pediatrics*, Vol. 124/Supplement 3, pp. S262-S264, http://dx.doi.org/10.1542/peds.2009-1162a.

American Academy of Pediatrics (2016), "Achieving quality health services for adolescents", *Pediatrics*, Vol. 138.

Ashby, S. et al. (2016), "Measurement of the dimensions of food insecurity in developed countries: A systematic literature review", *Public Health Nutrition*, Vol. 19/16, pp. 2887-2896, http://dx.doi.org/10.1017/s1368980016001166.

Aston, R. (2018), "Physical health and well-being in children and youth: Review of the literature", *OECD Education Working Papers*, No. 170, OECD Publishing, Paris, https://dx.doi.org/10.1787/102456c7-en.

Baltag, V., A. Pachyna and J. Hall (2015), "Global overview of school health services: Data from 102 countries", *Health Behavior and Policy Review*, Vol. 2/4, pp. 268-283, http://dx.doi.org/10.14485/HBPR.2.4.4.

Bedard, C. et al. (2019), "A systematic review and meta-analysis on the effects of physically active classrooms on educational and enjoyment outcomes in school age children", *PLOS ONE*, Vol. 14/6, p. e0218633, http://dx.doi.org/10.1371/journal.pone.0218633.

Biddle, S. and M. Asare (2011), "Physical activity and mental health in children and adolescents: A review of reviews", *British Journal of Sports Medicine*, Vol. 45/11, pp. 886-895, http://dx.doi.org/10.1136/bjsports-2011-090185.

Boonstra, H. (2015), "Meeting the sexual and reproductive health needs of adolescents in school-based health centers", *Guttmacher Policy Review*, Vol. 18/1, https://www.guttmacher.org/gpr/2015/04/meeting-sexual-and-reproductive-health-needsadolescents-school-based-health-centers.

Bradbury-Jones, C., L. Isham and J. Taylor (2018), "The complexities and contradictions in participatory research with vulnerable children and young people: A qualitative systematic review", *Social Science & Medicine*, Vol. 215, pp. 80-91, http://dx.doi.org/10.1016/j.socscimed.2018.08.038.

Burns, T. and F. Gottschalk (eds.) (2019), *Educating 21st Century Children: Emotional Well-Being in the Digital Age*, Educational Research and Innovation, OECD Publishing, Paris, https://dx.doi.org/10.1787/b7f33425-en.

Carson, V. et al. (2017), "Systematic review of the relationships between physical activity and health indicators in the early years (0-4 years)", *BMC Public Health*, Vol. 17, http://dx.doi.org/10.1186/s12889-017-4860-0.

Christian, D. et al. (2015), "Community led active schools programme (CLASP) exploring the implementation of health interventions in primary schools: Headteachers' perspectives", *BMC Public Health*, Vol. 15/1, http://dx.doi.org/10.1186/s12889-015-1557-0.

Cooc, N. (2018), "Who needs special education professional development?: International trends from TALIS 2013", *OECD Education Working Papers*, No. 181, OECD Publishing, Paris, https://dx.doi.org/10.1787/042c26c4-en.

Costa-Font, J. and J. Gil (2013), "Intergenerational and socioeconomic gradients of child obesity", *Social Science & Medicine*, Vol. 93, pp. 29-37, http://dx.doi.org/10.1016/j.socscimed.2013.05.035.

Costello, E., H. Egger and A. Angold (2005), "10-Year research update review: The epidemiology of child and adolescent psychiatric disorders: I. Methods and public health burden", *Journal of the American Academy of Child & Adolescent Psychiatry*, Vol. 44/10, pp. 972-986, http://dx.doi.org/10.1097/01.chi.0000172552.

41596.6f.

Darmon, N. and A. Drewnowski（2015）, "Contribution of food prices and diet cost to socioeconomic disparities in diet quality and health: A systematic review and analysis", *Nutrition Reviews*, Vol. 73/10, pp. 643-660, http://dx.doi.org/10.1093/nutrit/nuv027.

Dunn, C. et al.（2020）, "Feeding low-income children during the Covid-19 pandemic", *New England Journal of Medicine*, Vol. 382/18, p. e40, http://dx.doi.org/10.1056/nejmp2005638.

Erwin, H. et al.（2012）, "A quantitative review of physical activity, health, and learning outcomes associated with classroom-based physical activity interventions", *Journal of Applied School Psychology*, Vol. 28/1, pp. 14-36, http://dx.doi.org/10.1080/15377903.2012.643755.

Farooq, M. et al.（2017）, "Timing of the decline in physical activity in childhood and adolescence: Gateshead Millennium Cohort Study", *British Journal of Sports Medicine*, Vol. 52/15, pp. 1002-1006, http://dx.doi.org/10.1136/bjsports-2016-096933.

Fazel, M. et al.（2014）, "Mental health interventions in schools in high-income countries", *The Lancet Psychiatry*, Vol. 1/5, pp. 377-387, http://dx.doi.org/10.1016/s2215-0366（14）70312-8.

Herlitz, L. et al.（2020）, "The sustainability of public health interventions in schools: A systematic review", *Implementation Science*, Vol. 15/1, http://dx.doi.org/10.1186/s13012-019-0961-8.

HLS-EU Consortium（2012）, Comparative report of health literacy in eight EU member states.

Inchley, J. et al.（eds.）（2020）, *Spotlight on Adolescent Health and Well-being. Findings from the 2017/2018 Health Behaviour in School-aged Children （HBSC） Survey in Europe and Canada. International Report. Volume 1. Key Findings*, WHO Regional Office for Europe, Copenhagen.

Jago, R. et al.（2015）, "Lessons learned from the AFLY5 RCT process evaluation: Implications for the design of physical activity and nutrition interventions in schools", *BMC Public Health*, Vol. 15/1, http://dx.doi.org/10.1186/s12889-015-2293-1.

Janssen, I. and A. LeBlanc（2010）, "Systematic review of the health benefits of physical activity and fitness in school-aged children and youth", *BioMed Centra*, pp. 1-16, http://dx.doi.org/10.1186/1479-5868-7-40.

Kari, J. et al. (2017), "Longitudinal associations between physical activity and educational outcomes", *Medicine & Science in Sports & Exercise*, Vol. 49/11, pp. 2158-2166, http://dx.doi.org/10.1249/mss.0000000000001351.

Kibbe, D. et al. (2011), "Ten Years of TAKE 10!®: Integrating physical activity with academic concepts in elementary school classrooms", *Preventive Medicine*, Vol. 52/SUPPL., pp. S43-S50, http://dx.doi.org/10.1016/j.ypmed.2011.01.025.

Konstabel, K. et al. (2014), "Objectively measured physical activity in European children: The IDEFICS study", *International Journal of Obesity*, Vol. 38/2, pp. S135-S143, http://dx.doi.org/10.1038/ijo.2014.144.

Liverpool, S. et al. (2020), "Engaging children and young people in digital mental health interventions: Systematic review of modes of delivery, facilitators, and barriers", *Journal of Medical Internet Research*, Vol. 22/6, p. e16317, http://dx.doi.org/10.2196/16317.

Long, G. et al. (2015), "Mortality benefits of population-wide adherence to national physical activity guidelines: A prospective cohort study", *European Journal of Epidemiology*, Vol. 30/1, pp. 71-79, http://dx.doi.org/10.1007/s10654-014-9965-5.

Mathias, K. et al. (2012), "Serving larger portions of fruits and vegetables together at dinner promotes intake of both foods among young children", *Journal of the Academy of Nutrition and Dietetics*, Vol. 112/2, pp. 266-270, http://dx.doi.org/10.1016/j.jada.2011.08.040.

McCann, H. et al. (2020), "Sexual health services in schools: A successful community collaborative", *Health Promotion Practice*, p. 152483991989430, http://dx.doi.org/10.1177/1524839919894303.

Ministre de l'Enseignement obligatoire et de Promotion sociale (2013), *Education à la vie relationnelle, affective et sexuelle (EVRAS)*.

Moreira, L. (2018), "Health literacy for people-centred care: Where do OECD countries stand?", *OECD Health Working Papers*, No. 107, OECD Publishing, Paris, https://dx.doi.org/10.1787/d8494d3a-en.

OECD (2020a), "Coronavirus special edition: Back to school", *Trends Shaping Education Spotlights*, No. 21, OECD Publishing, Paris, https://dx.doi.org/10.1787/339780fd-en.

OECD (2020b), *Love & let live*, OECD Publishing, https://doi.org/10.1787/e6d23b76-en.

OECD（2019a）, "A healthy mind in a healthy body", *Trends Shaping Education Spotlights*, No. 17, OECD Publishing, Paris, https://dx.doi.org/10.1787/eb25b810-en.

OECD（2019b）, *Changing the odds for vulnerable children: Building opportunities and resilience*, OECD Publishing, Paris, https://dx.doi.org/10.1787/a2e8796c-en.

OECD（2019c）, *Education at a Glance 2019: OECD Indicators*, OECD Publishing, Paris, https://dx.doi.org/10.1787/f8d7880d-en.（『図表でみる教育OECDインディケータ（2019年版）』経済協力開発機構（OECD）編著、矢倉美登里［ほか］訳、明石書店、2019年）

OECD（2019d）, *TALIS 2018 results（Volume I）: Teachers and school leaders as lifelong learners*, TALIS, OECD Publishing, Paris, https://dx.doi.org/10.1787/1d0bc92a-en.

OECD（2019e）, *Trends Shaping Education 2019*, OECD Publishing, Paris, https://dx.doi.org/10.1787/trends_edu-2019-en.

OECD（2018）, "The future of education and skills: Position paper", https://www.oecd.org/education/2030-project/about/documents/E2030%20Position%20Paper%20（05.04.2018）.pdf.

OECD（2017）, *Educational opportunity for all: Overcoming inequality throughout the life course*, Educational Research and Innovation, OECD Publishing, Paris, https://dx.doi.org/10.1787/9789264287457-en.

OECD（2017）, *PISA 2015 Results（Volume III）: Students' Well-Being*, OECD Publishing, Paris, https://dx.doi.org/10.1787/9789264273856-en.

OECD（2015）, *Skills for Social Progress: The Power of Social and Emotional Skills*, OECD Publishing, Paris, https://dx.doi.org/10.1787/9789264226159-en.（『社会情動的スキル：学びに向かう力』経済協力開発機構（OECD）編著、ベネッセ教育総合研究所企画・制作、無藤隆／秋田喜代美監訳、荒牧美佐子［ほか］訳、明石書店、2018年）

Okan, O. et al.（2018）, "Generic health literacy measurement instruments for children and adolescents: A systematic review of the literature", *BMC Public Health*, Vol. 18/1, http://dx.doi.org/10.1186/s12889-018-5054-0.

Paniagua, A. and D. Istance（2018）, *Teachers as Designers of Learning Environments: The Importance of Innovative Pedagogies*, OECD Publishing, Paris, https://dx.doi.org/10.1787/9789264085374-en.

Park, E. and M. Kwon（2018）, "Health-related internet use by children and adolescents: Systematic review", *Journal of Medical Internet Research*, Vol. 20/4, p. e120, http://dx.doi.org/10.2196/jmir.7731.

Pereira, A., S. Handa and G. Holmqvist (2017), "Prevalence and correlates of food insecurity among children across the globe", *Innocenti Working Papers*, No. 2017/9, United Nations, New York, https://dx.doi.org/10.18356/9206b37d-en.

Prout, A. (2005), *The Future of Childhood: Towards the Interdisciplinary Study of Children*, Routledge Falmer, London and New York. (『これからの子ども社会学：生物・技術・社会のネットワークとしての「子ども」』アラン・プラウト著、元森絵里子訳、新曜社、2017年)

Rand, C. and N. Goldstein (2018), "Patterns of primary care physician visits for US adolescents in 2014: Implications for vaccination", *Academic Pediatrics*, Vol. 18/2, pp. S72-S78, http://dx.doi.org/10.1016/j.acap.2018.01.002.

Reilly, J. (2016), "When does it all go wrong? Longitudinal studies of changes in moderate-tovigorous-intensity physical activity across childhood and adolescence", *Journal of Exercise Science & Fitness*, Vol. 14/1, pp. 1-6, http://dx.doi.org/10.1016/j.jesf.2016.05.002.

Russ, L. et al. (2015), "Systematic review and meta-analysis of multi-component interventions through schools to increase physical activity", *Journal of Physical Activity and Health*, Vol. 12/10, pp. 1436-1446, http://dx.doi.org/10.1123/jpah.2014-0244.

Scaglioni, S. et al. (2018), "Factors influencing children's eating behaviours", *Nutrients*, Vol. 10/6, p. 706, http://dx.doi.org/10.3390/nu10060706.

Schalkwijk, A. et al. (2017), "The impact of greenspace and condition of the neighbourhood on child overweight", *European Journal of Public Health*, Vol. 28/1, pp. 88-94, http://dx.doi.org/10.1093/eurpub/ckx037.

Scottish Government (2019), "Free sanitary products for students", https://www.gov.scot/news/free-sanitary-products-for-students/.

Shankar, P., R. Chung and D. Frank (2017), "Association of food insecurity with children's behavioral, emotional, and academic outcomes", *Journal of Developmental & Behavioral Pediatrics*, Vol. 38/2, pp. 135-150, http://dx.doi.org/10.1097/dbp.0000000000000383.

Sommer, M. et al. (2015), "Comfortably, safely, and without shame: Defining menstrual hygiene management as a public health issue", *American Journal of Public Health*, Vol. 105/7, pp. 1302-1311, http://dx.doi.org/10.2105/ajph.2014.

302525.

Sørensen, K. et al.（2012）, "Health literacy and public health: A systematic review and integration of definitions and models", *BMC Public Health*, Vol. 12/1, http://dx.doi.org/10.1186/1471-2458-12-80.

UNESCO（2020）, *Switched on: Sexuality education in the digital space*, https://unesdoc.unesco.org/ark:/48223/pf0000372784.

UNESCO（2018）, *International technical guidance on sexuality education: An evidence-formed approach*, https://unesdoc.unesco.org/ark:/48223/pf0000260770.（『国際セクシュアリティ教育ガイダンス：科学的根拠に基づいたアプローチ（改訂版）』ユネスコ編、浅井春夫［ほか］訳、明石書店、2020年）

UNESCO（ed.）（2016）, *Review of the Evidence on Sexuality Education. Report to Iinform the Update of the UNESCO International Technical Guidance on Sexuality Education*, UNESCO.

UNICEF（2019）, *The State of the World's Children 2019. Children,Food and Nutrition: Growing Well in a Changing World*, UNICEF, New York.

UNICEF（2017）, Inclusive education: Including children with disabilities in quality learning.

United Nations Assembly（1989）, *Convention on the Rights of the Child*, United Nations Human Rights Office of the High Commissioner, New York, NY.

Vandermeerschen, H. et al.（2016）, "Sports, poverty and the role of the voluntary sector. Exploring and explaining nonprofit sports clubs' efforts to facilitate participation of socially disadvantaged people", *VOLUNTAS: International Journal of Voluntary and Nonprofit Organizations*, Vol. 28/1, pp. 307-334, http://dx.doi.org/10.1007/s11266-016-9799-8.

Wardle, J. et al.（2003）, "Modifying children's food preferences: The effects of exposure and reward on acceptance of an unfamiliar vegetable", *European Journal of Clinical Nutrition*, Vol. 57/2, pp. 341-348, http://dx.doi.org/10.1038/sj.ejcn.1601541.

WFP, UNICEF and FAO（2020）, *Interim guidance note: Mitigating the effects of the COVID-19 pandemic on food and nutrition of schoolchildren*, http://dx.doi.org/10.4060/ca8434en.

Winkelman, T. et al.（2016）, "Promoting health literacy for children and adolescents", *PEDIATRICS*, Vol. 138/6, pp. e20161937-e20161937, http://dx.doi.org/10.1542/peds.2016-1937.

Wong, N., M. Zimmerman and E. Parker (2010), "A Typology of youth participation and empowerment for child and adolescent health promotion", *American Journal of Community Psychology*, Vol. 46/1-2, pp. 100-114, http://dx.doi.org/10.1007/s10464-010-9330-0.

World Food Programme (2020), *Global monitoring of school meals during COVID-19 school closures*, https://cdn.wfp.org/2020/school-feeding-map/index.html.

Youth2019 (2020), *Youth19- Period poverty fact sheet*, Youth2019, a Youth2000 Survey.

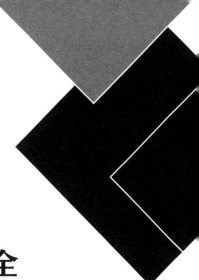

第11章

教育と子どもの安全

フランチェスカ・ゴットシャルク
トレーシー・バーンズ

　世界中の親、政策立案者、教育制度が最優先するべき務めのひとつは、子どもの身を守ることである。事故による負傷率や死亡率など、多くの領域で子どもの安全は大きく向上している。しかしまだ問題は解消されておらず、たとえば、世界で10億人近くの子どもが、何らかのかたちで暴力を経験している。また、ネットでのいじめやプライバシーの侵害などにより、デジタルの安全性が脅かされている。教育は子どもたちの保護に重要な役割を担う。生徒の安全やウェルビーイングが危ぶまれるとき、多くの教育制度は教師に行動を起こすことを求める。確固とした政策を開発して、物理環境においてもデジタル環境においても、子どもを守るために必要な支援を教師に提供することが不可欠である。

第1節 ｜ 序論

　子どもには、情報に基づいて、自らの健康とウェルビーイング、及びデジタル環境における行動などを決定する力を与えるべきである。この点において教育制度は大きな役割を担う。子どもは、物理的世界とデジタル環境のどちらにおいても保護されなければならない。この責任を負うのは教育制度と政策立案者である。そして子どもを守るさまざまな方策の実施に責任を負うのは学校や教師である。親を関与させ、他部門とも協働する必要がある。

　教育制度の重要な役割は、子どもの権利の擁護と子どもの安全の確保と保護である。また、逆境に柔軟に対処する力を育むことも重要である（Burns and Gottschalk, 2019）。さらに、子どもの安全や健康に関連する他の問題への取り組みにも影響力を持つ。たとえば、運動場や校舎の物理的安全性の確保や、対面環境だけでなくデジタル環境における非行集団やいじめからの保護にも関与する。

　しかし、子どもをリスクから守ることは必ずしも好結果を生まない。「過剰な安全対策」は、リスクを恐れるあまり、子どもの経験を極度に狭めて人生の機会を制限する（Wyver et al., 2010）。その一例が「ヘリコプターペアレント」と呼ばれる過保護な育児である。子どものためを思ってなされることではあるが、子どもの自律性を損ない、負の成果をもたらす（Ulferts, 2020、本書第4章）。子どもの学習、成長、発達を構成する重要な要素は、失敗から学ぶことである。ところが、大人（親、教師、政策立案者）が、リスクの芽を摘んで安全を確保しようとすることによって、子どもと環境の相互作用が制御されることが増えている（Smith, 2014）。

　安全な空間で遊ばせ、学ばせて、その環境の利点を享受させる一方で、ある程度のリスクを引き受けさせることが大切である。これは物理的世界や外遊びについても（第4章）、デジタル環境についても同じである（Burns and Gottschalk, 2019）。リスクと害は別物であり、同一視するべきではない。一切のリスクから子どもを遠ざけるのではなく、リスクを管理する方法を教えるこ

とがレジリエンスの発達につながり、21世紀の生活に参加することを可能に
する。

　本章では、子どもの安全と保護にかかわる領域において、OECD加盟国とパ
ートナー国の教育制度が担う役割を検証する。デジタル環境と非デジタル環境
の安全を確保するために、各国の教育制度が実施する政策とその実践方法に注
目する。

第2節 ┃ 子どもにとって安全なデジタル環境と物理環境

　この数十年、デジタル環境と物理環境における子どもの安全にさらに重点が
置かれるようになった。デジタルの安全性に関する法律が導入されるなどの政
策対応が行われ、従来の物理的安全と同じくデジタル環境の安全も重視され
る。ネットでのいじめやリベンジポルノなどのデジタルリスクは、子どものウ
ェルビーイングに負の影響を及ぼす。第三者が子どもの同意を得ずに個人デー
タを収集するなどのプライバシーの侵害も懸念される。仮想空間は、子どもが
安全に遊び、学び、デジタル環境を探求し、その利益を理解する場所でなけれ
ばならず、多くのイニシアチブがこれに取り組んでいる。

　物理的空間については、安全に関する規則と指針が改善されたことによっ
て、事故による子どもの死亡率や障害率が過去数十年で低下した（第1章と第
4章）。チャイルドシートやシートベルトの導入から安全な遊び場に関する規
則の制定、さらに都市計画や公害防止イニシアチブによって、子どもの健康と
安全は劇的に向上した。しかしまだ多くの国で、意図的な暴力による子どもの
ケガやウェルビーイングへの影響が公衆衛生問題として残っている。以下で
は、デジタル空間と物理的空間の安全を順に検証する。

安全なデジタル空間

　デジタル環境は豊かな機会を子どもに提供するが、環境との接触が増えるほ
どリスクも大きくなる。多くのデジタルリスクは、いじめ、性的搾取、人種差
別などのオフラインのリスクがデジタル環境に入り込むことによって発生する

が（OECD, 2020b）、デジタル環境に特有のリスクもある（詳細は Hooft Graafland, 2018、Ronchi and Robinson, 2019）。

- **コンテンツリスク**：違法な、あるいは年齢に不適切な、あるいは有害なコンテンツにアクセスするリスク。また、有害なアドバイスを受け取ること、ヘイトスピーチや虚偽のニュースに触れることなども含まれる。
- **コンタクトリスク**：コンテンツリスクと同じく、この場合も子どもは受け手である。ネットでのいじめの対象になる、下心を隠した大人から性的要求がなされる（cybergrooming）、性的メッセージや画像を送りつけられるなどのリスクが含まれる。
- **コンシューマーリスク**：不適切あるいは違法な商取引を持ちかけられるリスク。あるいは、宣伝広告であると見分けることが難しいメッセージを受け取る。デジタル詐欺もこれに含まれる。
- **コンダクトリスク**：子どもがデジタル環境において有害または不適切な行為の主体となるリスク。いじめへの加担、違法行為（ダウンロードやハッキング）、有害素材の作成／共有が含まれる。

政策や研究領域において注視されているリスクのひとつは、子どものプライバシーと「データ化」である（Siibak, 2019）。子どものデジタル活動から得られるデータは以下の3つに分類される。

1) **提供されたデータ**：子どもが自ら共有する、あるいは他者によって共有されるデータ
2) **痕跡として残されたデータ（デジタルフットプリント）**：クッキーやメタデータを介してオンラインに残されたデータ
3) **推測されるデータ**：上の2つのデータを分析することによって得られたデータ（Stoilova, Nandagiri and Livingstone, 2019）

これらのデータの利用や乱用は次のようなリスクを生む。たとえば、子どもを有害広告へ誘導するアルゴリズムが作成される、子どもの個人情報が共有さ

れて不適切なコンタクトのターゲットにされる、同意なく知らぬ間に子どもの
データが収集されるなどがある（OECD, 2020b）。リスクの高さに応じて法や
政策による対応が必要であり、サービス提供者の協力が要請されることも増え
ている。罰則を科すなどの政策アプローチや法規制は、プラットフォームやサ
ービスの提供者に圧力をかけて、デジタル環境における子どもの保護に努めさ
せることにつながる（OECD, 2020b、OECD, 2020c）。

　表11.1に示すように、各国の教育制度は多くの角度からデジタルの安全性の
問題に取り組んでいる（詳細はRonchi and Robinson, 2019、Burns and
Gottschalk, 2019の第12章）。

　アプローチは国によって異なり、同一国内でも異なっている場合がある。た
とえばデータ保護については、国レベルで取り組む国もあれば（ノルウェーな
ど）、地方分権によって州単位などで取り組む国もある（オーストラリアやカ
ナダなど）。また、学校や自治共同体レベルで取り組む国（チェコ、デンマー
ク、アイルランド、ポルトガル、ロシア、スコットランドなど）もある
（Burns and Gottschalk, 2019）。欧州では、このようなアプローチは一般デー
タ保護規則（General Data Protection Regulation）に従う必要がある。ただ
し、規則の実施や生徒のデータ保護は、一般に、個々の学校や自治コミュニテ
ィにおいて調整されるため、具体的な方法はさまざまである。

　しかし、政策対応がときに分断され、測定と報告の方法が一貫していないた
めに（定義や用語の差異など）、エビデンスを参照した政策立案が困難なケー
スがある（Burns and Gottschalk, 2019、OECD, 2020c）。したがって、政策と
の関連性が高い総合的なアプローチを用いてデジタルデータとプライバシーへ
の影響を調査し、それに伴うさまざまな害を明らかにしなければならない
（Stoilova, Nandagiri and Livingstone, 2019）。子ども、親、教師に、デジタル
環境で自分と自分のデータを安全に保護するために必要なスキルと知識を与え
ることが不可欠である。

表11.1　デジタルの安全性の促進：各国の取り組み事例

問題	政策／実践のタイプ	例
ネットでのいじめ	啓発活動とリソース	アイルランド：インターネット安全意識向上センターとしてWebwiseを設けた。教師がインターネットの安全を指導に組み込むことに役立つリソースを開発して普及させる。ネットでのいじめなどのテーマについて、親の意識向上のためのリソースや啓発活動を提供する。
	学校外のサポートと報告のしくみ	ベルギーのフランス語共同体、フランス、ラトビアは、サポートを得るための電話相談サービスを実施する。オーストラリアは、eセイフティ監督官事務所がネットでの深刻ないじめに対処するための報告システムを運用する。
	国の枠組みと政策アプローチ	アイルランド、カナダのサスカチュワン州、スコットランドは、いじめに対処する行動計画を実施している。
性的なメッセージや画像の送り付けとリベンジポルノ	法的手段（刑事責任や禁止法）	オーストラリア、カナダ、フランス、ドイツ、アイルランド、イスラエル、日本、ニュージーランド、スペイン、スウェーデン、イギリス、アメリカの46州とコロンビア特別区には、リベンジポルノに対する特別法がある。
	啓発活動とリソース	ラトビアとポルトガルは啓発活動の一環として、未成年に対する性的メッセージの危険性に関する情報を提供する。ラトビアは、オンラインツールとリソース、及び電話相談サービスを提供する。
サイバーセキュリティとプライバシー	安全なログインとシングルサインオン	ギリシャ、ノルウェー、スイスは、学校の生徒にシングルサインオン（安全なログインプログラム）を利用させる。
	学校のための指針	ルクセンブルクはBee Secureイニシアチブによって、一般データ保護規則で示される権利を説明し、フォーラムを設けて、個人が告訴して法的訴訟を起こす方法を指導する。ベルギーのフラマン語共同体、アイルランド、ラトビアは、データセイフティに関する指針とリソースを学校に提供する。
	国の法律と政策	フランスとアメリカでは、生徒のデータ保護に関する国家法が制定されている。カナダのケベック州とノバスコシア州では、データ保護は州の政策によって規定されており、学校は各地域の法的枠組みに従って行動することが求められる。
	統合的アプローチ（さまざまな関係者と協働してテーマに応じたアプローチをとる）	ハンガリーは、「デジタル時代の子どもの保護方策」によって3つの柱を示す。すなわち、意識の向上とメディア教育、保護と安全、制裁措置と被害者の救済である。意識の向上には、政府、非政府組織、私的部門などさまざまな関係者がかかわる。
有害なコンテンツへのアクセスとオンライン搾取	学校における安全なコンテンツ方針に則った管理サービスを運用し、子どもが不適切なオンラインコンテンツにアクセスすることを防ぐ。	ギリシャは、学校ネットワークの指導により安全なコンテンツ方針に則った管理サービスを運用し、子どもが不適切なオンラインコンテンツにアクセスすることを防ぐ。
	警察のコンピュータ犯罪ユニットとの協働	ギリシャは、学校ネットワークと警察のコンピュータ犯罪ユニットが協力してデジタルの安全性に関する会合を開き、学校関係者が議論する場を設ける。
	啓発のためのリソース	ラトビアは、インターネット安全性向上センターを介して、有害コンテンツとコンタクトリスクに関する情報と教育活動を提供する。

注：詳細はBurns and Gottschalk, 2019の第11章。
資料：21世紀の子どもたち政策アンケート

安全な物理的空間

　OECD加盟国の4人に1人は農村地域に暮らしているものの、世界はますます都市化が進んでいる（OECD, 2016）。子どもに優しい包括的な都市計画が必要とされており、人口密度が上昇している地域や学校周辺の安全対策に目を向ける必要がある。加盟国では、学校近隣の大気汚染や交通量を減らすイニシアチブが実行されている。たとえばベルギーのフラマン語共同体では、学校周辺の大気汚染の減少を目的とする政策イニシアチブが実行されている。スクールゾーンイニシアチブは、午前午後の一定時間、学校周辺の道路を歩行者専用とする（交通量の多い道路を車両通行止めとする）。この時間帯は自動車両が道を通過することができず、歩行者と自転車の専用道路となる。基礎自治体や地域コミュニティや親が、自発的に通学路の設定を要求することも可能である。このイニシアチブの効果は、同意校の数によって評価される。

　また、韓国教育部は、幼稚園と小学校向けに細塵に関する指針を設けた。2017年、環境部は「細塵管理総合対策」を発表した。細塵とは、ディーゼル車から放出される煤煙などの浮遊微小粒子を指し、韓国も含めて多くの国の主な汚染物質のひとつである。多様な対策が含まれており、たとえば、これらの浮遊微小粒子への曝露を減らすため、子どもが屋内で身体活動に取り組めるように体育館の建設に資金を提供することや、子どもや高齢者など弱者が利用する施設内部の空気質の基準を確立することなどが含まれる。また、大気質の観測ネットワークの構築、屋内スポーツ施設の増加、通学バスを環境に優しい車両に変更することも含まれる（Lee, 2018）。細塵が健康に及ぼす影響に対する人々の不安は増大している。特に、子どもや高齢者、呼吸器疾患の患者などの弱者をめぐって懸念が高まっている（Kang and Kim, 2014）。

　しかし、健康的な空間を作り出して管理することは学校や教育の職務をはるかに超えており、遊びや運動のための施設は複数の省庁が出す指針や枠組みによって規制されていることが多い（表11.2）。政府機関の観察下に置かれることもあれば、ギリシャやポルトガルのようにもっぱら基礎自治体の責任下に置かれることもある。

　遊び場の設計は、子どもに優しい都市計画をめざす広範な政策課題の一環とされるべきである。子どもに優しい都市計画や都市設計とは、子どもの遊ぶ姿

表11.2　安全な遊び場の管理指針

国	指針／目標	発令機関
チェコ	子どもや若者を養護し教育するための施設や設備について、建築や運用における衛生対策を徹底する。	保健省
アイルランド	校舎の設計と機能性を向上させるために、安全な遊び場に関する具体的な指針を提供する。	教育技能省の計画建設ユニット
日本	都市公園における遊具の安全確保に関する指針 学校のインフラに関する指針	国土交通省
ラトビア	子どもの遊び場に関する安全対策の指針を2012年に作成した（採用は任意）。スーパーマーケットなどに設けられた子どもの遊び場は、公的機関に登録させることによって安全と衛生に関する規則の順守を促す。	消費者権利保護センター
ロシア	子どもの遊び場の備品や面積に関する国家基準を定めて、規則や規約、衛生基準を確立する。	
スウェーデン	子どもの屋外環境と遊び場の質の推奨基準を提供する。	住宅・建設・計画庁

資料：21世紀の子どもたち政策アンケート

が見える都市、近所だけでなく町中を遊びまわれる都市の設計を指す（Gill, 2017）。この見方は、子どもの成長の構成因子として、他の課題（健康とウェルビーイング、レジリエンス、安全など）も統合しうる人工環境の重要性を示している（ARUP, 2017）。また、子どもが生活する外的空間だけでなく、内的空間の質も観察して規制する必要がある。

コラム 11.1 　屋内汚染と子どもの健康

　子どもは多くの時間を屋内で過ごし、そのかなりの部分を学校が占める。屋内汚染は減少しつつあるとはいうものの、今なお不健康の寄与因子である。子ども時代は身体の成長と認知能力の発達の重要な時期であり、空気汚染への曝露をできるだけ避けることが大切である。イギリスの調査によると、屋内汚染は呼吸器疾患などの呼吸器の健康や湿疹その他の皮膚疾患と関連するだけでなく、認知能力にも影響していた（RCPCH, 2020）。汚染物質は教室内にも見出され、空気の質が悪いと健康だけでなく、出席率や学業成果にも影響がある（Annesi-Maesano et al., 2013）。

　この問題に対処して教室の空気を清浄に保つには、多部門的なアプローチとさまざまな関係者の協働が必要である。人口全体のレベルで協力して取り組むには、教育、環境、健康にまたがる政策が不可欠である。

第3節 ┃ 暴力、いじめ、虐待

　国連子どもの権利条約は、暴力からの解放は子どもの基本的人権であるとした（United Nations Assembly, 1989）。しかし、世界中の子どもが今もさまざまな状況で暴力に曝されている。初めて暴力を経験した場所は家庭が多く、2 ～ 17歳の子どものうち10億人以上、つまりすべての子どもの半数以上が暴力を経験している（Hillis et al., 2016）。

　暴力は、身体的暴力、性的暴力、精神的暴力などさまざまなかたちをとりうる。精神的暴力は、子どもの心の健康と発達に影響を及ぼす行動であり、動作制限、嘲笑、脅迫など、非身体的な害意のある扱いを含む（Maternowska, Potts and Fry, 2016）。OECD加盟国において子どもへのマルトリートメント——身体的、性的、心理的虐待及びネグレクト——の蔓延度に関する比較データはほとんど存在しないため（OECD, 2019a）、データを生み出して補完することが不可欠である。マルトリートメントは子どもの成長に大きな意味を持ち、ウェルビーイング、学習、人間関係や信頼の発達、及び長期的な生活成果を損なう可能性がある。

　子どもが身体的にも精神的にも最も多くの暴力を受ける相手は家族、続いて友人である（Devries et al., 2018）。若者は対面でもデジタル環境でもさまざまな暴力行動に関与しているが、学校でのいじめは最も蔓延する暴力形式のひとつである（Inchley et al., 2020）。2018年のPISA調査によると、多くの親は子どもの学校を選ぶ際に安全性を最重要視していた（OECD, 2019c）。これは、学校内外のいじめや暴力に対する親の不安を反映していると考えられる。ただし、多くの国でいじめの発生率は全体的にみて低下傾向にある（Inchley et al., 2020）。

　暴力の被害者や加害者となることには、人口集団による差がみられる。たとえば、障害を有する子どもはいじめ（Emerson, 2012）や暴力（Jones et al., 2012）の被害者になりやすい。移民の若者はそうではない若者と比べていじめの対象になることが多いが、それ以上に、第一世代の移民は第二世代の移民よ

りも被害者になりやすい（Stevens et al., 2020）。男子は概して女子よりも身体的な喧嘩に至ることが多いが、その割合は年齢が上がるにつれて低下する（Inchley et al., 2020）。また、ほかの生徒や保護者からの身体的暴力も年齢が上がるにつれて減少するが、精神的暴力には変化がみられない（Devries et al., 2018）。

虐待やネグレクトを受けたり、家庭内暴力を目撃したりすることは子どもにとって有害な経験であり、のちの人生における負の健康成果や行動（慢性疾患、メンタルヘルス障害、主観的なストレスの高さ、人間関係の問題、物質乱用など）と関連づけられている（Anda et al., 2010）。子ども時代に辛いストレスを経験することは神経の発達に影響し、マルトリートメントは脳の構造と機能に長期的変化をもたらす（Anda et al., 2010）。子ども時代は脳の発達に対する感受性の高い時期であり、心的外傷やストレス因子に対して特に脆弱である（Gottschalk, 2019）。また、子ども時代の有害な経験は、子ども時代と成人後の神経系、内分泌系、免疫系の変化とも関連づけられている（Danese and McEwen, 2012）。これに対して、好意と支援に満ちた関係と確立された日課は、ポジティブな発達と良好な学業成果と関連づけられている（National Scientific Council on the Developing Child, 2020）。

子どもへの暴力と闘うため、各国政府は多くのイニシアチブを実行している。児童の保護や養護は法律によって保証される制度であり、改定を重ねた明示的方針に従って運営されている（OECD, 2019a）。特に教育と関連の深い問題は、平手打ちや尻叩きなどの体罰である。世界で132か国が学校での体罰を禁止しているが、68か国ではまだ容認されている（UNESCO, 2019）。この方針は家庭にも拡大されており、1979年、スウェーデンは世界各国に先駆けて、いかなる状況においても子どもの尻叩きは違法であるとした。同様の規制はその後まもなく他の北欧諸国でも制定され、2020年の時点で、家庭も含めていかなる状況においても体罰を禁止している国は60か国に上る（Global Initiative, 2020）。

教育制度も暴力の減少に大きな役割を担う。学校外で暴力の発生や虐待が疑われる場合は関係機関に通報しなければならない。また、暴力や有害な経験に対処するために、子どもたちのレジリエンスを育むことも重要である。早期に

介入すれば、のちの人生における成果やウェルビーイングへの影響を減らすことができる。世界保健機関（WHO）は若者への暴力を予防するために、健康部門から助力を得るなどの多部門的なアプローチを主張している。

いじめと喧嘩

　多くの国の教育制度において、若者の暴力、特にいじめが深刻な問題になっている。2018年のPISA調査のデータによると、OECD加盟国の23％の生徒が1か月に数回以上いじめにあっており、8％が頻繁にいじめられていた（OECD, 2019c）。ただし、PISA調査と学齢期の子どもの健康行動調査（HBSC）のデータはどちらも、各国間に大きな差が存在することを示している（OECD, 2019c、Inchley et al., 2020）。PISA調査によると、1か月に数回以上いじめられた生徒の割合は、ブルネイ、ドミニカ、インドネシア、モロッコ、フィリピンの40％以上から、韓国、オランダ、ポルトガル、台湾の15％以下と多様である（OECD, 2019c）。幸い、いじめの発生率は低下傾向にあり、メディアで派手に取り上げられているものの、いじめに遭う可能性は増加していない（Inchley et al., 2020）。さらに、2018年のPISA調査で回答した生徒の10人に8人が、「いじめに加担するのはよくないことである」「自分の身を守れない生徒を助けるのはよいことである」などのいじめに反対する文言に賛同した（OECD, 2019c）。

　また、いじめの方法は、身体的暴力をふるう、噂を広める、仲間外れにするなど、多様な形式をとっていた。図11.1に、OECD加盟国の15歳の生徒におけるこれらの行動の割合を示した。

　いじめは数多くの方法で子どもの生活に影響を及ぼす。まず、感情的なウェルビーイングに影響する。いじめの加害者も被害者も抑うつ症状や不安症状を示すことが多く、自尊心が低く、孤独感が強く、何事にも無関心になりがちである（Choi, 2018）。デジタルテクノロジーの進歩とともに、加害者と被害者の関係は従来の対面によるいじめの範囲を超えて、時間的にも場所的にも学校や校庭に留まらなくなっている。ネットでのいじめはより多くの人の目に触れ、はるかに長く、もしかすると永遠に曝される可能性がある。また、データのコピーや拡散も容易である（OECD, 2020c）。結果として、さらに大きな影

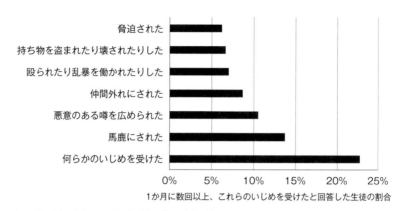

注：1か月に数回以上これらのいじめを受けたと回答した生徒の割合（OECD加盟国平均）。
資料：OECD 2018年PISA調査データベース表III.B1.2.1

図11.1　いじめを受けたと回答した生徒（PISA2018年調査）

響をもたらす可能性がある（Hooft Graafland, 2018）。

　いじめは、身体的健康にも直接的及び間接的な害を及ぼす。アメリカの4,000人超の生徒において、いじめは、物質乱用、暴力行動、危険な性行動などの身体的な健康成果と関連していた（Litwiller and Brausch, 2013）。

コラム 11.2　暴力的なビデオゲーム

　大多数の若者はビデオゲームを行う（Lenhart et al., 2015、Przybylski and Weinstein, 2017）。ゲームは複数の効果をもたらすが、負の成果に注目する研究のほうが圧倒的に多い（Granic, Lobel and Engels, 2013）。暴力的なゲームと現実世界で暴力をふるうこと（学校での銃乱射事件など）との関連性を主張する学者もいる（Carnagey, Anderson and Bushman, 2007、Dillio, 2014）。

　しかしこれは単純化できる問題ではなく、暴力的なゲームが子どもの暴力や攻撃性と関連しているかどうかをめぐっては学問的にも政策的にもさまざまな議論が行われている。両者の関連性を指摘する意見もあれば、それらの研究で利用されている攻撃性の尺度は真の攻撃行動を示す尺度としては弱いことに注目して、そのような結論の確かさに疑問を持つ者もいる（McCarthy et al., 2016）。近年のイギリスの研究によると、暴力的なビデオゲームと攻撃行動、あるいは向社会的行動の低さの間に正の相関関係は見出されなかった（Przybylski and Weinstein, 2019）。加

えて、アクションビデオゲーム（多くは1人称視点または3人称視点のシューティングゲーム）は、注意の制御などの認知処理にプラスの影響を及ぼす可能性のあることも示されている（第8章）。

政策と実践

　そのような行動を減らし、教師や親を啓発し、助けを求める方法を被害者に提供するために、さまざまな反いじめ政策が考案され、実施されている（詳細はBurns and Gottschalk, 2019）。専用のウェブサイトを設け、生徒や親や教師に向けて情報提供を行い、いじめとそれがもたらす害について、親や教師だけでなく一般大衆向けの啓発活動を実施している。

　このほか、多くの教育制度で一般に見出される方策としては、教師がいじめを見つけて適切に対処するための専門的な訓練、学校における反いじめプログラムの開発と実施に関する教育省の指針や助言、反いじめの学習機会を保健体育などのカリキュラムや全校集会に組み込むこと、オンラインフォーラムやツールを介して教師と親の協力体制を促進することなどがある。いじめと闘うために統合的なアプローチをとる国もある。たとえば、ギリシャの「学校の暴力と闘うネットワーク（Network against Violence in Schools）」は、2010年に教育省と若者子どもオンブズパーソン事務所によって設立され、学問的及び社会的対話の場を設けることで、いじめの現状と効果的な介入方法に関する理解と議論を促すことに努めている。ネットワークは教員の研修や支援も提供しており、いじめをテーマとする研究を促進し、生徒、親、社会の意識の向上に努めている。教師、親、生徒に対して電話やオンラインのカウンセリングを提供するとともに、暴力や脅迫事例に介入するユニットもある。

　反いじめの外部団体が設立され、資金提供が行われることもある。たとえば、オランダの「学校の安全基金」は、安全で豊かな人間関係を育む健全な学校環境の構築をめざす。安全な学校を支える柱のひとつは、いじめや暴力などの限度を超えた行動を予防し、気づき、対処することである。したがって、知識、経験、専門的見解の共有を促し、ポジティブな行動を喚起する助言と支援を学校に提供することによって、安全な学校環境の確立をめざす。

表11.3　いじめに関する啓発活動：ウェブサイトの設置とキャンペーン

国	リソース	対象者と内容
オーストラリア	Student Wellbeing Hub（生徒のウェルビーイングのための拠点）	・教育者、親、生徒のために学年別（小学校／中学校）のリソースを提供する。 ・以下のテーマに関するリソースを提供する：健康な心と体、いじめの予防、多様性の尊重、肯定的な人間関係の構築、安全で責任ある選択、オンラインの安全。
	Bulllying. No way！（いじめ、絶対ダメ！）と National Day of Action（行動のためのナショナルデー）	・「安全かつ協力的な学校社会のワーキンググループ」が運営するウェブサイトと行動計画。ワーキンググループは、連邦の教育責任者と各州や民間教育機関（インデペンデントスクールやカトリック系スクールを含む）の責任者によって構成される。
フランス	Non au Harcèlement（いじめにNoと言おう）	・11月の第1木曜日を、国を挙げていじめと闘う日と定める。 ・いじめの危険性について生徒、教師、親を啓発し、いじめについて報告して話すことのできる専用電話を設ける。
ギリシャ	Network against Violence in Schools（学校の暴力と闘うネットワーク）	・教師や子どもにオンラインのサポートやカウンセリングを提供する。
アイルランド	Tackle Bullying Website（いじめ対策サイト）	・親、生徒、教師、学校のためにいじめに関するリソース、フォーラム、いじめの報告ツールを提供する。
ラトビア	"Katrina"and"Roberts" Campaign（カトリーナ＆ロベルツ運動）（2016年）	・子どもと教師がいじめを認識し、等閑視しないことをめざしたビデオを提供する。問題の現状と結果を理解することを助ける。 ・教員研修と子どもたちへの啓発授業を提供する。
ニュージーランド	Bullying-free New Zealand（いじめのないニュージーランド）	・学校、生徒、親を支援するための情報とリソースを提供する。 ・いじめの予防と対処、職能開発モジュールや教室活動、アイディア共有バンクなど多様なリソースを提供する。
アメリカ	Stopbullying.gov（いじめ予防サイト）	・生徒、教育者、親のためのリソースを提供する。 ・テーマは、方針や規則の制定指針、法律と政策、メディアのガイドライン、オンライン研修、親の意識向上のためのオンラインリソースである。
	National Bullying Prevention Awareness Month（全国いじめ予防意識月）とstompoutbullying.org（STOMPアウト・ブリング：いじめ予防組織）	・メディアとコミュニティの関与を促し、運動を拡大するためのリソースを提供する。

資料：21世紀の子どもたち政策アンケート

家庭における子どもへの暴力とマルトリートメント

　子どもが最初に暴力を経験する場は家庭であることが多い。2〜4歳の子どもの約4分の3が、親や保護者から日常的に体罰を受けており、これは世界全体でみると3億人近くに上る（UNICEF, 2017）。また、5歳以下の子どもの25％は、母親がパートナーの暴力を受けることによって間接的な影響を受けている（UNICEF, 2017）。パートナーによる暴力への曝露については、OECD加盟

国全体を網羅するデータは存在しない。しかし親（ほとんどが母親）の自己報告によると、パートナーが暴力を振るう家庭では子どもの大多数が直接的に曝されることになると考えられ、子どものウェルビーイングと教育成果に深刻な影響があるとみられる（OECD, 2019）。さらに、パートナーによる暴力は、子どもに対するマルトリートメントとともに発生していることが多い（Hamby et al., 2010）。子どもへの暴力は世代を超える影響力を持ち、子ども時代にマルトリートメントを受けた影響は成人後も残り続ける。子ども時代の暴力の経験と、成人後に暴力の加害者や被害者になるリスクの間には相関関係が認められる（Guedes et al., 2016）。

コラム 11.3　コロナ禍のロックダウン中の子どもへの暴力

　新型コロナウイルスは世界各地に広がり、感染者が増大している。多くの政府は感染に歯止めをかけるためにロックダウンを敢行した。広範囲にわたるロックダウンなどの制限によって、世界で多くの命が救われたことは確かであろう。しかし、それに伴う混乱は子どもの学校生活を深く損ない、膨大な数の失業を生み出し、この100年で最も深刻な景気の後退を招いた。これらのストレス因子と社会的孤立の拡大が複合して、子ども、特に最も立場の弱い子どものリスクが高まった（Humphreys, Myint and Zeanah, 2020）。多くの国で、家庭内暴力と虐待の増加が報告されている。学校は、子どもたちにとって暴力と虐待から逃れられる安全な避難場所である（OECD, 2020）。

　この機に乗じて、サイバー犯罪者も子どもをねらっている。欧州刑事警察機構によると、児童虐待の資料をオンラインで検索する活動が活発化している。学校閉鎖によって子どもへの監視が緩むと同時に孤立化が進み、デジタル環境で過ごす時間が増加した。サイバー犯罪者は子どもが無力化するこの機会を利用して、性的要求を行うために子どもに接触したり（grooming）、性的強要を目的として関係を持つ機会をうかがったりしている（Europol, 2020）。しかし、「コロナ禍とそれに伴う学校閉鎖の下、オンラインでの暴力や嫌がらせが増加しており、いじめも例外ではない」というユネスコのオードレ・アズレ事務局長の言葉は、デジタル環境における暴力が、手慣れたサイバー犯罪者によってのみ繰り返されているのではないことを明示している。

　学校が閉鎖され、リモート学習が行われているということは、児童虐待の疑い例

を見つけて報告する機会を教師が持たないことを意味している。また外出禁止令によって定期検診が延期され、虐待の疑いを報告しうるプライマリケア担当者も接触が制限されている（Humphreys, Myint and Zeanah, 2020）。これは、災害時にも健康管理を継続することの重要性を示し（Disaster Preparedness advisory council/committee on pediatric emergency medicine, 2015）、安全かつ効果的な報告システムを介して、被害者に迅速な救助と解決が提供されることの重要性も示している。

21世紀の子どもたち政策アンケートへの回答において、4か国が虐待を喫緊の課題として挙げた。当局へ報告される件数だけで問題の規模の大きさが伝わる国もあれば、オランダのように、メディアによる注目がきっかけで喫緊の課題とみなされるようになった国もある。フランスの教育制度が2015/16年度に部門当局に報告した件数は2万7,799件に上り、子どもの健康、安全、倫理観が危機に曝されているとみられる。子どもの身体的、精神的、知的、社会的発達条件が損なわれている、あるいはその危機にあると疑われるケースもある。また、報告事例の大多数（80％）は家族関係を背景として発生している。

ニュージーランドとロシアでも、多くの子どもへのマルトリートメントが報告されている。2015年から2016年、ニュージーランドの政府機関である児童・若者・家族課（現在の子ども省：Oranga Tamariki）が受けた児童保護通知は14万2,249件に上った。警察報告によると、家族による20歳以下の子どもの殺人は2015年で10件、暴行による入院は63件であった。2016年の16歳以下の子どもの性被害は2,163件であった。

児童の虐待とマルトリートメントは、すべての加盟国において深刻な問題である。教育制度は協働して効果的に対処し、保護サービスを手の届きやすいものにすることに重要な役割を担う。学校、医療従事者、保護機関、警察が協力すれば、無力な子どもたちによりよいサービスを提供することが可能になる（OECD, 2019a）。多くの省庁や部門の協働を可能にする指針や行動計画を開発することは、部門間の協力を促し、若者が必要に応じて適切な支援を受けとることを可能にする（OECD, 2019a）。教師も重要な関係者である。多くの制度では、児童の虐待やマルトリートメントの徴候や疑いが存在する場合には、教

師は法的責任または政策運営上の責任を負うとされている。

第4節 ▎ 生徒のウェルビーイングに対する教師の責任

　ほぼ日常的に子どもとかかわる大人として、教師は子どもの生活において独自の立場を占め、子どもの行動の変化や身体に残る暴力の痕跡、あるいは虐待、メンタルヘルス問題、病気に起因する可能性のある教育成果の変化に気づきうる環境にある。特に最も年少の子どもは、身体的及び精神的不調に気づくことだけでなく、専門機関への紹介や支援の提供においても教師などの大人が頼りである（Jorm et al., 2010）。

　子ども自身によって報告される身体的虐待は、公式報告の75倍以上に上る（Stoltenborgh et al., 2013）。したがって、いざというときに頼りになる信頼できる大人、虐待や不当な扱いの疑い例を報告して子どものウェルビーイングを守るスキルと知識を有した大人が、近くにいることが重要である。しかし、特に恵まれない環境にある学校や子どもに関しては、ニーズに比して利用可能なリソースがまだ不足している（Kieling et al., 2011）。

　生徒のウェルビーイングと保護に関する教師の知識を評価するには、さまざまな要素を考慮する必要がある。第一に、そのような問題を発見するための教員教育や研修の内容を評価しなければならない。心身の健康とウェルビーイングの問題に対する教師の認識、理解、意識は、教室でそれらの問題に対処する能力を左右する可能性がある（Graham et al., 2011）。21世紀の子どもたち政策アンケートによると、多くの教育制度では、子どもの心身のウェルビーイングに関する教員研修（養成段階と現職研修）が行われている。しかし、すべての制度で広く提供されているわけではない。さらに、3分の2近くの制度では、デジタルリスクを理解して評価するための研修が義務づけられていない。これは問題の重要性を考えると驚くべき状況である。

> ### コラム 11.4　ウェルビーイングのための学校環境
>
> 　学校が支援を惜しまない安全な環境であることは、生徒の学業成績、ウェルビーイング、自尊心を育むだけでなく、リスクの高い逸脱行動への関与を抑制する（OECD, 2019c）。学校が温かな雰囲気であることは、メンタルヘルスの成果の保護因子にもなる。そのような校風はストレスを与えることが少なく、子どもを支えて、社会への帰属感を育む。また、いじめの蔓延率の低さとも関連している。2018年のPISA調査によると、いじめが蔓延する学校へ通う生徒は、帰属感が希薄であり、規律を守る気持ちが少なく、学校の友人と協働することも少ない（OECD, 2019c）。利用できる健康リソースが少なく、暴力が蔓延しており、雰囲気のよくない質の低い学校に通うことは、子どもの心身の健康に負の影響を及ぼす（Huang, Cheng and Theise, 2013）。
>
> 　教師は教育者でもあり、役割モデルでもある。好ましい校風を育むことに重要な役割を担っている。精神的な指導者として、また学習の促進者として、子どもの自尊心ややる気を高め、感情的に安定させることに関与している（OECD, 2015）。どのような教育行動が、生徒を尊重する好ましい雰囲気を生み出すことに貢献しているかを分析した調査がある。それによると、最も多く挙げられた行動は、教師による支援、つまり生徒への支援をいとわない姿勢であった。続いて、生徒と教師の間の強い信頼関係が挙げられた。思いやりがあり協力を惜しまない教師に恵まれた生徒は、学校の雰囲気を好ましいと感じることが多く、学校への帰属感が強かった（LaRusso, Romer and Selman, 2007）。さらに、教師との良好な関係は、生徒が支援されていると感じることと、教師が生徒のストレスにうまく対処することと関連していた（Choi, 2018）。教師や学校長が生徒の考え方や意思決定能力を尊重すること（LaRusso, Romer and Selman, 2007）、熱意を持ち、協力を惜しまないこと、生徒の声に対応すること、アイディアや優れた実践の交換を介して協働することは（OECD, 2019c）、健全な行動規範を促す校風を形成する助けとなる。

　次に、教師の自己効力感も生徒のウェルビーイングの問題への対処を左右する重要な因子である。子どもの精神と感情のウェルビーイングの問題への教師の対応が、不安、自信、学校の運営方針の支持によっていかに影響されるかを調査した研究がある（Williams et al., 2007、Graham et al., 2011）。オーストラリアの教師は、離婚、家庭崩壊、転校などの問題には対処する自信があると回

答したが、虐待、家庭内暴力、家庭内の軋轢にはそれほど自信を持っていなかった（Graham et al., 2011）。第三の因子は、自分が主体であるという教師の意識と行動を起こす能力に関連している。生徒のニーズや問題を見極めたり、エビデンスに基づく決定を行ったりする教師の主体意識を支え、評価することは、生徒のウェルビーイングの問題を発見するには不可欠である（OECD, 2019b）。指導上の決定は、職業的な知識と個々の背景や状況の分析評価に基づいて行われるが、意思決定を左右するものは教師としての判断力である（Révai, 2018）。

コラム11.5　教師による生徒への虐待

　学校の暴力に関する大多数の研究は、いじめや生徒同士の暴力を対象としている。しかし、残念ながら現実には、教師も精神的虐待や身体的虐待の加害者になることがある。精神的虐待には、皮肉を言う、怒鳴る、悪口を言う、からかう、子ども自身や近親者をあざけって悪く言うなどの言語的虐待が含まれる。また、無視するなどのネグレクトや、不正解に対して罰を与えるなどの言語によらない虐待も含まれる（McEachern, Aluede and Kenny, 2008）。韓国の中学生1,777名を対象とした研究では、ほぼ3分の1の生徒が、過去1年間に、教師による身体的及び精神的虐待の被害者になったことがあると回答した（Lee, 2015）。アメリカの生徒453名を対象とした調査では、44％が精神的虐待と感じられるものを1回以上経験したことがあると回答した（Fromuth et al., 2015）。教師による言語的虐待の対象になりやすいグループがあると考えられる。たとえば、男子や、幼いころから反社会的問題行動や注意障害のみられる子どもは、小学校で言語的虐待を経験することが多い（Brendgen, Wanner and Vitaro, 2006）。
　身体的虐待に関しては、教師や学校関係者による子どもの性的搾取が特に懸念される。その発生率を正確に見積もることは難しく、過少評価される傾向にある（Wurtele, Mathews and Kenny, 2018）。あるカナダの調査では、1997年から2017年の間に、1,272人以上の生徒と714人以上の加害者を伴う750件が確認された。職業上の違法行為に関する詳細なデータを公表していない州や準州もあるため、事例の半数以上について唯一の情報源がメディアである地域もある（Canadian Centre for Child Protection Inc., 2018）。

政策と実践

　21世紀の子どもたち政策アンケートによって、子どものウェルビーイングの問題や虐待が疑われるケースについて、その発見と対処に教師が担うさまざまな役割が明らかにされた。疑われるケースについて教師の報告を法的に義務づける国もあれば、間接的にその義務があるとする国、義務はないとする国があった（表11.4）。

表11.4　生徒のウェルビーイングに対する教師の責任

子どもの健康問題や精神的ウェルビーイングの問題の存在や徴候を見出す責任が、教師に課せられているか

国	責任のタイプ	詳細
チェコ	教師に公的責任はない。	―
フランス	教師に間接的責任がある。	教師は生徒を観察して、必要に応じて医療機関やカウンセラーに紹介する役割を負う。虐待やいじめなどに対処する指針として、デジタルリソースが提供されている。
ギリシャ	教師に間接的責任がある。	教師は助言を与え、支援を得るための方法を子どもに教える。
アイルランド	教師に公的責任がある（学校の全体責任）。	教師は法に則って子どもを危害から守ることに責任を負う。ウェルビーイングのための紹介制度がすべての学校に設けられており、子どもたちは校内のリソースを利用することも、外部の協力を得ることもできる。各校は自律的に生徒の支援システムを確立し、全スタッフに研修を実施する。
ラトビア	教師に公的責任はない。	教師は職能開発を介して、あるいは児童権利保護監察局などの組織が提供する資料を介して、そのような子どもを見つけ出し、支援する方法を学ぶことができる。
ポルトガル	教師に公的責任がある。	教師は専門研修を受け、子どものウェルビーイングに関する専門教員や校内の心理カウンセラーに相談することができる。
ロシア	教師に間接的責任がある。	教師は、教育プロセスにある生徒の生活と健康を保護しなければならない。ただし、教師の資質として、子どものウェルビーイングの問題を見つけ出す能力は問わない。
スコットランド	教師に公的責任がある。	すべての教師は生徒のウェルビーイングに責任があり、一部の教師は各問題（物質乱用や人間関係など）に支援を提供する専門的な役割を担う。

資料：21世紀の子どもたち政策アンケート

　多くの制度において教師には報告義務があり、子どもへの虐待（疑い）を関連当局に報告する法的責任がある。危険な状況にあると考えられる子どもを保護するために、しかるべき手段をとるための具体的な指針も提供されている。たとえばオランダでは、虐待や危険な状態に置かれている徴候や疑いがある場合に当局への報告指針となる新たなレポートコードが開発された。これは身体的暴力だけでなく、精神的暴力や性的暴力、ネグレクトも網羅している。教育現場で働くすべての専門職と、子どもを対象とする健康管理職やデイケアセン

ターの職員、ソーシャルワーカーに適用される。

　カナダは地方分権制度をとるため、虐待が疑われるケースの報告義務を定める法律は州政府や準州政府によって制定されている。ブリティッシュコロンビア州では、「子ども、家族及び地域サービス法」の第14項で、19歳未満の子どもが身体的虐待、性的虐待や搾取、ネグレクトを受けていると疑われる場合、その他、保護が必要であると思われる場合は、子どもを対象とする専門職だけでなくすべての州民に報告が義務づけられている。児童保護担当のソーシャルワーカーに迅速に報告しなければならない。同僚や学校長などに伝えるだけでは報告義務を果たしたことにならず、報告義務は守秘義務よりも優先される。オンタリオ州では、「子ども家庭サービス法」の第125項で、16歳未満の子どもが保護を必要としていると考えるに足る根拠がある場合は、児童支援団体のChildren's Aid Society に直ちに報告することが定められている。

第5節　｜　結び

　世界中の政策立案者は、子どもが子どもらしくあるとともに、自らの失敗から学べるよう、微妙なバランスをとりながら子どもの安全に心を砕いている。暴力、虐待、ネグレクトにはさまざまなかたちがあり、多くの制度では、子どもを害から守るために多様なアプローチを統合して利用している。教師は、信頼に足る大人として、虐待の疑われるケースやウェルビーイングの問題を報告することが要求されている。子どもをデジタルリスクから守り、子どもを取り巻く環境の安全を保つには（清浄な空気、安全な道や遊び場など）、省庁を超えた協調的な政策努力が必要である。しかし、国内で協力するだけでは不十分である。多くの環境リスクやデジタルリスクは国や地域の境界を超える。長い目で見てこのような問題と闘うには、さまざまな省庁、国際組織、研究団体の専門知識を統合して協働することが不可欠である。

　子どもの安全を保つとともに、自然環境、人工環境、デジタル環境で子どもたちが自主的に遊び、探検し、学ぶことを可能にする必要がある。これは、世界各国の重要な政策課題である。経済的社会的不平等は改善しているとはいう

ものの、今も解消されず、家庭環境、住居、学校の質、都市計画、コミュニティなど、子どもの生活のあらゆる側面に影響を及ぼしている。新型コロナウイルス感染症のパンデミックとその後のロックダウンのようなショックも、世界中の子どもの安全と生活の安定を揺るがし、システムに内在する弱点をあらわにする。さまざまな問題を対象とする学習計画の作成、デジタルの安全性に関する対話、暴力と闘うための課題リストの作成、都市計画の策定と環境イニシアチブ、これらすべてに子どもを関与させることが、子どもの安全を促進する効果的な長期的戦略を開発するうえで欠かせない。

参考文献・資料

Anda, R. et al. (2010), "Building a framework for global surveillance of the public health implications of adverse childhood experiences", *American Journal of Preventive Medicine*, Vol. 39/1, pp. 93-98, http://dx.doi.org/10.1016/j.amepre.2010.03.015.

Annesi-Maesano, I. et al. (2013), "Indoor air quality and sources in schools and related health effects", *Journal of Toxicology and Environmental Health, Part B*, Vol. 16/8, pp. 491-550, http://dx.doi.org/10.1080/10937404.2013.853609.

ARUP (2017), *Cities Alive: Designing for Urban Childhoods*, https://www.arup.com/perspectives/publications/research/section/cities-alive-designing-forurban-childhoods.

Brendgen, M., B. Wanner and F. Vitaro (2006), "Verbal abuse by the teacher and child adjustment from kindergarten through grade 6", *Pediatrics*, Vol. 117/5, pp. 1585-1598, http://dx.doi.org/10.1542/peds.2005-2050.

Burns, T. and F. Gottschalk (eds.) (2019), *Educating 21st Century Children: Emotional Well-Being in the Digital Age*, OECD Publishing, Paris, https://dx.doi.org/10.1787/b7f33425-en.

Canadian Centre for Child Protection Inc. (2018), "The prevalence of sexual abuse by K-12 school personnel in Canada, 1997–2017", *Journal of Child Sexual Abuse*, Vol. 28/1, pp. 46-66, http://dx.doi.org/10.1080/10538712.2018.1477218.

Carnagey, N., C. Anderson and B. Bushman (2007), "The effect of video game violence on physiological desensitization to real-life violence", *Journal of Experimental Social Psychology*, Vol. 43/3, pp. 489-496, http://dx.doi.org/10.1016/

j.jesp.2006.05.003.

Choi, A.（2018）, "Emotional well-being of children and adolescents: Recent trends and relevant factors", *OECD Education Working Papers*, No. 169, OECD Publishing, Paris, https://dx.doi.org/10.1787/41576fb2-en.

Danese, A. and B. McEwen（2012）, "Adverse childhood experiences, allostasis, allostatic load, and age-related disease", *Physiology & Behavior*, Vol. 106/1, pp. 29-39, http://dx.doi.org/10.1016/j.physbeh.2011.08.019.

Devries, K. et al.（2018）, "Who perpetrates violence against children? A systematic analysis of age-specific and sex-specific data", *BMJ Paediatrics Open*, Vol. 2/1, p. e000180, http://dx.doi.org/10.1136/bmjpo-2017-000180.

Dillio, R.（2014）, "A critical miss: Video games, violence, and ineffective legislation", *First Amendment Studies*, Vol. 48/2, pp. 110-130, http://dx.doi.org/10.1080/21689 725.2014.950496.

Disaster Preparedness advisory council/committee on pediatric emergency medicine（2015）, "Ensuring the health of children in disasters", *Pediatrics*, Vol. 136/5, pp. e1407-e1417, http://dx.doi.org/10.1542/peds.2015-3112.

Emerson, E.（2012）, "Understanding disabled childhoods: What can we learn from populationbased studies?", *Children & Society*, Vol. 26/3, pp. 214-222, http://dx.doi.org/10.1111/j.1099-0860.2012.00434.x.

Europol（2020）, *Pandemic Profiteering: How Criminals Exploit the COVID-19 Crisis*, https://www.europol.europa.eu/publications-documents/pandemic-profiteering-how-criminalsexploit-covid-19-crisis.

Fromuth, M. et al.（2015）, "Descriptive features of student psychological maltreatment by teachers", *Journal of Child & Adolescent Trauma*, Vol. 8/2, pp. 127-135, http://dx.doi.org/10.1007/s40653-015-0042-3.

Gill, T.（2017）, *Building Cities Fit for Children: Case Studies of Child-Friendly Urban Planning and Design in Europe and Canada*, https://www.wcmt.org.uk/sites/default/files/reportdocuments/Gill%20T%20Report%202017%20Final_0.pdf.

Global Initiative（2020）, *Global Initiative to End All Corporal Punishment of Children*, https://endcorporalpunishment.org/countdown/.

Gottschalk, F.（2019）, "Impacts of technology use on children: Exploring literature on the brain, cognition and well-being", *OECD Education Working Papers*, No. 195, OECD Publishing, Paris, https://dx.doi.org/10.1787/8296464e-en.

Graham, A. et al.（2011）, "Supporting children's mental health in schools: Teacher views", *Teachers and Teaching*, Vol. 17/4, pp. 479-496, http://dx.doi.org/10.1080/13540602.2011.580525.

Granic, I., A. Lobel and R. Engels (2013), "The benefits of playing video games", *American Psychologist*, Vol. 69/1, pp. 66-78, http://dx.doi.org/10.1037/a0034857.

Guedes, A. et al. (2016), "Bridging the gaps: A global review of intersections of violence against women and violence against children", *Global Health Action*, Vol. 9/1, p. 31516, http://dx.doi.org/10.3402/gha.v9.31516.

Hamby, S. et al. (2010), "The overlap of witnessing partner violence with child maltreatment and other victimizations in a nationally representative survey of youth", *Child Abuse & Neglect*, Vol. 34/10, pp. 734-741, http://dx.doi.org/10.1016/j.chiabu.2010.03.001.

Hillis, S. et al. (2016), "Global prevalence of past-year violence against children: A systematic review and minimum estimates", *Pediatrics*, Vol. 137/3, p. e20154079, http://dx.doi.org/10.1542/peds.2015-4079.

Hooft Graafland, J. (2018), "New technologies and 21st century children: Recent trends and outcomes", *OECD Education Working Papers*, No. 179, OECD Publishing, Paris, https://dx.doi.org/10.1787/e071a505-en.

Huang, K., S. Cheng and R. Theise (2013), "School contexts as social determinants of child health: Current practices and implications for future public health practice", *Public Health Reports*, Vol. 128/6, pp. 21-28.

Humphreys, K., M. Myint and C. Zeanah (2020), "Increased risk for family violence during the COVID-19 pandemic", *Pediatrics*, Vol. 146/1, p. e20200982, http://dx.doi.org/10.1542/peds.2020-0982.

Inchley, J. et al. (eds.) (2020), *Spotlight on Adolescent Health and Well-being. Findings from the 2017/2018 Health Behaviour in School-aged Children (HBSC) Survey in Europe and Canada. International Report. Volume 1. Key Findings*, WHO Regional Office for Europe, Copenhagen.

Jones, L. et al. (2012), "Prevalence and risk of violence against children with disabilities: A systematic review and meta-analysis of observational studies", *The Lancet*, Vol. 380/9845, pp. 899-907, http://dx.doi.org/10.1016/s0140-6736(12)60692-8.

Jorm, A. et al. (2010), "Mental health first aid training for high school teachers: A cluster randomized trial", *BMC Psychiatry*, Vol. 10/1, http://dx.doi.org/10.1186/1471-244x-10-51.

Kang, D. and J. Kim（2014）, *Fine, Ultrafine, and Yellow Dust: Emerging Health Problems in Korea*, Korean Academy of Medical Science, http://dx.doi.org/10.3346/jkms.2014.29.5.621.

Kieling, C. et al.（2011）, "Child and adolescent mental health worldwide: Evidence for action", *The Lancet*, Vol. 378/9801, pp. 1515-1525, http://dx.doi.org/10.1016/s0140-6736（11）60827-1.

LaRusso, M., D. Romer and R. Selman（2007）, "Teachers as builders of respectful school climates: Implications for adolescent drug use norms and depressive symptoms in high school", *Journal of Youth and Adolescence*, Vol. 37/4, pp. 386-398, http://dx.doi.org/10.1007/s10964-007-9212-4.

Lee, J.（2015）, "Prevalence and predictors of self-reported student maltreatment by teachers in South Korea", *Child Abuse & Neglect*, Vol. 46, pp. 113-120, http://dx.doi.org/10.1016/j.chiabu.2015.03.009.

Lee, S.（2018）, *Korea's New Comprehensive Plan on Fine Dust and Its Implications for Policy and Research*, Kihasa.

Lenhart, A. et al.（2015）, *Teens, technology and friendships*, Pew Research Center, http://www.pewinternet.org/2015/08/06/teens-technology-and-friendships/.

Litwiller, B. and A. Brausch（2013）, "Cyber bullying and physical bullying in adolescent suicide: The role of violent behavior and substance use", *Journal of Youth and Adolescence*, Vol. 42/5, pp. 675-684, http://dx.doi.org/10.1007/s10964-013-9925-5.

Maternowska, M., A. Potts and D. Fry（2016）, *The Multi-country Study on the Drivers of Violence Affecting Children*.

McCarthy, R. et al.（2016）, "Does playing video games with violent content temporarily increase aggressive inclinations? A pre-registered experimental study", *Journal of Experimental Social Psychology*, Vol. 67, pp. 13-19, http://dx.doi.org/10.1016/j.jesp.2015.10.009.

McEachern, A., O. Aluede and M. Kenny（2008）, "Emotional abuse in the classroom: Implications and interventions for counselors", *Journal of Counseling & Development*, Vol. 86/1, pp. 3-10, http://dx.doi.org/10.1002/j.1556-6678.2008.tb00619.x.

National Scientific Council on the Developing Child（2020）, Connecting the Brain to the Rest of the Body: Early Childhood Development and Lifelong Health are Deeply Intertwined, http://www.developingchild.harvard.edu/.

OECD（2020a）, "Coronavirus special edition: Back to school", *Trends Shaping Education Spotlights*, No. 21, OECD Publishing, Paris, https://dx.doi.org/10.1787/339780fd-en.

OECD（2020b）, *Growing up Online: Addressing the Needs of Children in the Digital Environment*, https://www.oecd.org/sti/ieconomy/growing-up-online.pdf.

OECD（2020c）, "Protecting children online: An overview of recent developments in legal frameworks and policies", *OECD Digital Economy Papers*, No. 295, OECD Publishing, Paris, https://dx.doi.org/10.1787/9e0e49a9-en.

OECD（2019a）, *Changing the Odds for Vulnerable Children: Building Opportunities and Resilience*, OECD Publishing, Paris, https://dx.doi.org/10.1787/a2e8796c-en.

OECD（2019b）, *OECD Future of Education 2030: Making Physical Education Dynamic and Inclusive for 2030 International Curriculum Analysis*, OECD Publishing, Paris, https://www.oecd.org/education/2030-project/contact/OECD_FUTURE_OF_EDUCATION_2030_MAKING_PHYSICAL_DYNAMIC_AND_INCLUSIVE_FOR_2030.pdf.

OECD（2019c）, *PISA 2018 results (Volume III): What school life means for students' lives*, PISA, OECD Publishing, Paris, https://dx.doi.org/10.1787/acd78851-en.

OECD（2016）, *Trends Shaping Education 2016*, OECD Publishing, Paris, https://dx.doi.org/10.1787/trends_edu-2016-en.

OECD（2015）, *Skills for Social Progress: The Power of Social and Emotional Skills*, OECD Publishing, Paris, https://dx.doi.org/10.1787/9789264226159-en.（『社会情動的スキル：学びに向かう力』経済協力開発機構（OECD）編著、ベネッセ教育総合研究所企画・制作、無藤隆／秋田喜代美監訳、荒牧美佐子［ほか］訳、明石書店、2018年）

Przybylski, A. and N. Weinstein（2019）, "Violent video game engagement is not associated with adolescents' aggressive behaviour: Evidence from a registered report", *Royal Society Open Science*, Vol. 6/2, p. 171474, http://dx.doi.org/10.1098/rsos.171474.

Przybylski, A. and N. Weinstein（2017）, "A large-scale test of the goldilocks hypothesis", *Psychological Science*, Vol. 28/2, pp. 204-215, http://dx.doi.org/10.1177/0956797616678438.

RCPCH（2020）, *The Inside Story: Health Effects of Indoor Air Quality on Children and Young People*, https://www.rcpch.ac.uk/resources/inside-story-healtheffects-indoor-air-qualitychildren-young-people.

Révai, N. (2018), "What difference do standards make to educating teachers?: A review with case studies on Australia, Estonia and Singapore", *OECD Education Working Papers*, No. 174, OECD Publishing, Paris, https://dx.doi.org/10.1787/f1cb24d5-en.

Ronchi, E. and L. Robinson (2019), "Child protection online", in *Educating 21st Century Children: Emotional Well-being in the Digital Age*, OECD Publishing, Paris, https://dx.doi.org/10.1787/796ac574-en.

Siibak, A. (2019), "Digital parenting and the datafied child", in *Educating 21st Century Children: Emotional Well-being in the Digital Age*, OECD Publishing, Paris, https://dx.doi.org/10.1787/313a9b21-en.

Smith, K. (2014), "Discourses of childhood safety: What do children say?", *European Early Childhood Education Research Journal*, Vol. 22/4, pp. 525-537, http://dx.doi.org/10.1080/1350293x.2014.947834.

Stevens, G. et al. (2020), "Immigration status and bullying victimization: Associations across national and school contexts", *Journal of Applied Developmental Psychology*, Vol. 66, p. 101075, http://dx.doi.org/10.1016/j.appdev.2019.101075.

Stoilova, M., R. Nandagiri and S. Livingstone (2019), "Children's understanding of personal data and privacy online: A systematic evidence mapping", *Information, Communication & Society*, pp. 1-19, http://dx.doi.org/10.1080/1369118x.2019.1657164.

Stoltenborgh, M. et al. (2013), "Cultural–geographical differences in the occurrence of child physical abuse? A meta-analysis of global prevalence", *International Journal of Psychology*, Vol. 48/2, pp. 81-94, http://dx.doi.org/10.1080/00207594.2012.697165.

Ulferts, H. (2020), "Why parenting matters for children in the 21st century: An evidence-based framework for understanding parenting and its impact on child development", *OECD Education Working Papers*, No. 222, OECD Publishing, Paris, https://dx.doi.org/10.1787/129a1a59-en.

UNESCO (2019), *Behind the Numbers: Ending School Violence and Bullying*, https://unesdoc.unesco.org/ark:/48223/pf0000366483.

UNICEF (2017), *A Familiar Face: Violence in the Lives of Children and Adolescents*, UNICEF, https://www.unicef.org/publications/index_101397.html.

United Nations Assembly (1989), *Convention on the Rights of the Child*, United

Nations Human Rights Office of the High Commissioner, New York, NY, https://digitalcommons.ilr.cornell.edu/cgi/viewcontent.cgi?article= 1007&context=child (accessed on 15 May 2019).

Williams, J. et al. (2007), "Teachers' perspectives of children's mental health service needs in urban elementary schools", *Children & Schools*, Vol. 29/2, pp. 95-107, http://dx.doi.org/10.1093/cs/29.2.95.

Wurtele, S., B. Mathews and M. Kenny (2018), "Keeping students out of harm's way: Reducing risks of educator sexual misconduct", *Journal of Child Sexual Abuse*, Vol. 28/2, pp. 160-186, http://dx.doi.org/10.1080/10538712.2018.1486933.

Wyver, S. et al. (2010), "Ten ways to restrict children's freedom to play: The problem of surplus safety", *Contemporary Issues in Early Childhood*, Vol. 11/3, pp. 263-277, http://dx.doi.org/10.2304/ciec.2010.11.3.263.

第 12 章

教員教育と協力体制

クリステン・ウェザビー
トレーシー・バーンズ

　子どもたちのニーズが変化するとともに、それに応えるために開発される政策の優先事項も変化し、学校はその変化を支える責任を負う。家庭、地域組織、民間組織など、さまざまな関係者との協力の下に推進されるが、校内でその任を負うのは教職員である。本章では、政策の提供と実践を効果的に行う際に不可欠の２つの要素に注目する。すなわち、教員教育と協力体制である。子どものデジタルスキルと身体的なウェルビーイングに照準を合わせて、教員のスキル構築をめざす政策とイノベーティブな協力体制の事例を挙げる。最後に、コロナ禍で露わになった、急速な変化に対応する各国の準備態勢の重要性について論じる。

第1節　序論

　教育制度は社会、経済、デジタルの新たなニーズに応じることが求められ、それにつれて政策実施も新たな重要性を帯びる。政策改革を成功させる重要な要素は、地域の関係者がこの試練に立ち向かう能力を有していることである。特に、教育政策の目標と結果に関する適切な知識、変化を起こすことへの責任感と意欲、計画通りに改革を実施する手腕が必要である。これらなしでは、たとえ最良の政策改革であっても最も重要なレベル、つまり教室レベルで頓挫するリスクがある。教育政策が実施されるべきはまさにこのレベルであり、成否のカギを握るのもこのレベルである（Burns and Köster, 2016）。

　本章では、教員の準備態勢と協力体制に目を向ける。政策を効果的に提供し実践するには、どちらも不可欠である。特に注目するのは、2020年のコロナ禍によって浮き彫りなった2つの領域、すなわち、テクノロジーを用いた指導の支援と生徒の心身のウェルビーイングへの取り組みである。

　OECDの報告によると、2020年3月中旬、102か国が学校閉鎖に踏み切り、家庭においていかに学校教育を継続するかは、9億人近くの子ども（と教員と親）の手に委ねられた（Burns, 2020）。世界各地でリモート学習への切り替えが試みられたが、そのためには適切なテクノロジーのリソースとインターネット接続、及び教員、生徒、親の技術的スキルが必要であった。

　2018年のPISA調査によると、欧州の富裕国では95％以上の生徒が、コンピュータを利用した家庭学習が可能であると回答した。しかしインドネシアでは34％にとどまり、3分の2近くの生徒はリモート学習が事実上不可能であった（OECD, 2020b）。また、富裕国においても、家庭におけるコンピュータアクセスは社会経済的背景によって異なっていた。アメリカでは、社会経済的に恵まれた学校では、ほぼすべての15歳の生徒が家庭でコンピュータを利用できると回答したが、そうでない学校では4人に3人であった。ペルーでは格差がさらに大きかった。恵まれた地域の学校では88％の生徒が自分のコンピュータを所有していたが、そうでない学校ではわずか17％であった。

　ただし、これらのデータは2018年のものである。確かに、PISA調査の対象となった15歳の生徒はコンピュータを利用できるかもしれない。しかしだからといって、ロックダウン中の完全リモート学習に必要な水準と強度を満たしているとはかぎらない。家庭で学校教育を進めるには、兄弟姉妹全員にコンピュータを与えるだけでなく、同時に複数の授業のストリーミングが可能なブロードバンド接続環境を整備する必要がある（しかもその間、親も同じ回線を使用してリモートワークを行う）。インターネット接続が家庭に普及している国もあれば、15歳の生徒の半数しか利用できない国もある。メキシコでは、社会経済的地位の高い家庭出身の生徒は、ほぼ全員（94％）が家にインターネット接続環境を持つ。しかし、恵まれない家庭出身の生徒では29％にとどまる。また、勉強するには静かな場所なども必要であるが、それらについても状況は同じである。

　政策立案者、ソーシャルワーカー、医療関係者、教育関係者は、コロナ禍における生徒の身体的ウェルビーイングも懸念している。これまでは各国で何万、何十万人もの生徒に、毎日1食以上の食事が無料で提供されていた。それが学校閉鎖とともに、突然利用できなくなった。政府は、この種の支援に頼っていた家庭に食事を提供したり、スーパーマーケットの商品引換券を配付したりと、対応に追われた。さらに、危険な状況にあると疑われる生徒の身体的ウェルビーイングを毎日観察する手段も失われた。教職員は家庭訪問をしたり、オンラインで毎日出席確認を行ったりして、生徒の顔を見て心身に問題がないかどうか確認した。全国規模のロックダウンによって、多くのソーシャルサービスも利用できなくなり、学校が介入せざるをえなくなった。教職員は家庭と定期的に連絡を取り、ソーシャルワーカーの役目も務めるようになった。

　学校閉鎖中の経験は極端なものとはいえ、教育分野におけるスキル、能力、リソースの不足があらわになり、世界各国の政策立案者は対処を迫られている。教員の役割は学習の指導者から、総合的なウェルビーイングの支援者へと変化しつつある。デジタルアクセス、技術的スキル、指導法、ウェルビーイングをめぐって家庭を支援するために、学校や教職員はこれまで以上に強い親との絆が必要になった。

第２節 ▎現代の教室環境に応じて教員を支援する

　現在、優秀な人材を教育分野に呼び込み引き留めることは世界レベルで容易ではない。この問題に対する取り組みのひとつとして、教員を知識労働者とみなすべきであるといわれる（Schleicher, 2012）。知識労働者とは、フォーマルな教育や職業経験から得た高水準の知識をもとに新たな知識を生み出し、仕事を介してそれを還元する人を指す（Ramírez and Nembhard, 2004）。知識労働を構成する４つの領域のひとつは仕事における自由裁量である。すなわち、自身の専門知識と経験に基づいて決定する自律性が与えられることである（Price and Weatherby, 2017）。また、同僚と知識を共有し、協力して発達させることも含まれる。しかし、この重要な要素が教職には含まれていないことがある（Guerriero, 2017）。

　2018年のTALIS（国際教員指導環境調査）では、学校レベルの意思決定に参加した教員は48か国で78％であった。また、同僚と特定の生徒について話し合ったり（加盟国平均61％）、教材を交換したり（47％）など、表層レベルでは協力作業も行われている。しかし、それ以上の協力関係が構築されているケースは少ない。観察から得られたフィードバックを同僚に提供すると回答した教員は9％、月に１回以上、仕事関連の勉強会に参加すると回答した教員は21％であった（OECD, 2020d）。さらに2020年の学校閉鎖下では、このような深い協力活動は事実上不可能であったと考えられる。

　知識労働者は自由裁量を与えられる一方で、職能開発を続ける必要がある。教員としての職能開発は初任者研修に始まり、働き続けるかぎり行われるべきものである（OECD, 2019a）。職能開発には、協力関係（政府、学校、組合）やカリキュラム（教員候補者用と生徒用）、及び教職専門基準（スタンダード）、質保証、認証のシステムが含まれる。このシステムは絶えず検証され、調整される必要がある（OECD, 2019a）。

　さらに、指導への準備態勢と指導能力の点では、初任者研修の内容も重要である。初任者研修を調査したところ、教科内容、指導法、指導実習を組み合わ

せた内容が含まれていると、生徒の成績が高かった（Guerriero, 2017、Clotfelter, Ladd and Vigdor, 2007）。

OECD加盟国ではほぼすべての教員（92％）が、初任者研修などに、担当教科の内容と一般的な指導法の知識が含まれていたと回答した。担当教科を教えるために必要な指導法の講座や研修が含まれていたという回答はこれをわずかに下回った（89％）。経験豊富な教員の監督下で学んだことを適用する機会となる指導実習は、初任者研修の平均90％に含まれていた（OECD, 2019b）。

これらの平均値は心強いが、TALISでは、現代の教室環境での仕事と関連する初任者研修の内容も調査されている。図12.1に示すように、加盟国平均によると、初任者研修に指導のためのICT使用が含まれていたと回答した教員はわずか54％であり、フォーマルな研修を受けて、指導のためのICTスキルを授業で活用する準備ができたと回答した教員は43％しかいなかった。

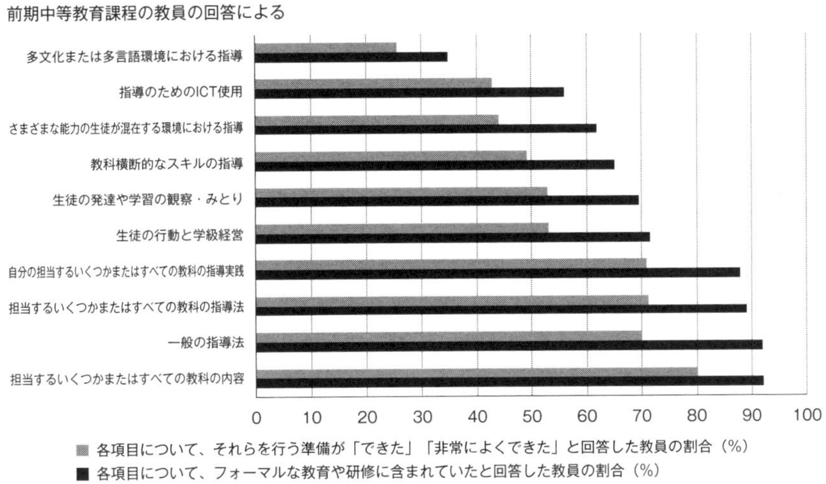

前期中等教育課程の教員の回答による

注：項目は、フォーマルな教育や研修に含まれていたと回答した教員の割合が低い順。
資料：OECD TALIS 2018データベース表I.4.13, 表I.4.20

図12.1　教員教育の内容と授業への準備態勢

実際、ICTスキルを活用する指導は、2008年、2013年、2018年のTALIS調査において、一貫して、職能開発の必要性が最も高いとされた領域のひとつで

ある（OECD, 2019b、OECD, 2014、OECD, 2010b）。この結果は、職能開発の機会改善の必要性を示している。確かに、調査対象となった教員の大多数（94%）は、前年に何らかのかたちの継続的な職能開発に参加したことがあると回答しているが、全員が、効果があったと考えているわけではない。自分たちが参加した職能開発が指導実践に良い影響を与えたと回答した教員は82%であった。最も効果があったとされたのは、「自分の担当科目の指導上必要な内容に、的確に重点が置かれていた」「知識が深まった」「自分の授業で新しいアイディアや知識を実践し、導入する機会を与えられた」「共同学習の機会を与えられた」「主体的な学びの機会を与えられた」であった。

コロナ禍の経験に従えば、このような結果はさらに突き詰めて検討する必要がある。TALIS調査には、心身のウェルビーイングのサポートやデジタルテクノロジーの使用の詳細は含まれていないため、21世紀の子どもたち政策アンケートが参考になるだろう。

生徒の身体的健康

21世紀の子どもたち政策アンケートの調査結果によると、調査対象の24か国中14か国で、国のカリキュラムや他の規則によって、生徒の身体的健康も教員教育（初任者研修や現職研修）に含めるように定められている。5か国では、生徒の身体的健康はほとんどのプログラムに含まれているが、4か国では一部のプログラムに含まれるのみである。本書の第2章では、身体的健康の傾向と政策課題の関連が詳細に検証されている。

教員のデジタルコンピテンス

教員は、デジタルスキルの獲得を国から支援されている。24か国のうち20か国では、デジタルスキルとテクノロジーを利用する能力が義務づけられているか（国のカリキュラムやスタンダードなどによって）、大多数のプログラムに含まれていた。同様に、18か国では、指導においてテクノロジーを利用する能力が義務づけられているか、大多数のプログラムに含まれていた。しかし、生徒のデジタルリスクを評価するための研修ははるかに少なく、一部のプログラムに含まれている、あるいは、まったく含まれていないという回答が

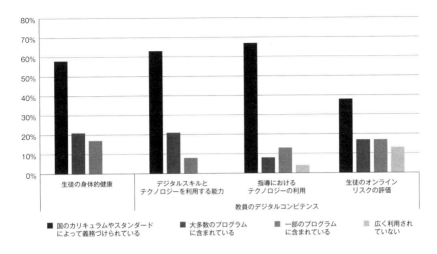

注：回答を寄せた24か国に占める割合。
資料：21世紀の子どもたち政策アンケート

図12.2　教員教育（初任者研修と現職研修）で扱われるテーマ

30％に上った。ネットでのいじめなどのデジタルリスクへの関心の高まりを考えると、これは驚くべきことである。

　多くの国において、学校におけるデジタルテクノロジーの指導は、コンピュータやインターネットの安全かつ責任ある利用にとどまらない。焦点は、テクノロジーの機能を把握させ、それを自分で発展させる方法を理解させることへと移りつつある。小学校教育の段階から、コンピュータサイエンスの教育を発展させていくことに関しては、経済的、文化的、社会的根拠があるとされる（Fluck et al., 2016）。以前と比べると、テクノロジーの利用が低年齢化しており、テクノロジーをめぐる複雑な問題について情報に基づく意思決定を行う力を与えるには、物事が機能する原理を理解させる必要がある。多くの国では小中学校及び高等学校を通して、計算論的思考、アルゴリズム、プログラミング、人工知能が、数学、理科、芸術などの既存のカリキュラムにわたって組み込まれたり、独立したコンピュータサイエンスやコンピューティングコースの一部として追加されたりしている（Bocconi et al., 2016）。神経ネットワークやロボット工学も取り上げられることが増えている。これは当然、教員教育や職能開発に影響を及ぼす。

　教員は、指導のためのICTスキル研修の必要性を10年以上訴え続けている。そしてその必要性はコロナ禍の学校閉鎖によってさらに浮き彫りになった。コラム12.1では、スキルや設備の不足などによるリモート学習の不平等を取り上げる。

コラム 12.1　　リモート学習の不平等

　2020年、新型コロナウイルス感染症のパンデミックによって世界中の学校が閉鎖を余儀なくされた。その際、生徒のためにリモート学習計画を開発する必要があることに気づいた教職員はほとんどいなかった。インターネットへの接続や利用できるデバイスが限られている地域では、これは特に大きな問題となった。

　ブラジルのサンパウロ州政府は立て続けに対策を打ち出した。第一に、学校の休日を前倒しして、教員にリモート学習計画を作成する時間を与えた。次に、5万4,000人の全教職員を対象とするミーティングを連日開催して、リモート学習の提供方法の開発と準備を支援した。さらに、地域の通信会社と契約して、生徒の携帯電話からのデータ通信を無料にするとともに、教職員が開発したコンテンツにアクセスするアプリを開発した。また、コンピュータを利用できない生徒もいることに配慮して、2つの国営テレビ放送局に毎日2時間の教育番組を放送させた。サンパウロ州の教育環境を補強するため、これらの対策は当面継続される予定である (Dellagnelo and Reimers, 2020)。

　接続が普及している国でも地域や家庭によって差があるため、各国政府はデバイスを貸与して生徒に利用させた。しかし、これでは不十分であった。ロックダウンが始まって2か月後のアイルランドの学校長を対象とする調査において、ブロードバンド接続が充実している地域では、90％の学校がほぼすべての授業をオンラインでライブ提供していると回答したが、十分に普及していない地域では62％にとどまった (Mohan et al., 2020)。

　これらの例は、質の高い学習をすべての子どもに等しく経験させるには、政府、学校、教職員が多面的で多様な方策をとる必要があることを示している。各国が対面とリモートの混成授業に移行しつつある今、教員には、いくつもの方法やツールを駆使して、授業内容を開発し、提供し、生徒の習熟状態を評価することが求められる。これらすべてを行うには、時間はもちろんのこと、個々の支援と準備が必要である。デジタルコミュニティなどの教員ネットワークを利用して支援し、協力体

制を築いて職能開発を促すとともに、リソースの共有を推進するべきである。この
ようにすることで、問題に対処することがある程度可能になり、前例の単なる踏襲
に陥ることを防げるであろう。

第3節　教員を支援する政策と実践

　すでに示したように、教員には新たな期待が寄せられ、新しいスキルや能力
の構築が求められている。多くの興味深い対策が挙げられたが、以下の3つに
大別される。

　　1）カリキュラムの改革と拡大
　　2）フォーマルな教員教育と研修
　　3）中央政府や関係機関によって国レベルで制定される指針、推奨基準、規則

カリキュラムの改革と拡大

　21世紀の子どもたち政策アンケートでは、教室におけるテクノロジー利用
の向上、デジタルスキルの指導の推進、生徒の身体的健康の支援の重要なリソ
ースとして、カリキュラムの改善がしばしば挙げられた。たとえばスコットラ
ンドの「卓越へのカリキュラム（Curriculum for Excellence）」は、生徒の知
的、感情的、社会的なウェルビーイングを最重要視する。またフィンランドの
教育指導要綱（National Core Curriculum for Basic Education）で取り上げら
れるコンピテンスは、それらの目標を実現するために必要なスキルである。メ
キシコの新たな基礎教育カリキュラム（Basic Education Curriculum）のよう
に、教室におけるテクノロジーの利用方法や、生徒がこの領域に不可欠のスキ
ルを発達させるための理想的な環境モデルを示すことに重点を置くものもあ
る。

　カリキュラムの改革以外に、既存のカリキュラムの拡大も試みられている。
たとえば、生徒の社会的身体的環境の重要性を焦点とするカナダのニューブラ

ンズウィック州の「包括的学校健康モデル（Comprehensive School Health Model）」がある。またアイルランドでは、人口全体のレベルで運動を奨励する大規模計画の一環として、身体的健康に関するカリキュラムが拡大された。たとえば、生徒の健康ニーズを評価して、カリキュラム内でそのニーズに対処するプログラムを開発するための枠組みが提供されている。プログラムのひとつ「よく動き、たくさん動く（Move well, Move often）」は、アイルランドの小学校の体育教育を補完するために設計され、基本的な運動スキルの指導に役立つ数多くのツールを提供している。同様のリソースは中学校、高等学校向けにも提供されている。

フォーマルな教員教育と研修

　21世紀の子どもたち政策アンケートへの大多数の回答において、教室におけるテクノロジーの活用と生徒の社会情動的成長への取り組みとして、職能開発プログラムが挙げられていた。校内に、専門的な役割を担うチームが結成されるケースもある。たとえば、オーストラリアのカリキュラム評価報告機関は、デジタルテクノロジー重視プログラム（Digital Technologies in Focus）に従って、恵まれない環境にある160校に、デジタルテクノロジーのカリキュラム担当官を派遣している。

　このようなオンサイトのイニシアチブは、校内の教員に能動的学習と実験に関与する機会を提供し、集団で参加して反省を共有することを可能にする（Bautista and Oretga-Ruiz, 2015）。入念に開発されたオンライン学習のリソースも、職能開発のための動的な機会を柔軟に提供する。特に、リソースが持続的かつ集中的で、専門のトレーニングプログラムによって支援されるものであれば、職能開発に大きな影響力を持つと考えられる（Garet et al., 2001）。

　大規模公開オンライン講座（Massive Open Online Courses, MOOC）も、デジタルスキルの持続的な職能開発の機会を提供する。一例が、デジタルの安全性を指導と学習に組み込むことを助けるアイルランドのWebwiseである。また、オンライン学習に対するイノベーティブなアプローチもある。たとえばポルトガルでは、混合的な研修講座が導入されている。これは、教室での破壊行動やいじめを予防し抑制する介入方策において、心理学者が教員を支援する

スキルや態度の発達を促すことを目的とする。

オーストラリア政府は、2つの包括的なポータルサイトを開発した。「デジタルテクノロジーハブ（Digital Technologies Hub）」と「生徒のウェルビーイングハブ（Student Well-being Hub）」は、カリキュラムの実施を支援して、質の保証された学習リソースや活動を提供する。どちらも対象は生徒、親、教職員であり、活動やイベントを提案し、開発された新たなコンテンツとリソースを集積している。「生徒のウェルビーイングハブ」は、表11.3で取り上げた「いじめ、絶対ダメ！（Bullying. No Way !）」のサイトともリンクしている。

指針、推奨基準、規則

21世紀の子どもたち政策アンケートにおいて、子どもの身体的健康に関する回答には、特定の健康目標や健康実践について、学校が従う、あるいは親に提案される指針、推奨基準、規則も挙げられていた。政府による学校の質の定期検査に、特定の健康目標の評価が含まれているケースもある。また、学校におけるデジタルテクノロジーの利用と関連して、学校や家庭におけるスクリーンタイム（特に年少の生徒について）の適切な長さを定める指針や規則も存在する。これらの指針、推奨基準、規則はトップダウンで課されるため、実施するかどうかの選択権が学校にない。ただし、個々の状況やリソースに応じた最良の実施方法の決定は学校に一任されることが多い。

カナダでは多くの州が、身体的健康の多様な側面に関する指針と推奨基準を発表している。「よりよい夜、よりよい一日（Better Nights, Better Days）」はデジタル行動に関するプログラムであり、睡眠問題を抱える1〜10歳の子どもの親を支援するために設計されている。睡眠向上をめざすツールは英語とフランス語で提供され、双方向プログラムによって、個々の家庭に適した行動戦略の実施を助ける。ケベック州が実施する「学校で運動しよう！（À l'école, on bouge!）」は、就学前教育と初等教育において、学校のある日は毎日60分以上の運動を促す。ベルギーのフラマン語共同体は、生徒が学校で健康的な飲料やスナックを入手できるように計らうことを各校に要求する声明を発表した。

コラム 12.2　エビデンスを参照した政策により生徒の身体的健康をめざす

　栄養、肥満、運動をめぐって、若者は多くの問題に直面している。各国政府はさまざまな調査を実施して最良の政策と実践を模索している。

　ノルウェー政府は、「運動する学校（School in Motion）」調査によって、学校における身体活動の現状を理解し、今後の調査と政策実施方法を見極めようとしている。調査では無作為化比較試験を利用して、学校における１年間の身体活動介入が、前期中等教育課程の14歳児の身体的健康、精神的健康、学業、及び学習環境に及ぼす影響が調査された。介入群の生徒には、学校のある日に追加で２時間の運動を実施させるとともに、体育の時間を増やした。その結果、介入群は男女ともに身体活動レベルと持久力に関して多くのプラスの効果が見出された。また、対照群と比較して数学と国語の成績も向上した（Kolle et al., 2019）。

　日本の厚生労働省は、すべての子どもが健やかに育つ社会の実現をめざして「健やか親子21」という全国キャンペーンを開始した。諸研究から得られた身体的健康の向上に役立つ指標と、学校向けに開発された推進活動を提供する。スポーツ庁は、日本の就学前児童の身体活動水準を理解するために、小学校入学前の外遊びの実施状況を調査した。子どもの運動習慣、体力、運動能力の関係を分析した結果、就学前に外遊びをしていた子どもほど、小学校入学後も日常的に運動し、体力レベルが高いことが判明した。

　ニュージーランドの教育機関評価局は、保健省などと協力して、全教育課程における食物、栄養、運動の現状を評価した。食物、運動、栄養がもたらす利益に対して肯定的な態度が促進されているかどうかが調査された。その結果、食物、栄養、運動に関する学習支援の実例や、学校などの教育機関がしばしば直面する問題とその対処に関する情報が得られた。

第4節　横断的な協働と協力体制

　多くの問題は学校の外にまで広がっているため、子どものデジタルウェルビーイングと感情的ウェルビーイングの問題に取り組むには、親やコミュニティの関与が不可欠である。学校とコミュニティの協働は、図12.3に示すようにさまざまなかたちをとりうる。

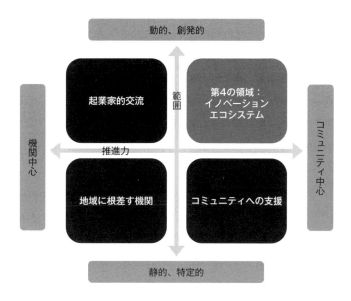

資料：OECD（2017）：Stevenson and Boxall（2015）

図12.3　学校とコミュニティが関与する側面

　この枠組みは以下の3つの領域を示している。

- **コミュニティに根差す機関としての学校**：協力体制は基本的なもので協働は制限されている。
- **学校による起業家的交流**：知識に基づく専門的知識を政策立案者や公共サービ

スに伝える。協力体制は協働的で動的である。

● **コミュニティ生活への学校の関与**：コミュニティに支援プログラムを提供したり、一般利用者に向けて施設を開放したりする。他の関係者との連携は、学校とコミュニティの協力によって行われる。

これらに加えて、オープンで協働的な協力体制を示す第4の領域がある。ここでは学校とコミュニティが協力して、経済的及び社会的な集団利益を生み出すことに努力する。これは機関中心の交流を超え、教育問題や社会問題に対する地域の応答の向上を助ける。

学校は、デジタルスキルを構築し強化する方法を向上させ（教室におけるテクノロジーの活用や新たな指導法の開発）、ウェルビーイングを強化する（いじめに対処し、健康習慣を育成する）ことに努める。学校とコミュニティの協力体制は戦略的に協働して、学校によるこれらの能力の拡大をめざす。以下では、デジタルスキルと身体的健康の向上を焦点として、OECD加盟国によって報告された協力体制のタイプや形式について説明する。

学校と関係者の協力体制のタイプ

政策立案者は、教職員の新たなコンピテンスを国のカリキュラムとスタンダードに組み込む一方で、複雑な要求に伴う負担の増大を避けたいとも考えている。教員の役割を弱めたり、他の領域の専門家とコンピテンスが重複したりすることも避けようとしている。第一に、教職員を、健康やウェルビーイングの問題の専門家とみなすべきではない。他の専門家やサービスと連絡を取って協働するキープレイヤーとみなすべきである（第11章）。

協力体制は、さまざまな関係者を集める臨時の会合から、プログラムの設計、評価、改善まで多様である。協力体制の性質は、関係者の専門知識や権威によって、また、動員するリソースによって大きく異なる。多様なパートナーや機関の協働を支えるしくみとして以下のものがある（Toon and Jensen, 2017）。

● フォーマルなフィードバック経路や説明責任対応の確立

● 協働的な学習会

● 時間と資金の提供

● 専門職としての責任感、主体性、信頼の育成

　各国から、学校と外部関係者のさまざまな協力体制が報告されている（図12.4）。

親や家庭との協力体制

　21世紀の子どもたち政策アンケートへの回答で最も多く挙げられた協力体制は、親や家庭との協力であった。23か国の3分の2近くが、学校には家庭との協力体制が義務づけられていると回答し、そのような体制は広く確立されていないと回答した国は2か国だけであった。

　政策立案者と学校は、子どもを守ることにおいても学習を支えることにおいても、家庭との協力が重要であることを以前から理解していた。しかし、その

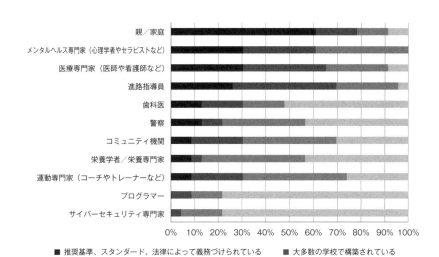

注：回答を寄せた23か国に占める割合。
資料：21世紀の子どもたち政策アンケート

図12.4　学校と外部関係者の協力体制

必要性を最も露わにしたものはコロナ禍による学校閉鎖であった。一部の国では、リモート学習の支援を家庭に求める期間が数か月にわたった。しかし、親や家庭との協力が困難なケースがあることは国際的な調査によって示されている。特に、連絡を取りにくい場合や、親自身がポジティブな学校教育経験を有していない場合は、親を関与させることはきわめて難しいと考えられる（コラム12.3）。

コラム12.3　学校と家庭の協力体制がカギを握る

　新型コロナウイルス感染症のパンデミックは、親を教育に関与させることの重要性を否応なく思い出させた。しかしこれは何も新しい情報ではない。1960年代半ば以降、急増するエビデンスによって、親の教育水準、金銭的リソース、態度、及び総合的な家庭環境が、子どもの学業成績の最良の予測因子であることが示されてきた（Coleman, 1966、Plowden, 1967、OECD, 2018）。

　OECD加盟国平均によると、教員の77％が、保護者が学校の決定に積極的に参加する機会が提供されていると回答した。これは、2013年以来、13か国で大きく増加した（OECD, 2020b）。学校というシステムの動かし方や導き方を承知している家庭に対しては、学校の運営や活動に参加させることは効果的であろう。しかし、教育の不平等を経験しやすい社会的弱者の家庭の参加を募ることは容易ではない（Corter and Pelletier, 2005、Furstenberg, 2011、Gordon and Cui, 2014）。

　コロナ禍の学校閉鎖の第一段階ではっきりと示されたように、この問題は特にデジタル空間において際立つ。恵まれない家庭は、オンライン教育に必要なインターネットへのアクセスやデバイスを所有していないことが多い。それだけでなく、子どもの学習の効果的な支援に必要なデジタルスキルや知識を親が持っていないことも多い（OECD, 2020c）。イギリスとオランダの調査によると、親の総合的な教育水準は、学校閉鎖中に子どもが学校の勉強に費やす時間の量とも関連していた。親が低学歴の子どもは、親が高学歴の子どもと比べて、学校の勉強に費やす時間が有意に少なかった。原因として、親が授業で利用されている言語を話せないこと、読解力や数的スキルが限定的であること、学校が家庭に送ってくる課題を理解できないことなどが考えられる（Bayrakdar and Guveli, 2020、Bol, 2020）。

　これはコロナ禍にかぎったことではないが、学校は直ちに以下の３つの重要領域で家庭やコミュニティと協力する必要がある。1）安全と信頼を強化する、2）生徒

のウェルビーイングと学習の継続を確立する、3）集団的反省、協働の向上、リーダーシップの分散を介してレジリエンスを構築する（OECD, 2020a）。直ちに実行可能な具体例として、学校の緊急対策計画の作成や改訂に親を関与させることが挙げられるだろう。これによって、学校における緊急時の備えを高めるとともに（WHO, 2009）、家庭における備えも向上させることができる。

　長期的には、すべての親、特に最も恵まれない家庭を学校コミュニティに関与させることをめざして、創造的で確かな方法を模索し続ける必要がある。

医療専門家やメンタルヘルス専門家との協力体制

　2番目に多く挙げられた項目は、医療専門家やメンタルヘルス専門家との協力体制である。これらの専門家の関与は3分の1近くの国で義務づけられており、残りの3分の1の国でも広く実施されていた。教育ネットワーク、健康ネットワーク、省庁がそれぞれ協働して共通のビジョンの実現をめざすことで、活動の一貫性が保持されている。子どものメンタルヘルスと感情的ウェルビーイングは、姉妹書『*Educating 21st Century Children: Emotional Well-Being in the Digital Age*（21世紀の子どもたちの教育：デジタルエイジの感情的ウェルビーイング）』の第13章で取り上げられている（Burns and Gottschalk, 2019）。

身体的健康のための協力体制

　大多数の政府は、運動、体重、栄養を、生徒の身体的健康に関する最大の問題として挙げている。ところが驚くべきことに、この分野における協力体制はほとんどの国で義務づけられておらず、存在もしない。栄養士や運動専門家（コーチやトレーナーなど）との協力体制が義務づけられているのは、25か国中2か国だけであった。学校と運動専門家との協力体制が、一部または大多数の学校に存在すると回答した国は15か国に上った。しかし、栄養士との協力体制に関しては11か国にとどまった。教職員に対するこの分野の研修義務も同じである。これは、政府が、学校に対しては規則や指針を定める傾向にあり、親に対しては助言、リソース、協力体制を提供することを示している可能

性がある。

　とはいえ、これらの分野で興味深い政策を回答した国もある。ラトビアの教育科学省はラトビアオリンピック委員会やさまざまな企業と協力して、「みんなの運動（Everyone Exercise）」という学校イニシアチブを開発した。このプログラムの目的は、社会におけるスポーツの役割を強化し、身体活動への定期的な参加を子どもに促し、運動が健康に及ぼす影響を観察することにある。プログラムの一環として、小学生は週に2回の体育の授業を必修とし、3回を選択授業とする。総合的な体力の養成、サッカー、水泳、その他のアウトドア活動が含まれる。食事、睡眠、意欲、学業成果、身長、体重、筋肉の変化が観察される。

　スイス政府もスイスオリンピック委員会と協力して、生徒の身体活動を増進するリソースと指針を学校に提供している。コロナ禍による学校閉鎖期間、生徒の身体活動水準を維持するために、「学校の運動（School Moves）」プログラムに従って、家庭で実施できる活動や運動のビデオが配信された。ウェブサイトでは、勉強中に「疲れをとる」あるいは「やる気を高める」ための休憩時間のアイディアや、1人で行う、あるいはグループで完了させる多様な運動課題が提供された。運動課題には、基本的な運動スキルを教えるものもあれば、勉強中の軽い運動を促すものもあった。

デジタル専門家との協力体制：学校でテクノロジーを利用する環境をつくる

　デジタルスキルを育成し、教室にデジタルテクノロジーを組み込むには、教科書をタブレットに変更するだけでは不十分である。テクノロジーの利用法、コンテンツ、指導における意味を理解する教職員の能力を構築するには、かつてない規模で、教育テクノロジーと職能開発に投資する必要がある。さらに、コミュニティ全体とより強力なつながりを持つことも必要になる。テクノロジーの利用がもたらす機会と問題は、ほとんどが学校の中にも外にも存在するからである。したがって、デジタル学習が新たな不平等の源になることを防ぐには、家庭とコミュニティ組織を関与させる包括的な努力が必要になる（Hooft Graafland, 2018）。

　教員は、これまで以上にデジタルコンピテンスの獲得を求められている。と

ころが、プログラマーやサイバーセキュリティ専門家との協力体制を回答した国は少なかった。これには多くの因子が関与していると考えられる。第一に、デジタルリスクからの子どもの保護が重視されているにもかかわらず、政策立案者が、プログラミング分野やサイバーセキュリティ分野を学校におけるテクノロジー学習の優先分野とみなしていない。次に、既存の教科にデジタルスキルを統合することが教員に期待されているが、これが強力な推進力となるのは、教員がそのスキルに長けている場合にかぎってである。すでに述べたように、教員が自分の能力に自信を持っているかどうかもまだ判明していない。

　多くの国は、デバイス、設備、コンテンツの提供に基づく協力体制やイニシアチブを挙げている。2018年のTALIS調査によると、前期中等教育学校の学校長の25％が、指導に利用するデジタルテクノロジーの不足や不適切さが、質の高い指導を提供する能力を、かなりあるいは大いに妨げていると回答した（OECD, 2019b）。さらに5人に1人の学校長が、質の高い指導を提供するにはインターネット環境が不十分であると回答した。

　アンケートでは、デジタル環境やコンテンツへのアクセスを促すプログラムとして、教職員や生徒に双方向のホワイトボード、タブレット、コンピュータを提供することや、さまざまな方法によってロボット工学、プログラミング、組み立て、その他のデジタルスキルとコンピテンスを構築させる研究施設の利用などが挙げられた。イギリスのグラスゴー市議会は、1人1台のコンピュータ技能促進イニシアチブの一環として、全生徒と教職員に5万5,000台のタブレットなどを提供することを計画した。韓国とロシアはさまざまな教科のデジタル教科書を各校で利用させ、スウェーデンはデジタルの国家試験制度を開発している。ギリシャの教育省はインフラ整備省と国立銀行のiBankと協力して、145のテクノロジーラボのネットワークを全国に開放した。これは、コンピュータ（ラズベリーパイ）、ロボット工学用キット、3Dプリンターとスキャナー、双方向プロジェクター、多機能の周辺機器、さまざまなセンサーからなるワークステーションのネットワークであり、デジタルテクノロジーの効果的な利用に関する実践的な専門的コミュニティへ進化することをめざしている。

　また、エビデンスに基づいて十分な試行を重ねた教育専用テクノロジーを提供する協力体制も挙げられていた。アメリカでは非営利団体のデジタルプロミ

ス（Digital Promise）が、学校におけるテクノロジー利用の推進をめぐって、研究、プログラム設計、実施方法の開発を行っている。コミュニティサイト「イノベーティブな学校同盟（League of Innovative Schools）」には、未来志向の学区（100学区超）が集い、デジタルプロミスの支援を受けて、テクノロジーを利用して重要な教育問題に取り組んでいる。

フィンランドでは、6つの大都市と複数の大学が関与するプロジェクト「未来の賢い学習環境（Smart Learning Environments of the Future）」が実施されており、学校と新興の教育テクノロジー企業が協力して、教育部門の要求に応える教育テクノロジーの共同開発に取り組んでいる。学校は新製品のパイロット校となるだけでなく、生徒と教職員が企業の製品開発プロセスに参加して製品に対する意見を述べることができる。教育テクノロジー企業は、学校での試用と評価を製品開発プロセスに組み込むことが可能になり、フィードバックを生かして製品を改善することができる。

イスラエルの教育技術センターが設立したMindCetは、教育テクノロジーのクリエイター、学校、教職員とともに、テクノロジーを利用したイノベーティブな学習モデルの創造に乗り出している。教職員に教育テクノロジーの起業家になる機会を与えたり、イノベーティブな指導法を学校で試験的に実施する機会を提供したりしている。

エストニアのEdulabsプロジェクトは、学校と研究者を結びつけ、教育テクノロジーの試験的利用や、教育テクノロジーを利用したイノベーティブな指導法を学習者とともに開発することを促す。教員の研究スキルを発達させることによって、指導実践を振り返って向上させることをねらいとしている。また、リソースや支援を求めて教職員が相談できるオンラインコミュニティも設けられている。

コミュニティ組織や警察との協力体制

効果的な介入を設計するには、コミュニティの関与が重要である（Aston, 2018）。介入方法の設計や実施にコミュニティを関与させることによって、既存のインフラを利用することや、コミュニティの強みを生かすことが可能になる（Hooft Graafland, 2018）。アンケートに参加した3分の2以上の国におい

て、コミュニティ組織との協力体制が義務づけられており、協力体制はすべての学校、または一部の学校で形成されていると回答した。コミュニティ組織との協力体制の一例として、ラトビアでは、教育科学省が文化的な職業教育機関を招いて、「RaPaPro創造的パートナーシッププログラム（RaPaPro Creative Partnership Programme）」を実施している。学校は人々に門戸を開き、ビジネス界だけでなく、近隣校や地域住民も含めて社会全般からパートナーを探すことが求められる。

　多くのソーシャルサービスも学校や家庭と協力して、恵まれない子どもたちを支援する。学校外で被害に遭っている子どもや被害に遭うリスクのある子どもを、学校や教職員が見つけることもあれば、ソーシャルサービスから連絡を受けることもある。教職員は学校で子どもの行動や健康状態を日々観察し、必要に応じてソーシャルサービスに連絡を取ることができる（詳細は第11章）。コロナ禍によって、そのような子どもたちと直接接触する機会が奪われたため、学校やソーシャルワーカーは特に注意して目を配っている。

　アイルランドの学校長らは、リモートで最も提供しにくいサービスとして、生徒のパストラルケア（社会情動的ウェルビーイングを支援する心のケア）を挙げた（Mohan et al., 2020）。実際には多くの国が、ロックダウン中も恵まれない子どもたちが通学できるように学校を開けていた。しかし、イギリスの早期介入財団（Early Intervention Foundation）によると、このような子どもの親は子どもを学校へ送り出そうとしないため、学校やソーシャルサービスが彼らを観察することは難しかった（Wilson and Waddell, 2020）。

　学校教育には、法律によって義務づけられている多様な活動が含まれている。そのため、大多数の学校、特に教育の不平等を経験しがちな生徒を抱える学校は、法執行機関と継続的に接触する傾向にある。特定の事例に対処する1回かぎりの協力関係であっても、継続的に接触することによってこのような関係を協力体制とみなすことができるかもしれない。しかし、これは日常的な処理手続きであり、協力体制の概念に合致しないとみなす国もある。アンケートにおいて、法執行機関との効果的な協力体制の例を挙げた国はなかった。

> ### コラム 12.4　いじめに対処するための協力体制
>
> 　子どもの教育や支援にかかわる人や組織が単独で（ネットでの）いじめの問題に立ち向かうことは不可能である。また、いじめは、ひとつの手段によって解決できるものでもない。教職員や学校は、学校でのいじめを見つけて食い止めることに大きな役割を担っている。そのためには学校環境を安全なものにし、教室運営を改善し、親とのあるいは生徒同士のコミュニケーションを向上させる必要がある。いじめ撲滅プログラムを成功させるには、いじめとそれが生む社会的問題、感情的問題、行動問題について親を啓発し、その兆候を観察させることが重要である（Choi, 2018）。
>
> 　いじめが解消されずに暴力に発展したり、デジタル領域にまで広がったりすると、メンタルヘルス専門家や警察だけでなく、いじめが発生しているデジタルプラットフォームの管理者などの民間部門を関与させることも必要になる。地元の警察やコミュニティ組織は、いじめ問題への対処方法や通報のタイミングなどについて、学校、親、コミュニティに向けて指針を出している。また、ソーシャルメディアのプラットフォームもいじめに取り組んでいる。Facebookは、イェール大学の心の知能指数センターと協働して「いじめ予防ハブ（Bullying Prevention Hub）」を開発し、Instagramはいじめを防ぐために「制限（Restrict）」機能を導入した。しかし何よりも必要なことは、ネットで繰り返されるいじめの深刻な影響について若者に知らせ理解させることである。
>
> 　（ネットでの）いじめという複雑で有害な問題と、それが生徒のウェルビーイングにもたらす無数の負の影響に対処し、縮小するには、上記の全関係者が協働する必要がある。

第5節　結び：変わりゆく教育風景に力を合わせて取り組む

　教育制度が新たな社会、経済、デジタルのニーズに応えようとするにつれて、学校は変化の最前線に押し出される。コミュニティは学校に対して、さまざまな言語や背景を持つ生徒を統合し、寛容と結束を促し、ウェルビーイングの支援も含めて全生徒のニーズに効果的に対応することを期待する。デジタル

世界に向けて生徒の準備を整えること、つまり、新たなテクノロジーの利用法を学ばせ、急速に進歩しつつある知識領域に追いつかせることも期待される（OECD, 2010）。

しかし、学校の方向転換は原油タンカーにもたとえられるほど時間と労力を要するプロセスである（Gardner and Ollis, 2015）。そして、いったん始まったら、誤った方向に進んでいることに気づいても途中で簡単に引き返すことができない。また、政府、親、教職員、コミュニティなどの関係者に、彼らが関与した過去の学校のしくみを大きく変える必要があると納得させることも容易ではない。

社会の最年少者が直面する問題は増える一方であり、教育制度は子どもが社会で突きつけられるリスク（いじめ、アルコール、ドラッグ、タバコなど）に対処する力を持たなければならない。インターネット（オンライン犯罪者、個人情報漏えい、ネットでのいじめなど）や生活習慣（肥満、運動不足、不健康な食事、栄養不良など）によるリスクもある。教職員と学校が、これらのさまざまな問題に日々対処するには、必要な知識とリソースを有しているという自信に支えられる必要がある。

これらの難問への対処として、OECD加盟国は、初任者研修や現職研修を介して教員に新たなスキルを獲得させることに力を注いでいる。生徒のウェルビーイングを支え、デジタルスキルの発達を促す教職員を支援するために、数多くの政策イニシアチブが実施されている。しかし喫緊の課題であるにもかかわらず、デジタルリスクについて生徒に指導するための教員研修は驚くほど少ない。

協力体制に関しては、家庭や親との協力は広く確立されており、健康管理専門職やメンタルヘルス専門家などの他部門と協力することも増えている。しかしデジタルテクノロジーに関しては、設備の提供や教職員や生徒のスキルの構築など、多くのイニシアチブが実施されているにもかかわらず、プログラマーやサイバーセキュリティ専門家との協力関係が不足している。

2020年のコロナ危機によって学校が直面した困難は、教職員にとっての協力体制と職能開発の重要性をかつてないほど浮き彫りにした。学校はコンピュータ、携帯電話、テレビを介して利用できるデジタルリソースと、従来の教科

書と紙と鉛筆による学習をミックスして、伝統的な対面形式の学習環境から仮想空間の学習環境への移行に悪戦苦闘している。教職員は学習素材のオンライン化に必要な技術的問題の解決を急ぐ一方で、生徒の心身のウェルビーイングを日々観察する方法を工夫した。政府と学校は無料の給食を提供する新しい方法を大急ぎで考案するとともに、ノートパソコン、本、印刷した課題を必要とする家庭に自分の手で届けなければならなかった。これらのリソースの配付は、多くの例において迅速であったとはいえない。新型コロナウイルス感染症のパンデミックから半年経った今、どれほど多くの生徒が取り残されているだろうか。問題は私たち全員の双肩にかかっている。世界中の子どもたちを大切に育むには、政策立案者、学校長、教職員、親、コミュニティのメンバー全員が力を合わせて学校を支援しなければならない。

参考文献・資料

Aston, R. (2018), "Physical health and well-being in children and youth: Review of the literature", *OECD Education Working Papers*, No. 170, OECD Publishing, Paris, https://dx.doi.org/10.1787/102456c7-en.

Bautista, A. and R. Oretga-Ruiz (2015), "Teacher professional development: International perspectives and approaches", *Psychology, Society, & Education*, Vol. 7/3, http://dx.doi.org/10.25115/psye.v7i3.1020.

Bayrakdar, S. and A. Guveli (2020), "Inequalities in home learning and schools' provision of distance teaching during school closure of COVID-19 lockdown in the UK", *ISER Working Paper Series*, University of Essex.

Bocconi et al. (2016), *Developing Computational Thinking in Compulsory Education: Implications for Policy and Practice*, http://dx.doi.org/10.2791/792158.

Bol, T. (2020), *Inequality in Homeschooling during the Corona Crisis in the Netherlands: First Results from the LISS Panel*, Center for Open Science, http://dx.doi.org/10.31235/osf.io/hf32q.

Burns, T. (2020), "A helping hand: Education responding to the coronavirus pandemic", *OECD Educaton and Skills Today blog*, https://oecdedutoday.com/education-respondingcoronavirus-pandemic/.

Burns, T. and F. Gottschalk (eds.) (2019), *Educating 21st Century Children: Emotional Wellbeing in the Digital Age*, Educational Research and Innovation,

OECD Publishing, Paris, https://dx.doi.org/10.1787/b7f33425-en.

Burns, T. and F. Köster（eds.）（2016）, *Governing Education in a Complex World*, Educational Research and Innovation, OECD Publishing, Paris, https://dx.doi.org/10.1787/9789264255364-en.

Choi, A.（2018）, "Emotional well-being of children and adolescents: Recent trends and relevant factors", *OECD Education Working Papers*, No. 169, OECD Publishing, Paris, https://dx.doi.org/10.1787/41576fb2-en.

Clotfelter, C., H. Ladd and J. Vigdor（2007）, "Teacher credentials and student achievement: Longitudinal analysis with student fixed effects", *Economics of Education Review*, Vol. 26/6, pp. 673-682, http://dx.doi.org/10.1016/j.econedurev.2007.10.002.

Coleman, J.（1966）, *Equality of Educational Opportunity*, U.S. Dept. of Health, Education, and Welfare, Office of Education, Washington D. C.

Corter, C. and J. Pelletier（2005）, "Parent and Community Involvement in Schools: Policy Panacea or Pandemic?", in *International Handbook of Educational Policy*, *Springer International Handbooks of Education*, Springer Netherlands, Dordrecht, http://dx.doi.org/10.1007/1-4020-3201-3_15.

Dellagnelo, L. and F. Reimers（2020）, *Brazil: Secretaria Estadual de Educação de São Paulo (São Paulo State Department of Education)*, https://oecdedutoday.com/wpcontent/uploads/2020/05/Brazil-S%C3%A3o-Paulo-State-Department-of-Education.pdf.

Fluck, A. et al.（2016）, "Arguing for computer science in the school curriculum", *Journal of educational technology and society*, Vol. 19/3, pp. 38-46.

Furstenberg, F.（2011）, "The challenges of finding causal links between family educational practices and schooling outcomes", in Duncan, G, D; Murnane, R. and Richard J. Murnane（eds.）, *Whither Opportunity?: Rising Inequality, Schools, and Children's Life Chances*, Russell Sage Foundation, http://www.jstor.org/stable/10.7758/9781610447515.

Gardner, B. and D. Ollis（2015）, "Change in schools it's more like sort of turning an oil tanker", *Health Education*, Vol. 115/3/4, pp. 377-391, http://dx.doi.org/10.1108/he-03-2014-0037.

Garet, M. et al.（2001）, "What makes professional development effective? Results from a national sample of teachers", *American Educational Research Journal*, Vol. 38/4, pp. 915-945, http://dx.doi.org/10.3102/00028312038004915.

Gordon, M. and M. Cui (2014), "School-related parental involvement and adolescent academic achievement: The role of community poverty", *Family Relations*, Vol. 63/5, pp. 616-626, http://dx.doi.org/10.1111/fare.12090.

Guerriero, S. (ed.) (2017), *Pedagogical Knowledge and the Changing Nature of the Teaching Profession*, Educational Research and Innovation, OECD Publishing, Paris, https://dx.doi.org/10.1787/9789264270695-en.

Hooft Graafland, J. (2018), "New technologies and 21st century children: Recent trends and outcomes", *OECD Education Working Papers*, No. 179, OECD Publishing, Paris, https://dx.doi.org/10.1787/e071a505-en.

Kolle, E. et al. (2019), *Evaluating the Implementation of a School Based Physical Activity Intervention in High School: The School in Motion study*, Nowegian Sports Academy, https://www.udir.no/contentassets/00554e6be9104daeb387287132cefle0/sluttrapportscim.pdf.

Mohan, G. et al. (2020), *Learning for all? Second-level education in Ireland during COVID-19*, ESRI, http://dx.doi.org/10.26504/sustat92.pdf.

OECD (2020a), "Coronavirus special edition: Back to school", *Trends Shaping Education Spotlights*, No. 21, OECD Publishing, Paris, https://dx.doi.org/10.1787/339780fd-en.

OECD (2020b), *Education Responses to COVID-19: Embracing Digital Learning and Collaboration*, OECD Publishing, Paris, http://www.oecd.org/coronavirus/en/.

OECD (2020c), "Learning remotely when schools close: How well are students and schools prepared? Insights from PISA", https://www.oecd.org/coronavirus/policy-responses/learningremotely-when-schools-close-how-well-are-students-and-schools-prepared-insights-frompisa-3bfda1f7/.

OECD (2020d), *TALIS 2018 Results (Volume II): Teachers and School Leaders as Valued Professionals*, TALIS, OECD Publishing, Paris, https://dx.doi.org/10.1787/19cf08df-en.

OECD (2019a), *A Flying Start: Improving Initial Teacher Preparation Systems*, OECD Publishing, Paris, https://dx.doi.org/10.1787/cf74e549-en.

OECD (2019b), *TALIS 2018 Results (Volume I): Teachers and School Leaders as Lifelong Learners*, TALIS, OECD Publishing, Paris, https://dx.doi.org/10.1787/1d0bc92a-en.

OECD (2018), *Teaching for the Future: Effective Classroom Practices To Transform*

Education, OECD Publishing, Paris, https://dx.doi.org/10.1787/9789264293243-en.

OECD（2017）, *Schools at the Crossroads of Innovation in Cities and Regions*, Educational Research and Innovation, OECD Publishing, Paris, https://dx.doi.org/10.1787/9789264282766-en.

OECD（2014）, *TALIS 2013 Results: An International Perspective on Teaching and Learning*, TALIS, OECD Publishing, Paris, https://dx.doi.org/10.1787/9789264196261-en.

OECD（2010a）, *Educating Teachers for Diversity: Meeting the Challenge*, OECD Publishing, Paris, https://doi.org/10.1787/9789264079731-en.（『多様性を拓く教師教育：多文化時代の各国の取り組み』OECD教育研究革新センター編著、斎藤里美監訳、布川あゆみ［ほか］訳、明石書店、2014年）

OECD（2010b）, *TALIS 2008 Technical Report*, TALIS, OECD Publishing, Paris, https://dx.doi.org/10.1787/9789264079861-en.

Plowden, B.（1967）, Children and Their Primary Schools: A Report of the Control Advisory Council for Education（England）, HMSO, London.

Price, H. and K. Weatherby（2017）, "The global teaching profession: How treating teachers as knowledge workers improves the esteem of the teaching profession", *School Effectiveness and School Improvement*, Vol. 29/1, pp. 113-149, http://dx.doi.org/10.1080/09243453.2017.1394882.

Ramírez, Y. and D. Nembhard（2004）, "Measuring knowledge worker productivity", *Journal of Intellectual Capital*, Vol. 5/4, pp. 602-628, http://dx.doi.org/10.1108/14691930410567040.

Schleicher, A.（ed.）（2012）, *Preparing Teachers and Developing School Leaders for the 21st Century: Lessons from around the World*, International Summit on the Teaching Profession, OECD Publishing, Paris, https://dx.doi.org/10.1787/9789264174559-en.

Stevenson, M. and M. Boxall（2015）, *Communities of Talent: Universities in Local Learning and Innovation Ecosystems*, PA Consulting, London UK, http://www.paconsulting.com/insights/how-can-local-learning-partnerships-overcome-ournational-skills-deficit/.

Toon, D. and B. Jensen（2017）, *Teaching our Teachers: A Better Way - Developing Partnerships to Improve Teacher Preparation*, Learning First, Melbourne, http://learningfirst.com/wpcontent/uploads/2018/03/2columnsITECoPPaper2PartnershipsFINAL17Nov17.pdf.

WHO (2009), *Pandemic influenza preparedness and response: A WHO guidance*, World Health Organisation Global Influenza Programme, Geneva, https://www.who.int/influenza/resources/documents/pandemic_guidance_04_2009/en/.

Wilson, H. and S. Waddell (2020), *Covid-19 and Early Intervention: Understanding the Impact, Preparing for Recovery*, Early Intervention Foundation , London, https://www.eif.org.uk/report/covid-19-and-early-intervention-understanding-the-impactpreparing-for-recovery.

第 **13** 章

未解決の課題

OECD 事務局

　教育の目標は学問だけではない。子どもたちが幸せになり、健康になり、力を持てるように支援することも重要な目標である。本章は本書のまとめとして、各国の協力の下にみえてきた横断的問題を明らかにする。リスクの引き受けをめぐる意見の相違や社会による完璧さの要求の高まりなどの問題が見出されたが、この２つの問題は、子どもや親や学校にどのような圧力を加えているのだろう。これは深い考察と徹底的な議論を必要とする問題である。現在の知識には空白領域があり、政策と実践のどちらにも向上を要する領域がある。教育制度は常に時代を先取りし、あるいは少なくともその変化を把握していなければならない。

第1節 ┃ 序論

　コロナ禍は、学校が勉強のためだけにあるのではないことを私たちに痛感させた。学校は私たちが暮らす社会機構の一角を担い、子ども（特に最も無力な子ども）が、学力的にも、身体的にも、精神的にも成長する助けとなることが期待されている。しかし、これらの多様な要素のバランスをとることは容易ではない。さらに、世界のデジタル化がその難しさに拍車をかけている。

　教育が子どもの支援と育成に負う役割は増大する一方である。ところが、関連する専門知識の多くは教育部門の外に存在する。たとえば身体的健康とウェルビーイングについては、健康管理専門職、関連省庁、専門機関が長く主導権を握ってきた。デジタルテクノロジーについては、専門知識はもっぱら民間企業に集積されており、科学テクノロジー関連省庁が公共政策面の指揮を執っていた。これ自体は問題ではない。実際、教育部門が従来の仕事に加えて、これらの業務も引き受けると期待することは非現実的（かつ非効率的）であろう。しかし、この状況は教育部門にとって新たに2つの問題を生む。まず、他部門から関連知識や専門情報を得るために協力体制を築くことが必要になる。次に、必ずしも教育や教育者の関心を焦点としていない研究に基づいて、最良の政策と実践を設計し提供する方法を理解しなければならない。

　研究を政策と実践に関連づける難しさは教育に限ったことではない。教育学、医学、メディア学、神経科学、経済学、社会学、心理学など、さまざまな領域が複雑に交差する交点では、分野同士の関連が希薄である。また、推移や成果を多面的にとらえる研究も不足している。本書は、デジタル時代の感情的ウェルビーイングを論じた姉妹書（Burns and Gottschalk, 2019）とならんで、現在の知識の重大な空白領域を特定することをめざした。教育政策と実践に情報を提供するには、それらの空白領域を優先的に解消する必要がある。

　以下ではまず、諸研究のレビュー、OECDと各国の取り組み、そして本書の議論によってみえてきた横断的テーマに目を向ける。次に、政策、研究、実践の未来の方向を示す。最後に、現在の知識の空白領域と改善が必要な領域を示す。

第2節　姿を現した横断的テーマ

　本書と感情的ウェルビーイングを取り上げた姉妹書（Burns and Gottschalk, 2019）を通じて、領域や議論を超えて見出される多くのテーマが明らかになった。

教育目標は個々のつながりに注目する必要がある

　デジタル化された世界において、子どもたちの学業面での向上と心身のウェルビーイングを支援するには、個々の要素だけでなく、個々の要素の交点やつながりに注目する必要がある。そのためには、政策、実践、研究に存在する障壁に対処しなければならない。

- 国の省庁から地方行政団体に至るまで、行政機関は独立して機能する傾向にあり、重複領域の責任は線引きも調整もされないことが珍しくない。同じテーブルについているなかで、いつ誰の発言に重みを置くべきかを判断することが難しい。
- 学校は複数の関係者と協働する必要があり、学業以外の教育目標（ウェルビーイング、社会情動的スキルなど）の責任の所在と説明責任が重複し、不明確である。多様な関係者と互恵的な強い協力体制を築くことが必要である。しかし、特に小さな地域や学校にはその余力がないことが多い。
- 研究もまた伝統的な分野や学問領域によって規定されている。これは資金の流れや助成金だけでなく、研究機関におけるポストにも影響を及ぼす。「学際的」な研究は、「純粋」な研究よりも格が低いとみられる傾向にあり、特定の学術雑誌や限られた助成金や研究表彰へと追いやられている。

レジリエンスは、リスクの除去ではなく管理を必要とする

　多くの点で、現代社会はリスク耐性がないといわれる。特に心身の発達に関しては、リスクは一切受け入れられない。学校の機能も、運動場や物理的空間

の設計から、説明責任や管理構造に至るまでその影響を受けている。もちろん、子どもに傷ついてほしいと思う者はいない。しかし、過保護な子育ては、不安やその他のメンタルヘルス問題など、負の成果と関連している（Ulferts, 2020）。たとえばリスクを伴う外遊びは、身体的スキルを発達させるだけでなく、リスクを管理し判断する方法を身につけさせる。また、友人から学んだことを自分の選択に生かす姿勢も育む（第4章）。同様に、デジタルリスクの研究によると、リスクを除去あるいは最小化された子どもよりも、リスク管理を教わった子どものほうが、サイバーリスクを見抜くことができ、遭遇した際の対処法や相談相手も心得ている。

　実際、親や学校に必要なことは、リスクを除去することではなく、子どもによるリスク管理を助けることである。これは、子どもを被害者や弱者とみなすのではなく、積極的な当事者とみなすことでもある。今ようやく、レジリエンスとリスク管理能力の重要性が認められつつあり、過保護は負の影響をもたらすことが知られつつある。ところが、多くの親や学校はリスクゼロアプローチを好む。このような現状を変化させるには細心の注意が必要であり、実際に存在するリスクのレベルと、子ども、親、学校が感じる主観的なリスクのレベルの両方を考慮しなければならない。後者が特に重要であり、親は他者から非難されること（悪い親とみなされるなど）を恐れる（Bennetts et al., 2018）。教職員や学校も、リスクゼロアプローチから逸脱した活動や方針によって批判されることを恐れる。したがって、学校、教職員、親、生徒のリスク管理を助ける政策や実践を設計する際は、実際のリスクと主観的な圧力（批判）の両方を考えに入れる必要がある。

　両者の区別は重要である。等式の左半分に対処するには、子どものリスク管理スキルとレジリエンスを育成しつつ、危害から守る最良の方法を見出すことが求められる。たとえば、運動場などに関する学校の方針を定めて負傷の可能性を評価し、実際に発生する危害と天秤にかけることが必要である。その際、子どもの声に耳を傾け、受容できるリスクレベルに従って彼ら自身にも評価させなければならない。デジタルセキュリティに関しても同じである。不適切なコンテンツに曝されるリスクを評価し、それが最も発生しやすいタイミングと方法を知る。子どもの声に耳を傾けるとともに、有害なコンテンツによる害や

その他のリスクを最小限に留めるには、いつどのような介入を求めればよいか
を指し示す。リスク評価を行うに当たっては、リスクのタイプ（危険な外遊
び、サイバーリスク、新たな工夫や新たなことを試そうとすることに伴うリス
クなど）と、個々の家庭、学校、地域の規制団体の特徴に留意する必要があ
る。

　これに対して、主観的なリスクや他者からの非難への対処はさらに難しい。
子どもは弱者であり、あらゆる脅威から守られなければならないと信じる人々
は勢力を強めるばかりであり、その声に立ち向かう必要がある。子どもや若者
へのエンパワメントが主張される反面、このような態度は私たちの思考に深く
しみ込んでいる。第4章で示したような動的なリスク便益評価などの明快な枠
組みが必要であるが、容易ではないだろう。子どもへの危害を擁護するとみら
れかねない立場に立つことは誰も望まない。不注意な親とみられることも同じ
である。流行の「放任主義の育児」にも若干の反発がある。

　このような態度を変化させることは可能であると考えて、「リスク管理」の
方針を定めて実践するかどうかは、教師や親のスキルにかかっている。たとえ
ばデジタルリスクについて、自分や子どものデジタルスキルに自信のない教師
や親は、リスクに対して制限的なアプローチをとりがちであり、自信のある親
は逆のアプローチをとる（Livingstone and Third, 2017）。つまり、教師、
親、子どものスキルの向上に照準を合わせた介入を行えば、デジタル世界にか
かわることによる機会を拡大するとともに、リスクに対するレジリエンスを向
上させることができる。これは他の部門や他の問題に関しても同じである。し
たがって、教員教育（初任者研修と現職研修）においてこれらの問題に継続的
かつ体系的に対処する必要がある。新しい研究、ツール、社会状況に順応し
て、向上していけるように計らうべきである。

新たなストレスと完璧さの追求

　この30年近く、社会による完璧さの要求が高まっており、ソーシャルメデ
ィアや成功文化による後押しもあって事態が悪化している。特に若者は、社会
に認められるには完璧でなければならないという圧力を感じることが増えてい
る（Curran and Hill, 2017）。これは、先のリスクの引き受けに関する議論と

関連性はあるが別の話である。本書では3つの面からこの問題を論じた。すなわち、身体的側面（ボディイメージ）、認知的側面（スマートドラッグの利用）、デジタルの側面（デジタルネイティブの神話）である。もちろん、ほかの側面もある。たとえば、人間関係に対する非現実的な期待もこれに加えられるかもしれない。

　これらの圧力の多くは小さな子どもにまで広がっている。たとえばボディイメージに対する不安は3歳半から観察され、成長とともに成人初期まで増大し、行動、学業成績、人間関係にまで広く影響を及ぼす。ところが、議論は矮小化される傾向にある。教育はこれらの問題に対処し、圧力に抵抗するだけでなく、この問題に対する自らの作用を批判的に反省しなければならない。生徒の目から現状を見ると、リスクを引き受ける能力を持たず、失敗する可能性があることはストレスを生み、革新性や創造性を高めるどころか低下させる可能性がある。教職員についても同じである。

　では、完璧さの追求を推進する力は何であろうか。第7章で示したように、社会化を進める重要な因子のひとつはメディア、特にソーシャルメディアである。メディアは修正可能なリスク因子であり、政策面と実践面で行動を起こして対処することが可能である。その意味ではメディアに注目することは有用である。しかし、完璧さの追求を推進するものはソーシャルメディアだけではない。これまで存在しなかった「新たな」テクノロジーに責任を負わせたくなるかもしれないが、最大の推進力は社会的比較そのものであって、比較のために利用されるツールではない。また完璧主義自体も推進力である。完璧な状態に近づき到達することは、社会的地位の付与と強化をもたらす。私たちは成功を重視する文化に暮らしており、完璧さとして重視されるものと完璧さの実現のために許容される手段をめぐって倫理観が変化しつつある。

　これは倫理学と哲学にかかわる学問的な問題のように思われるかもしれないが、生徒、家庭、学校にとって、この圧力はきわめて現実的であり、しかも事態は切迫している。学校はさまざまな社会的推進力と期待が渦巻く小宇宙であり、このような問題に対処する能力を備えていないことが多い。完璧さを求める圧力に対処して立ち向かうには、複数のレベルに注目する必要がある。

- **個人レベル**：メディアからの「完璧な」メッセージと画像を批判的な姿勢で受け取ることを学ぶ。ストレス、不安、メンタルヘルス問題に対処するテクニックを利用して、完璧な人間は存在せず、失敗はごく当たり前のことであると理解する（考える）。
- **教育制度レベル**：リスクの引き受けと失敗の可能性を伴う創造性や革新性の育成と、生徒、教師、学校に対する説明責任構造としてのバランスをとる。
- **社会レベル**：完璧さの追求がもたらす問題に対してオープンな姿勢で取り組む。すでにソーシャルメディアにおいては、神話の否定や画像修正を示すツール、さらに多様な身体と美のタイプの包含などが生じている。

　この議論は、教育の目標を揺るがしかねない疑問を生む。なぜなら、教育もまた完璧さを追求する圧力の下に置かれているからである。親はますます積極的になり、子どもの代弁者として一定のスタンダードと成功を要求する。この場合、誰がクライアントなのだろうか。親か子どもか。目標も望ましい成果も、教師や教育者の（あるいは医師や心理学者の、また学校に協力するその他多くの関係者の）クライアントが誰であるかによって異なる。

　同様の疑問は子どもへのエンパワメントに関しても生じるだろう。指導の観点からも、統治の観点からも、生徒の主体性は教育制度の目標としてますます重みを増している。同じく、子どもの教育に親を積極的に関与させることも奨励されている。さらに、教師や学校長も、特に地方分権制度下では自律的関係者とみなされることが増えている。とはいえ、それぞれが求めるエンパワメントのかたちが対立することもあるだろう。その場合、誰の声を重視するべきだろうか。生徒か、親か、教職員か。以下でこの問題を取り上げる。

第3節 ▎政策の方向づけと知識の空白領域

　以下の方向性はあくまで一般的なものであり、政策による問題解決は背景状況に依存する。多面的な性質を持つ問題に対して「万能」の解答を考案することは不可能であり、好ましくもない。

システム全体の問題

本書と姉妹書（Burns and Gottschalk, 2019）を通じて、システム全体にかかわる問題が明らかになった。

政策の分断化に対処する必要がある

子どものウェルビーイングと健康の強化に教育が果たす役割と、家庭、教育その他の専門職、及び省庁がそれぞれ負うべき責任は長く議論の的である。この問題は部門を超えた性質を持つため、当事者意識を育むことと責任の所在を決定することが難しい。特に現在は多くの国の教育が地方分権制度下にある。省庁やレベルを超えた統一的な政策応答をめざすことが一般的になってきているとはいえ、さまざまな関係者や役割が協働する際は効率に目を向ける必要がある。また、地域や国の政策応答を開発することはもちろん必要であるが、それでは不十分なケースもある。国境のないデジタル環境では、責任の所在が別の管轄区にあることもあり、法執行機関は選択が制限されているか、そもそも存在していないこともある。

子どもの声に耳を傾ける必要がある

子どもはデジタルテクノロジーの活発なユーザーである。彼らが好む活動のひとつは情報収集であり、それは社会的交流を目的とすることもあれば、健康問題や学校の課題を目的とすることもある。教育は子どもの権利と主体性を尊重して、確固とした批判的思考とメディアリテラシーの発達を支援し、情報に基づく変化の主体となる力を与える。世界の気候変動への抗議において、統制のとれた若者の行動が持つ影響力を私たちは目の当たりにした。子どもは、デジタルテクノロジーが提供する建設的な機会に注目している（大人中心の研究や政策談話に多くみられるようなリスクに注目するのではなく）。このような子どもの声は、力を与えられた子どもや若者が、自分たちの受け継ぐ世界の形成に寄与する方法のひとつである。

子どもや若者は新しいデジタルテクノロジーを他に先駆けて利用する。そして、ソフトウェア会社やプラットフォームは彼らを最大のターゲットとしている。子どもや若者は個人情報の保護を理解せずに、無造作に扱っていると言わ

れることが多い。しかし、近年の研究によると、彼らは自分のプライバシーについて柔軟な理解を持ち、尊重する要素とそうでない要素を区別し、時と場所を選んで自分のデータを明かしていた。確かに、プライバシーよりも人気（「いいね」の数や動画のシェア数など）を優先することがあるかもしれない。しかし概ね、デジタル環境で出会うものに対して鋭い批判的な目を持つようになっている。だからといって、子ども、特に幼い子どもをサイバーリスクから守る必要がない、助ける必要がないということではない。子ども自身の自律性を考慮して、照準を合わせた手助けを必要に応じて与える必要がある。これは物理的環境でも同じである。遊び場の設計や都市計画の議論、あるいはインクルーシブな健康とウェルビーイングの教育プログラムの開発などに子どもが参加するケースが増加している。

教職員を適切に支援する必要がある

　教職員に寄せられる期待はますます膨れ上がっている。多様な背景を持つ生徒を統合し、文化的問題、言語的問題、ジェンダー問題に敏感に反応して、寛容と結束を促進しなければならない。すべての生徒のニーズに効果的に応えると同時に、生徒が自主的な学習者となるように促さなければならない。さらに、デジタル世界に備えさせ、それに伴う（そして急速に変化する）知識とスキルを身につけさせる必要もある。コロナ禍で明らかになったように、生徒の健康習慣を育み、心身のウェルビーイングの観察も行わねばならない。このような課題はどれも専門的知識、コンピテンス、スキルを必要とする。これほど多くの役割が期待されていることを考えると、政府は初任者研修や現職研修を更新して、質を高めなければならない。また、教員教育の各段階を関連づけて統一性を高め、最も必要な場所に、目的に合った質の高い支援を提供できるようにしなければならない。

他部門との協力体制を構築し強化する必要がある

　デジタル世界で生徒のウェルビーイングを確立するには、学校と他部門の協働を強化する必要がある。協力体制には、親や家庭だけでなく、健康管理専門職、心理学者、法執行機関なども含まれる。さらに、デジタルテクノロジー専

門家、サイバーセキュリティ専門家、プログラマーなどとも協力する必要が高まっている。異なるねらいや目標を持つそのような多様な関係者（民間部門の関係者など）との協力体制を構築し維持することは一筋縄ではいかない。歴史的にみると、多くの国において公私の協力体制は限定的であった。しかし、デジタルテクノロジーが急速に変化する今、各部門の専門家（大多数はテクノロジー企業）との協力が欠かせない。

　このような試みは多くの波紋を生む。教育を公益として保護するうえでこれは何を意味するのか、中央省庁から教室にいたるまでシステムのすべての水準にわたって能力を構築するにはどのようにすればよいのか、テクノロジーの変化に合わせてデジタルコンピテンスを習得し、発達を維持するにはどのようにすればよいのかを考えなければならない。さらに、ユーザーの行動を直接測定したコンテンツの利用などに関するデータの多くは、ソーシャルメディアのプラットフォームなどの民間企業が所有している。したがって、政策や研究のためのデータや指標の共有に関する取り決め、そのようなデータの収集と利用に関する規定が必要である。

文化と伝統の重要性を認めるとともに、系統的バイアスに対処する必要がある

　教育を形成する時代的推移の代表として、移民の増加、グローバル化、都市化がある。21世紀に質の高い教育を提供するには、適応性と柔軟性が求められる一方で、国のアイデンティティや価値観にかかわる微妙な問題に取り組まねばならない。これは困難かつ配慮を要する問題であるが、現代の社会、政治、テクノロジー、人口構造の変化が学校や教室に及ぼす影響を認識するにはオープンな議論が必要である。また、内在する系統的バイアスに前もって対処することも重要である。そのためには、デジタルテクノロジーの設計基準として倫理を要求する「デザインの正義」イニシアチブを利用するとよい。たとえば、内在バイアスを減らすために、アルゴリズムやソースコードをプログラムする際に多様な観点を組み込むことなどが挙げられる。これはほんの一例にすぎず、デザインの正義は、都市開発やコミュニティの構築などあらゆる分野で広く機能している。

エビデンスに基づく予見的な政策と実践が必要である。

　多元的社会において、規則からの解放という約束を果たせるかどうかは微妙な問題である。多様な社会に含まれるすべての集団について公平なバランスをとることは、必ずしも可能ではない。一例がワクチン接種である。子どもにワクチン接種するべきかどうかの個々の家庭の選択と、学校教育におけるワクチン接種の集団利益は必ずしも相容れない。OECD加盟国はこのような状況に対してさまざまな対応を回答した。教育はこの問題の最前線にあり、教育政策と実践にはこれまでになく多様な人々がかかわっているため、このような例は今後さらに増えるであろう。

　複数の声に耳を傾けることがきわめて重要である。学校、家庭、コミュニティの間のコミュニケーションを、風通しの良い敬意に満ちたものにしなければならない。多様な集団に手を差し伸べるには、即時性を持つソーシャルメディアを利用するとよい。しかし世間の関心を集める事件が発生すると、即座に行動を起こせと主張する声がソーシャルメディアによって増幅される可能性がある。均衡のとれた効果的な政策を設計して開発するには、効果的な方策を見出して、それが有効に働く条件と誰にとって有効かを見極める必要がある。しかし往々にして、観察と評価は政策サイクルにおいて最も弱い輪である。21世紀の子どもたち政策アンケートで示された各国の政策解決の多くは、それらが評価済みであるかどうか、効果があると証明されたかどうかが明示されていない。そして、提案された変革の有用性に関係者が納得しているとしても、実施に要する時間とリソースの点で現実には障壁が存在することもある。このような障壁に対しては、政策立案者や実践者に研究リテラシーを教えるとともに、研究者が外の世界に向けて発信することを助け、研究結果を関連コミュニティに伝えて情報を広めさせるとよい。

知識基盤を強化する
用語を洗練し統一する必要がある

　数えきれないほど多くの人々が、デジタル時代の子どもの健康とウェルビーイングに取り組んでいる。そして、「デジタルリテラシー」「ウェルビーイング」「スクリーンタイム」「レジリエンス」などの重要な概念について自分自身

の定義と尺度を利用している。それらの能力の尺度を構築し、教師や親が子どものスキルを育てる能力を育成するには、データが必要である。そのためには、全体像だけでなく差異をとらえる定義を確立し、合意し、共有しなければならない。

　その際、重要な用語を過度に広く（または狭く）定義することは誤った想定を生む。必ずしも存在せず、時と場所を超えて比較できない推移のデータを生み出すことになる。第5章で指摘したように、「インターネット中毒」「ゲーム障害」などは、多くの理由によって誤解を招く用語であることが一般に認められている。このような用語は、「問題のある双方向メディアの利用」を行う子どもの助けにならない社会的スティグマを生むだけではない。不安や抑うつ症状に苦しんでいる人ほどテクノロジーの問題利用に陥りがちであることが多くのエビデンスによって示されているが、これらの用語はこの点を曖昧にしているため、因果関係の特定が困難になっている。そして、この問題に対する介入は、仮想空間と物理的空間の両方の懸念に対処して初めて効果を発揮すると考えられる。不正確で誤解を招くような定義は事態の推移を不鮮明にするだけでなく、政策と実践による対処の有効性を低下させる可能性がある。

データと尺度を向上させる必要がある

　メカニズムを観察し測定する一般的な方法はアンケート調査である。しかしそれらは自己報告に基づくため、バイアスが存在しがちである。また、たとえばデジタルネイティブの神話が誤解であると気づかず（第9章）、それを再生産する傾向もみられる。もうひとつの誤解として、デジタルテクノロジーのスキルが、科学・技術・工学・数学（STEM）に連なる「ハードスキル」とみなされることが挙げられる。しかし多くの研究が示すように、重要なものは、デジタル環境のコミュニケーションや相互影響や社会関係資本の構築に利用される「ソフト」なデジタルスキルである。テクノロジーの利用から肯定的な成果を生み出せるかどうかも、ソフトなデジタルスキルにかかっている。

　ユーザーの行動を直接測定したデジタル利用に関するデータの多くは、ソーシャルメディアのプラットフォームなどの民間企業が所有している。したがって、研究のためのデータや指標の共有に関する取り決めが必要である。政策上

の優先課題を決定して、政策によって提供される保護を最大化するには、エビ
デンスに基づく系統的なアプローチを利用して政策を立案する必要がある。

子どもの身体的健康とデジタルテクノロジーの利用に関する質の高い綿密な研究に対して、選択的に資金を提供する必要がある

　優先領域の研究に選択的に資金提供することによって、地域、国、世界の政策課題の空白領域を埋めることができる。

デジタルテクノロジーの研究の優先領域
- 年少（0〜8歳）の子どもを調査する。
- 子どもがテクノロジーを利用する方法と理由に注目する。メディアのタイプ、コンテンツ、提供インターフェイス、交流の特徴に応じて分類する。
- テクノロジーの利用と成果の因果関係を確立し、根底にあるメカニズム（メディアのマルチタスクなどの現象が、注意の処理やワーキングメモリーにどのような意味を持つのか）を探る。
- デジタルテクノロジーの利用状況の変化と、その変化がスキルに及ぼす意味を理解する。たとえばスマートフォンとそのアプリは、今やコンピュータやタブレットよりも一般的である。これはデジタルスキルの発達にとってどのような意味を持つのか。創造的な自己表現やエンパワメントにとってはどうだろう。
- サイバーリスク経験後の回復を理解する。子どもはどこにどのように助けを求めるのか、どのような状況で何が有効かを見極める。再度発生した際にはどうすればよいかを伝える。
- テクノロジーの利用に伴う利益を深く検証する。たとえば、社会関係資本の形成、認知の向上（空間処理やワーキングメモリーなど）、運動、指導と学習のプロセスなどに注目する。
- 利用、普及、影響に対する理解を深めるため、研究の枠組みを他のテクノロジーに拡大する。IoT（Internet of ThingsやInternet of Toys）や、スマートドラッグや脳刺激による認知能力の向上など、新たに発生した領域が教育にもたらす機会とリスクも評価する。

身体的健康に関しては、現在入手できるエビデンスは教育分野に転用しにくく、調査結果も本来の研究領域に留まっている。また、知識においても重大な空白領域が存在する。

身体的健康の研究の優先領域

- 健康行動と健康の決定因子を理解するために、背景（家庭、近隣地区、コミュニティ）、政策、文化に目を向ける。
- 多様な健康情報や支援を求める先をふるいにかける。リスクのある子どもをスクリーニングによって特定する最良の方法を見出す。
- 年少の子どもに介入する。多くの予防プログラムの対象は、思春期前や青少年期の子どもであるが、それ以前の段階でいくつもの問題が発生している。
- 機能する対策のタイプ、タイミング、背景を知るために、複数の成果と指標を説明する（推移を多面的にとらえ、それぞれの交点に注目する）。そのためには、測定上の問題（これらの推移が及ぼす長期的な影響の測定など）を解決することと、一次予防として、カリキュラムに介入方策を組み込む方法を見出すことが必要である。

デジタルテクノロジーと身体的健康の交点の研究の優先領域

- 長期的調査を行う。
- さまざまな方法論を適切に統合し、幅広い地域や国の代表標本を利用して対照実験を行う。
- 若者と協働する。
- 国際的に比較可能な指標を生み出す。年齢や人生周期の年代別（幼年期、青少年期など）に分割可能な経時的な推移を示すデータも生み出す。
- 既存のビッグデータ（及びアプリのデータやデジタルフットプリント）を、他の情報源（行政データや自己報告によるデータなど）とも組み合わせてうまく利用する。
- この分野における成果が現実世界に持つ意味を理解する。先行研究で示されたエフェクトサイズは、統計的に有意ではあっても小さいことが多い。このような結果は子どもたちの日々の暮らしにどのような意味を持つのか。エフェクト

サイズが大きければ、子どもの認知、行動、社会的関係、教育成果に機能的な差が生まれるのだろうか。

● 身体的健康とデジタルコンピテンスを強化する訓練やプログラムの実施にかかる費用、教職員の負担の増大、必要な支援をめぐって、実施の有用性を明らかにする。

知識基盤の学際的性質を向上させて、対話と知識の普及を促す必要がある

調査結果の普及は、計画的で体系的な手順によって行われるべきである。学際的な知識基盤に基づいて、政策と実践に適切な情報を提供しなければならない。そのためには、ネットワークを確立して研究者間の対話を刺激し、コミュニティを構築する必要がある。システムと関係者の能力を構築するだけでなく、研究と実践の橋渡しとなる媒介機関を設立し支援することも必要である。

第4節　結び

本書の多くの議論では、現状を概括するために平均値を利用せざるを得なかった。しかし平均値は、見逃してはならない各国内や各国間の重要な差異を覆い隠す。機会の不平等は依然として存在し、人が年齢を重ねるにつれて増大することも多い。子どもを支える家庭の能力の格差（良い学校へ通わせるなど）は、学校の内外における達成の差につながる。これは、学業成績やPISA調査などのテストの点数、学歴（裕福な家庭出身の子どもは中途退学することが少なく、高等教育修了者が多い）、労働市場への統合やのちの人生における成功についても同じである。

社会的流動性や世代を超えて移転する教育の利益は、研究においても政策においても以前から議論されてきた。その背後には、学校と家庭のそれぞれの責任をめぐって社会が抱く重大な（かつ解きがたい）問題が存在する。教育は不利益を解消する魔法の杖ではなく、子育てにおいて親が果たす形成的役割を代行することはできない。また、教育制度と親やコミュニティとの強い協力体制と協働は学習環境の向上に貢献するが、それだけですべてを成し遂げられるものでもない。

　本書は、現代の子ども時代の身体的健康とデジタルテクノロジーをそれぞれ包括的にとらえるとともに、両者の交点にも目を向けた。子どもの感情的ウェルビーイングを取り上げた姉妹書（Burns and Gottschalk, 2019）と並んで、従来の教育言説では見落とされがちな重要な変化を見極め、それが教育に突きつける問題に注目した。さらに、それらの難問の解決策を提案した。21世紀の子どもたちの教育の助けとして、子どもたちが現代社会で直面する機会と問題を明示し、今後の研究や政策のありようを示した。

　しかし、事態は絶えず推移しており、本書のような報告はたちまち時代遅れのものとなるだろう。OECD加盟国の教育制度による取り組みは、常に時代を先取りし、あるいは少なくとも変化を把握していなければならない。そのためには、教育はすべての公的部門と同様に、部門間の壁を取り払い、担当部局や研究領域を超えて問題に取り組む必要がある。民間部門も交えて多様な人々を関与させるべきである。社会や市民の成長とともに教育も進化し、常に変化を予測し、問題が起きてから対応するのではなく予防的解決策を見出す必要がある。

　本書は、幅広い領域にわたる既存の研究やデータを分析し、その発見を教育政策や実践に結びつけようと試みた。教育制度が予見的に適応し、コミュニティや子どもたちとともに成長する可能性を検証した。事実と事実でないものを切り分けて、野心的ではあるが達成可能な目標をめざしてリスクを引き受け、子どもたちが人生で最良のスタートを切る手助けをすることが私たちの務めである。

参考文献・資料

Bennetts, S. et al.（2018）, "What influences parents' fear about children's independent mobility? Evidence from a state-wide survey of Australian parents", *American Journal of Health Promotion*, Vol. 32/3, pp. 667-676, http://dx.doi.org/10.1177/0890117117740442.

Burns, T. and F. Gottschalk（eds.）（2019）, *Educating 21st century children: Emotional well-being in the digital age*, Educational Research and Innovation, OECD Publishing, Paris, https://dx.doi.org/10.1787/b7f33425-en.

Curran, T. and A. Hill (2017), "Perfectionism is increasing over time: A meta-analysis of birth cohort differences from 1989 to 2016", *Psychological Bulletin*, Vol. 145/4, pp. 410-429, http://dx.doi.org/10.1037/bul0000138.

Livingstone, S. and A. Third (2017), "Children and young people's rights in the digital age: An emerging agenda", *New Media & Society*, Vol. 19/5, pp. 657-670, http://dx.doi.org/10.1177/1461444816686318.

Ulferts, H. (2020), "Why parenting matters for children in the 21st century: An evidence-based framework for understanding parenting and its impact on child development", *OECD Education Working Papers*, No. 222, OECD Publishing, Paris, https://dx.doi.org/10.1787/129a1a59-en.

謝　辞

　書物の出版は多くの手に支えられる協働作業であり、本書も多くの人や組織に支えられて完成した。OECD教育研究革新センターの運営理事会には最初から最後までお世話になった。また、ユトレヒト大学のカトリン・フィンケナウアー（Catrin Finkenauer）教授とDynamics of Youthチーム、及びオランダ教育文化科学省の協力による2020年のワークショップは、専門家の協力を得るきっかけとなっただけでなく、本書の概念的骨組みのヒントとなった。

　まず、本書の寄稿者、マリアナ・ブルッソーニ（Mariana Brussoni）、ブノワ・ベディウ（Benoit Bediou）、マイケル・リッチ（Michael Rich）、ダフネ・バヴェリア（Daphné Bavelier）、ジュリアン・セフトン＝グリーン（Julian Sefton-Green）、レイチェル・ロジャーズ（Rachel Rodgers）、セバスチャン・ザットラー（Sebastian Sattler）、レベッカ・アイノン（Rebecca Eynon）、クリステン・ウェザビー（Kristen Weatherby）の各氏に心から感謝する。

　また、21世紀の子どもたちの政策アンケートに寄せられた回答について、以下の各国組織に感謝を捧げる。オーストラリア、ベルギー（フラマン語共同体）、ベルギー（フランス語共同体）、カナダ、チェコ、デンマーク、フィンランド、フランス、ギリシャ、アイルランド、日本、韓国、ラトビア、ルクセンブルク、メキシコ、オランダ、ニュージーランド、ノルウェー、ポルトガル、ロシア、スコットランド、スペイン、スウェーデン、スイス、トルコ、アメリカ。貴重な時間を割いて、他の省庁と協働作業していただいたことは感謝に堪えない。

　シモナ・ペトルッツェラ（Simona Petruzzella）氏からは草稿、着想、データ、レオノーラ・リンチ＝ステイン（Leonora Lynch-Stein）氏からは編集と各章のレビュー、また、チームメンバー（Ruth Aston、Liam Bekirsky、Anna Choi、Marc Fuster、Julie Hooft Graafland、Alejandro Paniagua）からは貴重なアイディア、草稿、研究論文を提供していただいた。編集面ではソフ

ィー・リモージュ（Sophie Limoges）氏の力も借りた。

OECD科学技術イノベーション局のアンドラス・モルナー（Andras Molnar）とエレットラ・ロンチ（Elettra Ronchi）、ウェルビーイング・包摂・持続可能性・機会均等センター（Well-Being, Inclusion, Sustainability and Equal Opportunity Centre）のグレイン・ディルワン（Grainne Dirwan）、セルジー・ポントワーズ大学のリサ・ロビンソン（Lisa Robinson）の各氏からも各章について貴重な意見をいただいた。専門知識の提供と協力に感謝する。

OECD教育局指標分析課長のアンドレアス・シュライヒャー（Andreas Schleicher）氏とOECD教育研究革新センター所長のダーク・ヴァン・ダム（Dirk van Damme）氏からは草稿に関する意見をいただいた。

最後に、OECD教育研究革新センター運営理事会による、本書の執筆過程での励まし、着想、意見に心より感謝する。

トレーシー・バーンズ
フランチェスカ・ゴットシャルク

編著者・著者紹介

トレーシー・バーンズ（Tracey Burns）
——編著者、第11章、第12章

　OECD教育研究革新センター（Centre for Educational Research and Innovation）のシニアアナリスト。「教育を形成するトレンド（Trends Shaping Education）」「21世紀の子どもたち（21st Century Children）「効果的な学習のためのイノベーティブな教育法（Innovative Teaching for Effective Learning）」などのプロジェクトを率いる。近年の研究成果として、『*Back to the future of education: Four OECD Scenarios for Schooling*（教育の未来：学校教育のためのOECDの4つのシナリオ）』（Marc Fusterとの共編著）と、『*Educating 21st Century Children: Emotional Well-Being in the Digital Age*（21世紀の子どもたちの教育：デジタルエイジの感情的ウェルビーイング）』（Francesca Gottschalkとの共編著）がある。OECDに所属する以前は、子どもと乳児の言語の獲得を研究していた。マギル大学で学士号を、ノースイースタン大学で実験心理学の博士号を取得。

フランチェスカ・ゴットシャルク（Francesca Gottschalk）
——編著者、第10章、第11章

　OECD教育研究革新センター（Centre for Educational Research and Innovation）による「21世紀の子どもたち（21st Century Children）」プロジェクトのアナリスト。『*Educating 21st Century Children: Emotional Well-Being in the Digital Age*（21世紀の子どもたちの教育：デジタルエイジの感情的ウェルビーイング）』の共同編集者兼執筆者であり、テクノロジーの利用が子どもに及ぼす影響に関する調査報告書も発表している。「効果的な学習のためのイノベーティブな教育法（Innovative Teaching for Effective Learning, ITEL）」プロジェクトの教員知識調査にも携わっていた。パリ・アメリカ大学で公共政策と国際情勢の修士号を、トロント大学で人間生物学と心理学の優等理学士号を取得。

マリアナ・ブルッソーニ（Mariana Brussoni）
——第4章

ブリティッシュコロンビア大学人口公衆衛生大学院及び小児科の准教授。ブリティッシュコロンビア小児病院研究所と傷害研究予防ユニットの調査員。また、Child & Nature Alliance of Canada（カナダ子どもと自然の連携）の理事、及びOutdoor Play Canada（アウトドアプレイカナダ）の指導者の1人。研究対象は、育児におけるリスクと安全に対する姿勢、リスクを伴う遊びの重要性、子どものコミュニティと遊び場の設計、子どもの外遊びをサポートする政策である（研究プログラムの詳細はhttps://brussonilab.ca）。

ブノワ・ベディウ（Benoit Bediou）
——第5章

ジュネーブ大学心理学部のシニア研究員。リヨン大学の生物学部を卒業し、神経科学の博士号を取得。認知感情神経科学と、顔処理、感情処理、意思決定を研究対象とする。現在、ビデオゲームや他のデジタルテクノロジーが、認知と感情のスキルや処理プロセスに及ぼす影響を調査している。

マイケル・リッチ（Michael Rich）
——第5章

メディアと子どもの健康の専門家（Mediatrician）であり、先駆者としてメディアと子どもの健康センターを創設。センターは、メディアの利用と利用方法が、身体、精神、社会の健康に対してどのような影響を及ぼすかを科学的に調査する。ハーバード大学医学大学院小児科、及びハーバード大学公衆衛生大学院の社会行動科学の准教授。研究成果を生かして、ボストン小児病院の双方向メディア＆インターネット障害クリニックで臨床ケアを行っている。スクリーンメディアには人間を関与させ、接触させ、変化させる力があると考え、Digital Wellness Labを設立した。小児科医、ソフトウェアエンジニア、研究者、シナリオライター、心理学者、製品設計者が協力してデジタル環境を調査し、対応策を考案することによって、子どもの健康、知能、感情を向上させるデジタル環境の改革を支援する。

ダフネ・バヴェリア（Daphne Bavelier）
——第5章

　学習に関する国際的専門家。特に、経験の変化（耳が聞こえないなどの生来の変化や、ビデオゲームなどの訓練による変化など）に対する脳の適応方法を研究し、ジュネーブ大学の認知神経科学調査チームを率いる。スピード感のあるアクションビデオゲームは、一般的には脳の働きに悪影響を及ぼすと考えられているが、実は、複数の行動側面で利益があることを示した。この予想外の結果に基づき、ビデオゲームなどの新しいメディアを利用して学習と脳の可塑性を促進する方法を調査している。

ジュリアン・セフトン＝グリーン（Julian Sefton-Green）
——第6章

　ディーキン大学のニューメディア教育の教授。在野研究者であり、オスロ大学とロンドン大学経済・政治学部のメディアコミュニケーション学科で職位を得る。現在は、ヘルシンキ大学のプレイフルラーニングセンターの客員教授。メディア教育、新たなテクノロジー、創造性、デジタル文化、民間教育など多様なテーマを取り上げる。著書、共著書、編集書は18冊に上り、20か国で50回以上の講演会を行っている（www.julianseftongreen.net）。

レイチェル・ロジャーズ（Rachel Rodgers）
——第7章

　ノースイースタン大学の応用心理学の准教授、容姿と摂食調査のための応用心理学プログラム（Applied Psychology Program for Appearance and Eating Research, APPEAR）の責任者。トゥールーズ大学で博士号を取得。APPEARでの研究は、ボディイメージ、摂食障害、容姿変化行動を焦点としている。社会文化モデルに基づいて、社会文化的決定因子がこれらの行動に及ぼす影響をモデル化する。個人レベルにとどまらず、公共政策や商慣行を介してマクロレベルでも摂食障害などの予防をめざす。摂食障害学会の特別研究員。

セバスチャン・ザットラー（Sebastian Sattler）
——第8章

　ケルン大学の社会学及び社会心理学研究所の講師とプロジェクトリーダーを務める。モントリオール臨床医学研究所の実用主義的健康倫理学研究ユニットの準会員。ケルン大学院で経営、経済、社会科学のCGS‐ティッセン博士研究員となり、ジョン・テンプルトン財団からアーリーキャリア奨学金を受ける。学際的研究は、社会学と（社会）心理学、意思決定、健康行動、スティグマ、犯罪学、道徳的判断、計量的手法にわたる。『*American Journal of Bioethics*』『*European Sociological Review*』『*Frontiers in Psychology*』『*PLOS ONE*』の各誌で論文を発表している。

レベッカ・アイノン（Rebecca Eynon）
——第9章

　オックスフォード大学の准教授でありシニア研究員。オックスフォード大学教育学部とオックスフォードインターネット研究所に所属。特に若者の経験に注目して、社会的不平等と学習とテクノロジーの関係を研究する。ブリティッシュアカデミー、経済社会学研究会議、欧州委員会、Google、NominetTrustなど多くの組織から資金援助を受けている。研究成果として、『*Teenagers and Technology*（ティーンエイジャーとテクノロジー）』（Chris Daviesとの共著、2013年）、『*Education and Technology: Major Themes in Education*（教育とテクノロジー：教育における主要なテーマ）』（同、2015年）がある。また、2011年より『*Learning, Media and Technology*（学習、メディア、テクノロジー）』誌の共同編集者も務める。

クリステン・ウェザビー（Kristen Weatherby）
——第12章

　研究者兼コンサルタントとして、さまざまな組織が教育に及ぼす影響を理解し、評価し、伝えることを助ける。ロンドン大学ユニバーシティ・カレッジのEDUCATEプロジェクトの発足と発展に助力し、世界規模で教育用品の開発に乗り出す教育テクノロジー企業を支援した。2013年のOECD国際教員指導

環境調査（TALIS）では、責任者として34か国の政府と協力して教員調査を実施した。またMicrosoftでは、世界各地の学校や教職員による教育へのテクノロジーの組み込みを助けた。ロンドン大学ユニバーシティ・カレッジの教育研究所で教育テクノロジーの博士号を、ミシガン大学で教授学の修士号を取得。

シモナ・ペトルッツェラ（Simona Petruzzella）
──コラム

OECD教育研究革新センター（Centre for Educational Research and Innovation）による「21世紀の子どもたち（21st Century Children）」プロジェクトのジュニアコンサルタント。グイド・カルリ社会科学国際自由大学で政治学、哲学、経済学の学士号を、パリ政治学院（国際関係）で国際公共管理の修士号を取得。以前はユネスコの世界遺産センターで子どもの参加をテーマに取り組んでいた。

◎ 訳者紹介

西村 美由起（にしむら・みゆき）　NISHIMURA Miyuki
翻訳家。主要訳書：『OECD幸福度白書：より良い暮らし指標：生活向上と社会進歩の国際比較』（OECD編著、共訳、明石書店、2012年）、『OECD幸福度白書2：より良い暮らし指標：生活向上と社会進歩の国際比較』（OECD編著、明石書店、2015年）、『OECD幸福度白書3：より良い暮らし指標：生活向上と社会進歩の国際比較』（OECD編著、明石書店、2016年）、『OECD幸福度白書4：より良い暮らし指標：生活向上と社会進歩の国際比較』（OECD編著、明石書店、2019年）、『OECD幸福度白書5：より良い暮らし指標：生活向上と社会進歩の国際比較』（OECD編著、明石書店、2021年）、『図表でみる教育OECDインディケータ（2015年版）』（経済協力開発機構（OECD）編著、共訳、明石書店、2015年）、『グローバル化と言語能力：自己と他者、そして世界をどうみるか』（OECD教育研究革新センター編著、共訳、明石書店、2015年）、『世界不平等レポート2018』（ファクンド・アルヴァレド／ルカ・シャンセル／トマ・ピケティ／エマニュエル・サエズ／ガブリエル・ズックマン編、共訳、みすず書房、2018年）、『GDPを超える幸福の経済学：社会の進歩を測る』（ジョセフ・E. スティグリッツ／ジャン＝ポール・フィトゥシ／マルティーヌ・デュラン編著、経済協力開発機構（OECD）編、2020年）など。

教育のデジタルエイジ

子どもの健康とウェルビーイングのために

2021 年 8 月 18 日　初版第 1 刷発行

編著者	トレーシー・バーンズ
	フランチェスカ・ゴットシャルク
編　者	経済協力開発機構（OECD）
訳　者	西村　美由起
発行者	大江　道雅
発行所	株式会社　明石書店
	〒 101-0021
	東京都千代田区外神田 6-9-5
	TEL　03-5818-1171
	FAX　03-5818-1174
	http://www.akashi.co.jp
	振　替 00100-7-24505

組版：朝日メディアインターナショナル株式会社
印刷・製本：モリモト印刷株式会社

ISBN978-4-7503-5240-4

教育の ディープ・ラーニング

世界に関わり世界を変える

マイケル・フラン、ジョアン・クイン、ジョアン・マッキーチェン 著
松下佳代 監訳　濱田久美子 訳

■B5判／並製／224頁
◎3000円

世界に働きかけ、世界を変革するための学びをどうつくりだすか。7か国1200校が参加する「ディープ・ラーニングのための新しい教授法〈NPDL〉」プロジェクトの理論と実践を簡潔に整理し、学校からシステムレベルに及ぶ包括的な教育変革の道筋を示す。

フランスの高等教育改革と進路選択

園山大祐編著

学歴社会の「勝敗」はどのように生まれるか

◎3200円

教示の不在

園田浩司著

カメルーン狩猟採集社会における「教えない教育」

◎5400円

バングラデシュの就学前教育

門松愛著

無償制度化の構造的特徴と人びとの教育選択

◎3500円

北欧の教育最前線

北欧教育研究会編著

市民社会をつくる子育てと学び

◎2200円

参加型メディア教育の理論と実践

時津啓著

バッキンガムによるメディア制作教育論の新たな展開をめざして

◎4500円

多様性が拓く学びのデザイン

佐藤智子・髙橋美能編著

主体的・対話的に他者と学ぶ教養教育の理論と実践

◎2400円

リスクコミュニケーション

名嶋義直編著

排除の言説から共生の対話へ

◎3200円

10代からの批判的思考

名嶋義直編著　寺川直樹、田中俊亮、竹村修文、後藤玲子、今村和宏、志田陽子、佐藤友則、古閑涼二著

社会を変える9つのヒント

◎2300円

〈価格は本体価格です〉

教育のワールドクラス

21世紀の学校システムをつくる

アンドレアス・シュライヒャー 著　経済協力開発機構（OECD）編
ベネッセコーポレーション 企画・制作
鈴木寛、秋田喜代美 監訳　小村俊平、平石年弘、桑原敏典、
下郡啓夫、花井渉、藤原誠之、生咲美奈子、宮美和子 訳

■A5判／並製／352頁
◎3000円

テクノロジーの進歩やグローバル化の進展により、教育や学習をめぐる環境も大きく変化しようとしている。OECD生徒の学習到達度調査（PISA）の創始者であり今なお世界の教育改革に向けて奮闘する著者が、長年にわたる国際調査から得られたエビデンスに基づいて、21世紀に向けた新たな学校システムを探究する。

行動インサイトBASICツールキット
ツール・手法・倫理ガイドライン
経済協力開発機構（OECD）編著
齋藤長行監訳　濱田久美子訳
◎3500円

世界の行動インサイト
公共ナッジが導く政策実践
経済協力開発機構（OECD）編著
齋藤長行監訳　濱田久美子訳
◎6800円

環境ナッジの経済学
行動変容を促すインサイト
経済協力開発機構（OECD）編著
◎3500円

国際化のなかのスキル形成
グローバルバリューチェーンは雇用を創出するのか
経済協力開発機構（OECD）編著
高橋南海子・奥原俊、坂本文子・神﨑秀嗣、松下慶太、竹内一真 訳
◎3700円

若者のキャリア形成
スキルの獲得から就業力の向上、アントレプレナーシップの育成へ
経済協力開発機構（OECD）編著
菅原良監訳　福田哲哉、アントレプレナーシップの育成へ
竹内一真、佐々木真理、橋本諭・神﨑秀嗣、松下慶太訳
◎3700円

移民の子どもと世代間社会移動
連鎖する社会的不利の克服に向けて
OECD編著　木下江美、布川あゆみ、斎藤里美訳
◎3000円

移民の子どもと学校
統合を支える教育政策
OECD編著　布川あゆみ、木下江美、斎藤里美監訳
三浦綾希子、大西公恵、藤浪海訳
◎3000円

国際バカロレアの挑戦
グローバル時代の世界標準プログラム
岩崎久美子編著
◎3600円

〈価格は本体価格です〉

社会情動的スキル
学びに向かう力

経済協力開発機構（OECD）編著

ベネッセ教育総合研究所　企画・制作

無藤隆、秋田喜代美　監訳

荒牧美佐子、都村聞人、木村治生、高岡純子、真田美恵子、持田聖子　訳

A5判／上製／224頁
◎3600円

現代の社会において成功した人生を歩むためには、バランスのとれた認知的スキルと社会情動的スキルが鍵となる。本書は、人生の成功に結びつく社会情動的スキル（あるいは非認知的スキル）を特定し、そうしたスキルを育成するための方策を整理する。

OECDレインボー白書
LGBTインクルージョンへの道のり

経済協力開発機構（OECD）編著　濱田久美子訳

◎5400円

OECD人工知能（AI）白書
先端テクノロジーによる経済・社会的影響

経済協力開発機構（OECD）編著　齋藤長行訳

◎3600円

OECD幸福度白書5
より良い暮らし指標：生活向上と社会進歩の国際比較

OECD編著　西村美由起訳

◎5400円

OECD保育の質向上白書
人生の始まりこそ力強く：ECECのツールボックス

OECD編著　秋田喜代美、阿部真美子、一見真理子、門田理世、北村友人、鈴木正敏、星三和子訳

◎6800円

OECDビッグデータ白書
データ駆動型イノベーションが拓く未来社会

経済協力開発機構（OECD）編著　大磯一、入江晃史監訳　齋藤長行、田中絵麻訳

◎6800円

信頼を測る　OECDガイドライン

経済協力開発機構（OECD）編著　桑原進監訳　高橋しのぶ訳

◎5400円

主観的幸福を測る　OECDガイドライン

経済協力開発機構（OECD）編著　桑原進、高橋しのぶ訳

◎5400円

幸福の世界経済史
1820年以降、私たちの暮らしと社会はどのような進歩を遂げてきたのか

OECD開発センター編著　徳永優子訳

◎6800円

〈価格は本体価格です〉

GDPを超える幸福の経済学

社会の進歩を測る

ジョセフ・E・スティグリッツ、ジャン゠ポール・フィトゥシ、マルティーヌ・デュラン 編著　経済協力開発機構（OECD）編
西村美由起 訳

■A5判／448頁　◎5400円

私たちの暮らしや社会の進歩をどのように捉えるのか。環境と持続可能性、様々なタイプの不平等、経済的安定、主観的幸福、信頼など、各種の側面から、経済実績と社会進歩を包括的に捉えることで、従来の豊かさの指標「GDP」を超える新たな尺度を探究する。

《価格は本体価格です》